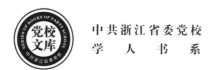

中共浙江省委党校
学 人 书 系

陆立军文集

中国社会科学出版社

图书在版编目（CIP）数据

陆立军文集 / 陆立军著 . —北京：中国社会科学出版社，2019.6
ISBN 978 - 7 - 5203 - 4771 - 6

Ⅰ.①陆…　Ⅱ.①陆…　Ⅲ.①地方经济—义乌—文集
Ⅳ.①F127.533 - 53

中国版本图书馆 CIP 数据核字（2019）第 149558 号

出 版 人	赵剑英
责任编辑	冯春凤
责任校对	张爱华
责任印制	张雪娇

出　　　版	中国社会科学出版社
社　　　址	北京鼓楼西大街甲 158 号
邮　　　编	100720
网　　　址	http：// www.csspw.cn
发 行 部	010 - 84083685
门 市 部	010 - 84029450
经　　　销	新华书店及其他书店

印刷装订	北京君升印刷有限公司
版　　　次	2019 年 6 月第 1 版
印　　　次	2019 年 6 月第 1 次印刷

开　　　本	710 × 1000　1/16
印　　　张	17.75
插　　　页	2
字　　　数	289 千字
定　　　价	98.00 元

目　录

第一部分　《资本论》与中国特色社会主义经济理论研究

第二部分　浙江经济研究

序　言

陆发桃

东南形胜、潮涌钱塘，诗画浙江、自古繁华。伴随着新中国一起诞生，在改革开放中跨步前进的红色学府——中共浙江省委党校已有近七十年的历史。七十年来，作为省委的重要部门、培训轮训党员领导干部的主渠道、党的哲学社会科学研究机构，浙江省委党校始终高扬党的旗帜，紧紧围绕党的路线方针和中心大局开展干部培训和理论研究宣传，为党的干部队伍建设、理论创新和浙江经济社会发展作出了重要贡献。特别是1983 年到 1989 年党校教育正规化时期，浙江省委党校各项事业快速发展。这一时期，省委党校科研工作空前活跃，领导科学、干部语言逻辑等学科建设成果显著。鲍世平撰写的《领导科学纲要》于 1985 年 10 月由中央党校求实出版社出版，1989 年修订本出版时，中央党校常务副校长薛驹对此表示祝贺，并亲自为该书题写书名。陈宗明编写的《现代汉语逻辑》获 1985 年度省社会科学优秀成果一等奖……这一时期，党校教师形成了以老教师带头、以 80 年代初引进的一批中年教师为主体的"党校学人"群体，为党校教育正规化事业作出了不可磨灭的重大贡献。1986年 9 月 10 日，李基固被评为省教育系统优秀教师和全国教育系统优秀教师；1987 年 8 月 24 日，陆立军被省委宣传部、省教委、中国教育工会浙江省委员会批准为省级优秀教师；1989 年 9 月 10 日，陈宗明被国家教委、人事部、全国教育总工会评为 1989 年度全国优秀教师……时光荏苒，岁月如梭。老一辈"党校学人"陆续离开了他们热爱的党校教师岗位。但他们的精神始终激励着我们。为全面回顾"党校学人"的光辉历程，传承和发扬"党校学人"的光荣传统，激励党校学人继续开拓进取、勇往直前，在历史新时期谱写党校事业新篇章，学校决定对党校学人积累下来的珍贵的学术财富进行系统梳理，设立《党校学人书系》。《书系》的编写出版，对于深入研究"党校学人"成长规律，进一步探索新时期"党校学人"培养新思路新方法，努力开创新时代党校发展新局面，具有重要借鉴意义。"干在实处永无止境，走在前列要谋新篇。"新时代党校工作责任重大，使命光荣。希望新时代"党校学人"站在前人的肩膀上，不忘初心、牢记使命、永远奋斗，努力为建设红色学府示范党校，推进"两个高水平"建设、实现中华民族伟大复兴的中国梦而努力奋斗！

自　序

我于 1944 年 11 月出生于兰州市；1967 年毕业于兰州大学经济系，此后在国家重点扶贫县甘肃会宁劳动锻炼、任教习医，从事农村工作十年。1978 年考取河南大学政治经济学专业周守正教授的研究生，期间曾受教于我国著名的老一辈经济学家骆耕漠教授门下，一度担任他的学术秘书。1981 年获经济学硕士学位后到中共浙江省委党校任教直至 2019 年 1 月退休。

我自 1980 年 11 月在《世界经济》杂志发表第一篇学术论文起，从事经济学研究已 30 多年，期间在各种学术刊物发表论文 300 余篇，出版专著（含合著）20 余部。中共浙江省委党校科研处决定为部分老教师出版论文集，为此，我在 2011 年中共浙江省委宣传部编辑、浙江人民出版社出版的"当代浙江学者文库"之《陆立军集》已收入的 43 篇文章之外，新选定 68 篇，分为"《资本论》与中国特色社会主义经济理论研究""浙江经济研究""义乌研究""决策与咨询研究"四个单元，每一单元之中的论文均以发表时间为序排列。我希望读者从中可以大体看出我的学术研究历程，以及以马克思主义经济理论当代化和中国化为研究方向，以区域经济、产业经济等应用经济为主要支撑，以本土经济为研究重点，并力求使上述三者相互渗透、融合的基本框架。这也是我对在中共浙江省委党校从事学术研究与教学工作的一个总结和汇报。

最后，我要感谢中共浙江省委党校和中国社会科学出版社又一次给我对自己短暂的学术生涯做一个回顾和小结的机会，我的助手杨志文和学生陈文举帮助我搜集、挑选了文稿，特此说明并致谢忱。收入本书的论文中有几篇就是我与年青同志合作的，除一一注明外，在此我也向我多年来的合作者们说一声：合作愉快，谢谢！这本小册子中收入的论文质量不一定很高，有些文稿是二三十年之前写就的，今天看来有些说法未必完全正确，但为了尊重历史，我也未加修改。书中不当之处在所难免，敬请读者批评指正！

陆立军

2019 年 6 月

评马尔萨斯《人口论》

——兼论有关人口规律的几个问题

英国资产阶级经济学家马尔萨斯的人口论，是在清末传入中国的。在旧中国，由于历代统治阶级大肆吹捧，以及新老知识分子广泛宣传，曾风靡一时，传播很广。期间，虽有李大钊、陈独秀等一批马克思主义者运用历史唯物主义观点进行过批判。但在学术界未能发生很大影响。解放初，一些过去曾在不同程度上接受和研究过马尔萨斯人口论的专家学者、社会贤达，响应党的号召，运用马克思主义思想武器，对马尔萨斯人口论的反动实质进行了初步清算。与此同时，他们结合第一个五年计划的实施。试图探索社会主义人口规律，并就节制人口、资金积累以及开展人口理论研究等有关国计民生的大计，提出了不少颇有见地的意见和建议。这些行动，本来理应受到肯定和鼓励。但是，在思想理论界握有很大权力的党内那个"理论家"，利用一九五七年夏季的政治形势，按照"言控制人口就是马尔萨斯主义，就是向党进攻"的荒谬逻辑。滥施淫威，发动"攻势"，把不少学者打成"阶级敌人"或"中国的马尔萨斯"。自此以后，对马尔萨斯批判的调子越来越高，人口理论的研究无人问津。

近年来，特别是粉碎"四人帮"以后，由于党中央和各级党组织的重视，计划生育工作进展很快，取得了显著成绩。

但人口理论的研究远远落在实际工作的后面。在很长一段时间里，人们罕能看到几篇对社会主义人口规律有真知灼见的论文：一些人口理论方面的出版物，由于禁忌太多，带有明显的批判文章加政策解说色彩。造成这一切的根子，自然是林彪、"四人帮"极"左"路线的干扰、破坏，但以前批判马尔萨斯人口论时的简单化倾向，未尝不是原因之一。为了尽快把人口理论的研究工作提高到应有的水平，目前，很有必要结合中华人民共和国成立三十年来正反两方面的经验，在学术理论界采取适当的方式，重新开展对马尔萨斯人口论的研究、讨论和批判。

本文试图从经济学角度对如何正确批判马尔萨斯人口论作初步探讨；并对有关人口规律的几个问题，谈谈自己的看法。

（一）

马尔萨斯·托马斯·罗伯特（1766—1834），是英国产业革命时期，代表地主贵族和资产阶级利益的牧师兼经济学家。其一生著述甚多，尤以《人口论》和《政治经济学原理》最著。《人口论》以《论人口原理和它对于将来的影响，附关于葛德文康多塞及其他作者的臆测之评论》为名初版于1798年。本书出版以后，由于露骨地为资本主义制度辩护，非难激烈攻击私有制的葛德文、康多塞等早期平等主义者，深得剥削阶级欢心。马尔萨斯从此"发迹"。五年以后，他对原书加以扩充、修补，又以《人口原理，或人口原理对于人类幸福之过去及现在之诸影响之观察，附预察关于解除或减少人口原理所生之祸害的研究》为名再版。此后，又于1806—1826年间出版第三至六版（再无多大改动）。解放后，我国曾先后出版过第一版（《人口论》）和第二版（《人口原理》）的中译本。第一版虽然篇幅只及第二版的三分之一，但废话较少。本文的分析，主要是根据第一版（郭大力译，商务印书馆1959年版）。凡出自该版的引文，均只注明页数。

为了以后的分析方便，先对本书的梗概作一简略介绍。《人口论》除一篇说明写作缘由的"序言"外，正文凡十九章，大体可分为四个部分。

第一部分（第一、二两章），是全书的核心，集中论述了本书的"主题"——人口和食物增长的比率。主要包括：（1）作为全部论证"前提"的两个"公理"：食物为人类生存所必须；两性间的情欲是必然的；（2）人口以几何级数增加，食物以算术级数增加；（3）上述"大自然的法则"引起贫穷与罪恶，使人口增加与生活资料的增加保持平衡。以上被称为全书"一般议论所根据的三个命题"。

第二部分（第三章至第七章），系为了证明上述三个命题而进行的"历史考察"。分别涉及：（1）未开化民族——牧畜国；（2）畜牧与耕作混合的文明国；（3）英国、北美殖民地、中国、印度等。并提出了预防抑制和积极抑制问题。

第三部分（第八至十七章），分别对沃拉斯、康多塞、葛德文、斯密、蒲勒士等进行批判。其中反驳葛德文的占六章，集中攻击他关于财产公有，实行人人平等的主张。对葛德文的批判，旨在论证贫穷与罪恶同社会制度无关。

第四部分（第十八章、第十九两章）。由"自然法则"推论到神的存在，宣扬一切人口现象都是神的意志的表现。

总之，马尔萨斯《人口论》结构庞杂，内容空泛。从全书的线索来看，只有第一、二章多少带有一些理论性质。其余越往后越荒谬，甚至成为十足的神学说教。我们在研究和批判中，应当抓住本质。

（二）

马尔萨斯《人口论》的要害在哪里？过去，不少书刊都把批判的重点放在上述"三个基本命题"上，把人口和生活资料平衡、两个级数、两个抑制以及土地肥力递减等，视为《人口论》的反动本质所在，力图"批臭""砸烂"。我以为这是值得斟酌的。

马克思指出，马尔萨斯"从已经由科学得出的（而总是他剽窃来的）前提，只做出对于贵族反对资产阶级以及对于贵族和资产阶级两者反对无产阶级来说，是'合乎心意的'（有用的）结论。"① 我认为，经典作家的这一论断深刻阐明了马尔萨斯人口论的反动本质及其特点。根据马克思的这一提示，我们批判《人口论》时，必须注意划清被作者用来得出反动结论的，多少带有科学成分的学术观点，同那些效忠于地主，资产阶级利益的反动结论本身的界限。马尔萨斯人口论的反动本质正是后者，而不是前者。它突出地表现在以下几个方面。

首先，马尔萨斯把人口现象说成是超越社会、脱离生产的"大自然法则"。本来，人口是由一定社会生产力发展水平决定，并受一定生产关

---

① 《马克思恩格斯全集》（以下简称《马恩全集》）第26—1卷，第125、126、122、127、127页。

系制约的人类社会特有的现象。是历史地、具体地存在的。可是，马尔萨斯为了给自己的人口理论涂上超阶级的神秘油彩，借以欺骗劳动人民，一开始就从一切动物都具有的抽象的"食欲"和"性欲"出发，得出生活资料增长赶不上人口增长的结论。并宣称"对于这贯通全生物界的法则的重压，我看不出人类有何种方法可以避免"（P5，P 代表第×页，下同）。这样，就抹煞了人类社会同动、植物界的区别，割断了人口现象同社会制度、科学技术和生产力发展状况的内在联系，把它变成了一个纯生物学的问题。

其次，马尔萨斯狂热地维护资本主义制度。他从人口必须同生活资料相适应的"自然法则"出发，宣称财产私有制是使社会上升的"梯子"，鼓吹资本主义私有制是最能保持人口和生活资料平衡的理想的社会制度。他攻击葛德文在其所著《政治正义论》一书中，对资本主义私有制的种种揭露和批判，是一个"通贯全书"的"大谬误"；胡说"人类制度虽然是给人类以许多祸患的明白而有力的原因，但那实际是一个轻而表面的原因。使源泉污浊并使人生全流污浊的不洁原因，是根基深固的；人类制度却不过是水面上浮着的一根羽毛"。（P53）

第三，马尔萨斯公然为资本主义制度下特有的"社会贫困"① 以及战争、瘟疫等罪恶辩护，把他们说成是"自然法则的必然不可避免的结果"，"与其说人类制度会把这结果增大，还不如说会把它减轻，不过永远不能把它灭除。"（P58）为了欺骗和麻痹劳动人民，他捏造了工人生活提高，造成人口增加；工人人口增加，又导致生活下降这样一个所谓"一进一退"的"自然法则"（后来被拉萨尔剽窃并发展成为臭名昭著的"工资铁则"）。从而，把无产阶级和广大劳动人民的一切灾难，说成是工人"自己给自己造成"② 的，是对劳动人民"最有力的制裁"（P27），是"为促进人类大众（按：应读作牧师、官吏、地主、食利者、资本家等）幸福计……绝对必要的"。（P26）

第四，马尔萨斯竭力反对公有制和其他任何旨在改善劳动人民生活状

---

① 笔者对这个问题的观点，可参见拙作《马克思恩格斯无产阶级贫困理论初探》，载《河南师大学报》1980 年第 3 期。

② 《马恩全集》第 1 卷，第 475、620、621 页。

况的社会改革，主张用一切残酷手段镇压人民的反抗。为了替自己仇视劳动人民的主张寻找理论依据，他把整个世界比做由"神的手"通过"自然法则"所创造的"大熔炉"，宣称劳动人民作为"不正形态上"的"器物"，必然会被这个大熔炉抛弃，"当作无用的东西，打破了丢在一边"（P73）。据此，他认为，垄断生产和生活资料的剥削者迫使"一切缺少食物的人""自愿并努力"出卖劳动，"这是自然的，又是正当的"（P61）。而一切对工人的怜悯、救济和工资的些许提高，都足以造成工人的"怠惰与罪恶"，"且将陷全人类于缺乏贫穷之中"，（P86），正如马克思所尖锐指出的："他……把工人贬低到驮畜的地位，甚至使工人陷于饿死和当光棍。"① 在马尔萨斯所处的时代，处在"自在"阶段的英国无产阶级和其他劳动人民，在法国大革命的激励下，采取砸机器、烧厂房等手段反对剥削者的残酷压迫和统治。对此，马尔萨斯公然主张"甚至处于死刑——保障各人资财不受劫夺"（P59），充分暴露了他的狰狞面目。

综上所述，马尔萨斯人口论就其阶级本质和历史地位而言，是一种在资本原始积累和产业革命时期，阶级矛盾日趋尖锐，早期平等主义思想广泛传播的历史条件下，适应地主贵族和资产阶级及其反抗斗争的反动理论。所以，它一出世就受到统治阶级的大肆吹捧，同时，也激起了劳动人民的强烈义愤，作者本人被斥之为"卖假药的牧师"。一百多年来，马尔萨斯《人口论》一直遭到全世界劳动人民的唾弃和批判（包括我国解放前由部分进步知识分子和解放后在全国范围内所开展的批判），是理所当然的。马克思主义经典作家一贯非常重视揭露和批判马尔萨斯人口论的反动本质。马克思指出：马尔萨斯"从经济上替土地贵族的地租、领干薪、残忍等等辩护，只是在工业资产阶级的利益。同土地所有权的利益，同贵族的利益一致时，马尔萨斯才拥护工业资产阶级的利益，即拥护他们反对人民群众，反对无产阶级……"② 列宁在谈到新马尔萨斯主义时，号召"觉悟的工人要永远进行最无情的斗争，来反对把这一反动的怯弱的学说加到现代化最先进的、最强大的、最有决心去进行伟大改造的阶级身上的

① 《列宁全集》第19卷，第2229页。
② 《马恩全集》第26—1卷，第125、126、122、127、127页。

企图。"① 毛泽东同志在解放前夕也正确指出："西方资产阶级经济学家如马尔萨斯之流所谓食物增加赶不上人口增加的一套谬论，不但被马克思主义者早已从理论上驳得干干净净，而且已被革命后的苏联和中国解放区的事实所完全驳倒。"②

上述一系列论断，不仅具有深远的历史意义，而且具有巨大的现实意义。鉴于当代资产阶级仍把马尔萨斯人口论及其变种当作为资本主义制度辩护的"法宝"；就世界范围而言，它在劳动人民和其他群众中还有一定的市场，所以，无产阶级和革命人民对马尔萨斯人口论的批判，还很有必要继续进行下去。怀疑这一点，显然是错误的。

<h2 style="text-align:center">（三）</h2>

马尔萨斯人口论的反动本质已如上述。那么，它作为一种理论体系，是否有某种科学性呢？我们的回答同样是否定的。

马克思主义经典学家，在着力批判马尔萨斯人口论反动性的同时，十分重视揭露这一理论在科学上的虚伪性，并且深刻地揭示了其反动性和虚伪性之间的必然联系。

马克思强调指出：《人口论》的作者为了反动的政治目的"在科学领域内伪造自己的结论。这就是他在科学上的卑鄙，他对科学的犯罪……马尔萨斯在科学上的结论，是看着统治阶级特别是统治阶级的反动分子的'眼色'，捏造出来的；这就是说，马尔萨斯为了这些阶级的利益而伪造科学。"③ 可见，反动性和虚伪性难解难分地交织在一起，反动性决定了虚伪性，虚伪性服务于反动性，这就是马尔萨斯人口论的全部"特色"。人们只要大体浏览一遍马尔萨斯的"大作"，就不难发现：剽窃、夸大加伪造，正是《人口论》虚伪性的三大要素。关于剽窃，国内外许多学者的论著，早已开出了从威廉·配第到亚当·斯密一大串经济学家的名单，并且一一指出，马尔萨斯如何不加引号、不指出处并且毫无愧色地把他们

---

① 《马恩全集》第26—1卷，第125、126、122、127、127页。
② 《毛泽东选集》合订本，1966年版，第1515页。
③ 《马恩全集》第26—1卷，第125、126、122、127、127页。

的研究成果杂乱无章地堆砌在自己的"著作"中，以至这个"剽窃专家"（马克思语）的《人口论》，竟"没有一个他独自思考出来的命题。"① 关于夸大，突出地表现在对待个别和一般、具体和抽象的关系上，他总是把某些到一定历史条件下存在的现象（如北美殖民地在 18 世纪末叶：主要由于大量移民，使人口在二十多年里增长一倍）以及在一定范围内具有若干科学性的命题（如人口和食物相适应，无产阶级的工资和人口成反比；在科学技术不变条件下，土壤肥力减低等等），夸大为无条件的、绝时适用的，甚至在动、植物界也占据支配地位的"自然规律"等等。关于《人口论》的伪造这一特点，突出地表现在它是"宗教教条在经济学上的表现。"② 马尔萨斯把"神"请进了政治经济学，鼓吹人口增长和食物有限的矛盾是"最高存在物的吩咐"，"神的慈悲计划"（P106），并竭力宣扬工人的贫困以及战争、瘟疫等灾难，是"上天通过一般自然法则，对有理性的人们所给予的一次又一次的告诫"③ 等等，企图用这一切伪造的谎言。来恐吓和欺骗劳动人民。由上可见，马尔萨斯人口论作为一种理论体系，在政治上是反动的，在科学上是虚伪的，这就是它的本质。所以，从根本上来说，马克思主义者对它只能持批判的、否定的态度。这是毫无疑义的。但是，我们还要看到事情的另一方面。首先，马尔萨斯的《人口论》，不论其在政治上如何反动，但毕竟不是单纯的反革命宣传品，而是一部学术著作。并且，是近代政治经济学史上产生较早、篇幅较多、影响较大的一部谈论人口问题的专著。其中，多少包含着某些尚可"站得住脚的"科学成分。所以，我们对它的批判和否定，理应采取唯物辩证法所主张的"扬弃"态度。既要彻底揭露、批判、抛弃它的反动本质和伪科学的理论体系，又要恰如其分地肯定其在当时的历史条件下，所具有的某些科学成分。而不应采取恩格斯所嘲笑过的那种如同把大麦粒磨碎、把昆虫踩死、把正数 a 涂掉的形而上学的否定方法，实际上。马克思主义创始人对待马尔萨斯人口论正是采取了前一种否定观。

关于这一点，《经济研究》1979 年第九期张立中同志的文章已经从马

---

① 《马恩全集》第 23 卷，第 926 页。

② 《马克思全集》第 1 卷，第 475、620、621 页。

③ 同上。

恩著作中摘引了不少材料，并且引证了李大钊烈士和已故著名经济学家王亚南同志的论述。我以为这是有一定说服力的。其次，如前所述，马尔萨斯《人口论》是一部东拼西凑，兼收并蓄的"大杂烩"。马尔萨斯从重农学派、古典学派"老师"那里抄袭了不少在不同程度上具有科学成分的见解。尽管这些见解被他剽窃到自己的反动体系里以后，经过肢解、夸大和"再生产"，许多已弄得面目全非，但这些科学见解本身毕竟还是科学。马克思曾经指出：马尔萨斯的反动结论，往往是"从已经由科学得出的（而且总是他剽窃来的）前提"做出的。马尔萨斯出于对工人阶级的仇恨，"把他的结论夸大到极端，甚至超过了从他的观点看来还可以在科学上说得过去的程度。"①　显然，对于这些淹没在马尔萨斯人口论伪科学体系里的"已经由科学得出的前提"和资产阶级政治经济学看来"还可以从科学上说得过去"的成分，我们应取分析的态度。最后，实践是检验真理的标准（我使用这个正确的提法，只是强调它适用于马尔萨斯人口论中包含的个别科学成分，并不认为马尔萨斯人口论就是真理）。实践证明：过去学术理论界一度对马尔萨斯人口论采取全盘否定的态度，在批判中出现明显的简单化倾向，这在理论上造成了较大的片面性，在实际中也带来了不少副作用。

为了证实并进一步说明上述几点看法并非信口开河，下面试从马尔萨斯《人口论》中摘引一些我以为在当时的历史条件下，不无科学成分的观点（这些观点绝大多数是作者从别人那里抄袭来的。为了节省篇幅，这里不再一一指明最初出处并对照原作），并力求结合以往在批判中出现过的简单化偏向和我们的实践经验，作一些粗浅的分析。与此同时，在分析批判的过程中，谈谈我对有关人口规律的几个问题的初步认识。

1. 关于人口增长要和生活资料的生产相适当的观点

《人口论》一开始就指出："按照人类生存必须食物的自然法则……人口增殖及土地生产力……必须继续使其结果平衡。"作者还再三强调这个"自然法则"的重要地位，声称"与这议论比较，其他一切议论，都是轻微而不必要的考察"。（P5）实际上，这一观点也是贯彻全书的指导

---

① 《马恩全集》第26卷，第125—127页。

思想之一，我认为，马尔萨斯把人活着就要吃饭，因此人口的增长必须同生活资料（特别是食物）的生产相适应的这个极其普通的常识或事实，说成是什么凌驾于人类社会之上的"自然法则"，并据以得出许多荒谬结论，这当然是错误的。但这命题本身的正确性却无可怀疑。其实，这一观点并不是马尔萨斯发明的。早在他出世几千年以前，我们的祖先就曾精辟地指出过"民以食为天"这个朴素的真理。但是，在批判马尔萨斯时，有的学者为了论述人的"决定作用"，只强调人有一双手，而忽视人还有一张口。武断地宣称："食物为人所必需"这一前提是"不能成立的"，"极端荒谬的"；人口与生活资料相适应的观点是"极其反动的"等等。这样，就使"人多是好事""人口越多越好"的含混说法长期流行，在经济生活中带来了严重的后果。这一点，人们现在看得越来越清楚了。

马克思主义认为，任何社会的存在和发展，都必须以生活资料（首先是食物）的生产为基本前提。"食物的生产是直接生产者的生存和一切生产的首要条件。"[①] 这是马克思主义的一条基本原理。我认为，按照这条基本原理和马克思主义的再生产理论，可以对人本身的生产、生活资料的生产以及生产资料的生产这三者之间的内在关系概括如下，即：人本身的生产和生产资料的生产必须相适应地平衡发展；生活资料的生产和生产资料的生产必须相适应地平衡发展。[②] 人本身的生产、生活资料的生产、生产资料的生产三者之间有互相依存着不可分割的内在联系，必须相适应地平衡发展，这是一条不以人的意志为转移的客观规律。它说明一定的生产方式是与之相适应的人口现象的物质基础；人口问题从根本上来说是经济问题；人口规律本质上也是经济规律。

如上所说的这条规律，对于一切人类社会都是适用的；就其制约人口生产这一点而言，也可以说是一条适用于人类社会各个生产方式的共同的人口规律，不过。在不同的生产方式下，有着不同的表现形式和特点。在人类历史上，社会主义生产方式的诞生，第一次提供了按照三者相适应地平衡发展的内在规律，自觉地安排三种生产及其相互之间的物质交换的必

---

① 《马恩全集》第35卷，第154页。

② 关于这个观点，可参见笔者与许兴业、巫继学合写的文章：《试论扩大再生产条件下两大部类增长速度的对比关系》，载《社会科学》1979年第4期。

要性和可能性，并且日益变成现实；而只有在生产力高度发展，人民的物质和文化生活水平以及道德水平都极大提高了的共产主义社会，"才能毫无困难地做到这一点。"① 与此相反，建立在生产资料私有制基础上的、以雇佣劳动为特征的资本主义社会，由于剩余价值规律以及生产竞争和无政府状态规律的作用，没有可能有计划地安排这三种生产。在那里，我们所说的这个共同规律只能通过竞争、危机、相对过剩人口的不断产生以及无产阶级的相对和绝对贫困化等特有的经济（人口）现象，通过对生产力的巨大破坏和对劳动者及其子女的摧残、折磨，强制地贯彻自己的要求。我认为，这正是资本主义制度的不合理性，以及这个社会的基本矛盾的重要表现之一。

还须指出，我们这里所说的适用于一切人类社会的共同的人口规律，是对一切社会形态下都存在生产和物质资料的生产之间的内在联系的抽象，和马克思所痛斥的马尔萨斯之流把人口规律说成超社会、超阶级的"大自然法则"的谬论，是有原则区别的。同时，如上所述，我们这样说，非但不否认，而且还十分强调，各个生产方式都还有各自的特殊人口规律。

2. 关于人口和生活资料增长速度的对比关系问题

马尔萨斯提出"人口，在无所妨碍时，以几何级数率增加。人类生活资料，以算术级数率增加"（P6）这个命题。一半是基于对个别情况的夸大，另一半则纯属随心所欲的"估计"，并无科学根据。同时，他完全脱离一定的社会制度以及生产力和科学技术发展水平，抽象地奢谈人口和生活资料增长速度的对比关系，也是很荒谬的。但是，我们还须看到，对每个特定历史时期和一定的社会生产方式来说，在不同的社会生产力和科学技术水平及其他经济、政治、社会等条件下，人口和生活资料二者的增长速度之间，确实存在着复杂多变的对比关系。这种对比关系，依据不同的时间、地点和条件，可能表现为生活资料增长更快，也可能表现为人口增长更快；还可能表现为二者大体平行发展（这三种情况，在古、今、中、外人口发展史上，都是有例可援的）。但不论表现为何种"格局"，

---

① 季陶达主编：《资产阶级庸俗政治经济学选辑》，1978 年版，第 45—46、37、36 页。

都必须保证人口增长和生活资料生产相适应这个内在规律的要求；如果长时间的违反，则势必受到规律本身的惩罚。因此，在马克思主义世界观和方法论的指导下，对于不同时间、地点、条件下，人口和生活资料二者增长速度的对比关系，依据客观事实，加以历史的、具体的科学分析，从中探讨人本身的生产和物质资料生产之间的内在联系，不论对历史和现实来说，都是一件很有意义的工作。但是，在很长一段时间里，正像马尔萨斯把这种对比关系一概看作前者超过后者从而走向一个极端一样，当代有的学者（国内外均有）在批判中，从而走向另一个极端，把这种对比一概看作后者超过前者。总之，两个极端都把本来生动的、具体的对比关系变成了僵死的、不变的"模式"，因此，都是形而上学。在当前关于社会主义人口规律的讨论中，有的同志把自己认为理想的某种人口发展速度（似有"增长"、"减少"、"控制"三种提法）当作社会主义人口发展的必然规律，基于同样理由，我认为，也是颇可商榷的。

顺便指出：过去在批判马尔萨斯"两种级数"谬论时，也存在着简单化的倾向。例如，马尔萨斯在说明人口按几何级数增长时，明明有一个前提即"在无所妨碍时"（用他的话来说，就是既没有积极抑制，又没有预防抑制时。这种情况，在剥削阶级社会里，实际上是不存在的。马尔萨斯本人也未否认这一点）。但是，我们看到的相当一部分批判材料，在批判马尔萨斯这一观点时，都抛开了"人口在无所妨碍时"这一前提，只是笼统地说：自有人类社会以来，生活资料增长总是快于人口增长，而不是相反的。否则人类社会就谈不到发展、甚至早已不存在了云云。所举证据也是所谓"积极抑制"相当突出的国家的数字，如说印度在1952—1974年粮食增长70％。人口增加60％等等。这种简单化的倾向，我以为是很难令人折服的。

3. 关于"积极抑制"和"预防抑制"的问题

马尔萨斯认为："人口增殖力及土地生产力这两个力，自然是不平衡的，而大自然的法则继续使其结果平衡"（P5）；这个"大自然法则"就是"积极抑制"和"预防抑制"。按照作者在《人口论》第二版中的解释："积极抑制是极其多样的。它包括产生于罪恶和苦难的各色各样的原因，或多或少都会缩短人的寿命。所以在这一类里可以举出各种不卫生的

职业，剧烈的劳动和受严寒盛暑的煎迫，极度的贫困，对儿童的恶劣保
育，大城市的拥挤，各种各样的过度行为，连串整套的普通疾病和传染
病，战争，瘟疫和饥荒，"① 总之，是指人口增长之后，实际发生作用的
抑制其增长的因素（"积极抑制"，原文为 Posivenecks，我以为译作"实
际的抑制"更为确切）。而"预防抑制就它的由人自主的一点来，是人所
特有的；它由人的推断能力这一独特的优越性产生出来。这一优越性能使
人估计到远在未来的结果。"② 如果我们抛开马尔萨斯出于欺骗、威胁工
人阶级的政治需要而强加于其上的"自然规律""天意所致"等虚伪的说
教，把"积极抑制"和"预防抑制"当作一切剥削阶级社会，特别是资
本主义社会初期里，主要存在于广大劳动人民之中的人口现象，这对我们
认识上述人本身的生产和物质资料（首先是生活资料）生产相适应地平
衡发展的内在规律在资本主义生产方式下的特殊的表现形式，揭示资本主
义社会特有的人口规律和无产阶级所遭受的"一切社会贫困"③ 以及正确
理解许多资本主义国家人口日渐减少的现象，是有一定启发的。事实上，
马尔萨斯本人也不得不承认，由于两种"抑制"的作用，"欧洲现在大多
数国家，人口增加都很迟缓"（见第四章标题）"有些国家的人口是在绝
对停止……甚至在退步"。（P19）当代许多资本主义国家的人口锐减问题
是不是这两种抑制，特别是预防抑制（不少劳动人民害怕降低生活水平
或无法维生而不敢或不愿结婚，许多人不愿要孩子）的结果，也是值得
研究的。④

　　当然，对于社会主义社会，从根本上来说，不存在什么"积极抑制"
问题（我认为人口自然死亡不应计入其中）。但是，由于社会主义基本经
济规律的作用，国家为了不断满足社会全体成员日益增长的物质和文化生
活需要，也必须自觉地利用经济手段。思想教育并辅以必要的法令政策，
进行调节，促使人本身的生产、生活资料的生产和生产资料的生产三个方
面，按照相适应地平衡发展的内在规律的客观要求，有计划、按比例地进
行。其中，在调节人口的再生产上，《人口论》的作者及普雷斯等人所提

---

① 《马恩全集》第 17 卷，第 475 页。
② 《列宁全集》第 5 卷，第 8 页。
③ 《毛泽东选集》第 5 卷，第 330 页。
④ 《马恩全集》第 25 卷，第 715 页。

出的"道德抑制"中的晚婚、避孕等项措施，显然是适用的。因为，"只有通过这种改革来教育群众，才能够从道德上限制生殖的本能……"

4. 关于农业和制造业的关系问题

马尔萨斯在《人口论》第十六章批评斯密关于资本的增加必然引起"维持劳动基金（工资）增加"的观点，以及在第十七章论述生产性劳动和非生产性劳动的区别时认为：追加的基金（实际上指可变资本——引者）"不一定会成为真实有效的追加劳动者的基金。除非……转化为比例的实物量；如果这增加仅由于劳动生产物（指工业品，在当时主要是生产资料——引者），这转化便是不可能的。社会资产所能雇佣的工人，和社会领土所能维持的工人人数，在这场合显然有区别"（P90），主张"在国家趋于富庶之自然的进步过程中，制造业及国外贸易，按照顺序，就应在土壤已有高度耕作以后"（P99）等等。马尔萨斯的这一席话，显然是处于维护土地贵族利益而发的偏颇之言，但毕竟在一定程度上触及了社会再生产中，农、工、商业之间，生产资料生产和生活资料生产之间，以及劳动力增加和生活资料生产增长之间的比例关系问题。尽管他的理论是很粗陋，很片面的，但就强调生活资料的生产这一点而言，在当时"重工主义"占统治池位的条件下，应当说，是包含一些科学成分的。

5. 关于所谓"土地肥力递减律"问题

"土地肥力递减律"是马尔萨斯提出食物以算术级数增加命题的理论依据。这是他从杜尔阁及安特生等人的地租论中抄来的。主要内容有两点：一是土地有限，总有一天会开辟殆尽；二是土壤肥力（出产）并不随之于土地的劳动和投资的增加而按同一比例增长。对此，马克思在《资本论》、恩格斯在《政治经济学批判大纲》等论著，特别是列宁在《土地问题和"马克思的批评家"》一文中，都进行过批判。经典作家的批判，主要针对马尔萨斯及其追随者无视社会生产力和科学技术的发展对土壤肥力提高的巨大影响，把"肥力递减"当作绝对不可改变的"自然规律"，并从中得出了食物增长永远赶不上人口增长的荒谬结论而展开的。这些批判无疑是正确的。与此同时，列宁也指出："'土壤肥力递减规律'在某种程度上是适用的。这只是说在技术水平不变的情况上，追加劳动和追加资本的范围是比较狭小的"[20]我认为,这里所说的"技术水平不变"(我理解这是指技术水平没有发生显著的、决定性的变化,并非绝对不变)是基本适合现阶段我国许多地区农业的基本状况的。但是,过去学术界有的同志在批判"土壤肥力递减律"时,却不同程度地出现了脱离我国实际的简单化倾向。如:照搬照抄经典作家在一百多年前用以驳斥马尔萨斯的某些数字,一味坚持耕地面积占总土地面积的比例很小;又如片面强调随着投入劳动和资金量的增加,土壤肥力和产量会无限提高,而完全忽视虽然投入劳动和资金增加,技术水平也有一定提高,但在一定条件下,也可能出现产量不增加或不按比例增加的可能性等等。与此同时,在实践中也出现了某些地方片面强调改山治水,忽视精耕细作;盲目扩大耕地,破坏生态平衡;一味增加投资,不讲经济核算,以至造成投工不增产,增产不增收等后果。

此外,马尔萨斯关于资本主义生产方式下,劳动力再生产同竞争和经济危机的关系等问题的一些观点,以及对中国封建社会里早婚传统等某些评论,是否也含有一些科学成分,我以为都是可以进一步探讨的。

(四)

这里必须强调指出:第一,以上所说这些含有若干科学成分的观点,都是在舍弃掉马尔萨斯人口论的反动实质及其伪科学的理论体系的前提下,仅对这些观点本身进行考察的结果;决不排除这些观点作为马尔萨斯人口论体系的组成部分,所不可避免地带有的反动性和伪科学的性质。第二,即使以上所说的这些观点本身,也并不是什么严格意义上的科学理论;只不过在当时的条件下,具有不同程度的科学成分而已。第三,对我们今天的人口理论工作者来说,马尔萨斯人口论这种反动的、荒谬的理论体系,一般地说,并不存在任何现实意义;也谈不到什么批判地继承的问题。因为,它是将近两百年前庸俗资产阶级经济学家的著作,而我们面临的却是崭新的现实、崭新的任务。今天的学术理论界不论对社会主义人口规律的探讨,还是对资本主义人口规律的研究,都应当在我们时代的现实材料的基础上,以马列主义的世界观和方法论为指导来进行,这是首先应该肯定的。但是,另一方面也要看到,"正确的东西总是在同错误的东西作斗争的过程中发展起来。"为了加深我们对社会主义人口规律的认识，对马尔萨斯《人口论》的研究、讨论和批判，也是一件不容忽视的工作；何况《人口论》所包含的某些命题和材料，还带有不同程度的科学成分。因而也是可以借鉴的。例如，本文所谈到的人口、生活资料和生产资料三种生产相适应地平衡发展规律及其在不同生产方式下的不同表现形式和特点这一观点，就是我们力图运用马克思主义政治经济学的基本原理，结合某些具体材料，对马尔萨斯人口论进行研究和批判的产物。

应当看到，由于复杂的历史所造成的原因，我国学术理论界对马尔萨斯人口论的态度，在解放前后曾出现过截然对立的两种主要偏向（当然，并不是所有的研究者都存在的偏向），总的说来，迄今为止，所进行的研究、批判和讨论是很不够的。目前，存在的主要问题是，林彪、"四人帮"极"左"路线的流毒，急待进一步肃清。由于过去的批判中存在阶级斗争扩大化、理论是非简单化的倾向，造成了学术理论界心有余悸，人口理论研究停滞不前。这种状况至今尚未根本改变。我们要以马克思主义基本原理为指导，采取摆事实、讲道理、求大同、存小异的分法，在人口理论工作者中，逐步统一对马尔萨斯人口论的认识，澄清"左"的错误倾向造成的种种糊涂观念，解放思想，轻装上阵，把人口理论的研究，提高到新的水平。

商品交换与非商品性交换

——介绍骆耕漠《社会主义商品货币问题的争论和分析》第一篇

在我国经济学界，不少人都在事实上把"交换"和"商品"看成是同义的。似乎凡是分工生产和互相交换的产品就是商品，凡是有交换关系的经济就是商品经济。因此就推导出不仅私有交换经济是商品经济，公有交换经济也是商品经济的论点。

经济学家骆耕漠在最近由中国财政经济出版社出版的学术专著《社会主义商品货币问题的争论和分析》一书第一分册中，对上述观点提出了完全不同的看法。作者指出："马克思、恩格斯是把交换分为两类：一是私有制基础上的交换，它开始出现于原始社会末期，他们只说这种交换是商品交换；二是消灭私有制之后的公有制基础上的交换。他们早就预见到未来公有制社会将不同于原始公有制社会，而有新的产品交换关系，但是，它和商品交换有根本区别……因此，他们才断言社会主义社会将消灭商品货币经济。"

为了搞清"商品交换"与"非商品性交换"的辩证关系，作者在专著的第一分册第一篇中，以《资本论》第一卷第一章为中心，联系其它有关著述，全面、系统地阐述了马克思关于商品生产、商品交换以及价值规律的理论体系。

本篇共分五章。在第一章中，作者紧紧围绕生产资料的所有制性质这个核心，首先详细论证了"私有制是商品经济的前提"这一区分商品交换与非商品性交换的基本分水岭。现在学术界有不少人认为《资本论》第一卷第一篇、特别是第一章《商品与货币》所揭示的对象，是概括公私两类交换经济关系在内。许多"社会主义商品论"者，把马克思所说的："要生产商品，他不仅要生产使用价值，而且要生产为别人的使用价值，社会的使用价值"一语，当作也适用于他们所说的"社会主义商品"。而本书作者则认为：《资本论》第一卷的第一句话："资本主义生产方式统治下的社会财富，表现为'一个惊人庞大的商品堆积'，一个个的商品表现为它的原素形式"即已说明：作为《资本论》第一篇研究对象的"商品"，是把资本剥削关系暂时存而不论的私有交换经济，所以上述"定义"中的交换双方，即"他"和"别人"，都是资本主义社会里的私有者。可见，这个"定义"是不宜随意搬到以公有制为基础的交换关系中来。作者还列举并分析了马克思、恩格斯的其他一些论述，指出：按照马克思的原意，所谓"商品"，必须同时具备下列三重规定：（1）是为他人的消费而生产的；（2）必须通过交换以供别人消费；（3）首先是私人产品。还有一些"社会主义商品论"者，根据马克思在论述商品和货币的起源时的一段话："商品交换是在一个公社尽头的地方，在一个公社和别一个公社，或和别一个公社的成员接触的地方开始，"把商品定义为"不同的所有者用来交换的产品"，借以论证"社会主义商品"的存在。对此，本书作者指出：这实际上是公私合一地改换了商品经济产生和存在的私有制前提，同时也曲解了马克思的本意。作者还指出。马克思在论述商品交换以私有制为前提的同时，也并未忽视在社会主义产品分配中，采取各种交换方式的必要性。例如，马克思在阐述再生产理论时，就曾写道：社会主义条件下，第 I 部类所生产的部分生产资料，"会在这个部类的不同生产场所之间，发生一种不断的来回的运动"。这里，"不断的来回的运动"一语，就是马克思用以表示同私有制下的"商品交换"不同的社会主义产品交换的新术语。此外，马克思在《资本论》第一章第 IV 节预言"未来自由人的公社"分配消费资料的方式时，曾指出：要用每一生产者的劳动时间作为分配的计量标准。以后，在《哥达纲领批判》中，又明确提出"等量劳动相交换"的原则。这些，都说明马克思已预见到，这种分配要通过相应的交换方式，同时，他还讲到要用直接代表一定量社会劳动的证书——劳动券为中介来进行。在十月革命后，列宁还曾具体设想，要用"合作社"或"生产——消费公社"作为采取交换方式分配社会产品的机构。所以，作者认为："马克思、恩格斯和列宁当年预言社会

主义社会将消灭商品生产的时候，完全预见到社会主义社会对产品的分配仍将采取相应的新的交换方式。"（第 80 页）

为了进一步阐明"商品交换"同"非商品性交换"的本质区别，本篇在第二、三、四章中，以商品经济所特有的"价值"范畴为中心，作了层层深入的分析。

在第二章中，作者着重比较了如下两个"价值"定义：（1）"'价值'是指凝结在商品体内的劳动（详细点说，即同一的人类抽象劳动和社会平均必要劳动）而言"，这是"社会主义商品论"者，根据《资本论》第一卷第一章前两节的文句所常摘引的定义。（2）"'价值，是指凝结在产品内和只能通过'交换价值'（'价格'）这个外在的物量比例形态来表现的社会劳动。"（第 82 页）这是本书作者对价值本质的理解。读者可以看出：定义（2）比定义（1）多出了一层意思，即价值不仅是凝结在产品内的物化劳动，而且由于它只能通过上述迂回的物的外在形态来表现，从而它本身就在人们面前表现为产品所具有的某种物的属性，价值就是这样特殊表现的社会劳动。作者认为，第一个定义只揭示了价值实体，而忽视了这个实体本身必然表现为商品所具有的某种"物的属性"的假象，因而是不完备的。有些人正是由于把这样一个简单化了的"定义"作为区分是否为"商品"的理论依据，从而把私有制经济中的"商品交换"与公有制经济中的"非商品性交换"混为一谈。作者认为：搞清劳动表现为价值和不表现为价值的问题，是马克思价值学说的重要内容，《哥达纲领批判》阐明了这个问题，而我们过去却领会得很不够，这是引起争论的重要原因之一。为此，第二章还用一节专门论述了"劳动为什么表现为价值和何为劳动表现为价值？"这个难点。作者指出：这个问题的关键在于：价值，是私有制条件下，商品生产者的"私有个人劳动社会化的特别形态。"（第 100 页）反之，"如果不是私有个人劳动，而是现代化公有制生产体系中的个人劳动，它就可以直接社会化，即直接由社会在交换之前，按生产所耗费的劳动时间本身来统一计量和折算，如实地表明它值多少社会劳动，它就不会再表现为隐藏在交换价值这一物量形态背后的共同物——价值。"（第 103 页）

为了帮助读者全面、准确地理解马克思的商品价值学说，作者用第三、四两大章，系统地阐述了《资本论》第一卷第一章的详细内容和内在结构，进一步回答了"是什么劳动形成价值，为什么形成价值和怎样形成价值"的问题。本书这一部分，在解决当前《资本论》研究中，如何作到深入浅出以及怎样联系实际这两个学术界普遍关心的问题上，进行了很有意义的探索。首先，作者没有停留在一般地介绍名词概念上，而是围绕一个中心（在本篇中即是商品价值），对原著本身从逻辑结构、章节内容以至重要段、句，都循序渐进，精雕细琢，一一阐释，务求明白。同时，对一些人们公认的难点，或容易引起歧义的地方，如产品的商品形态或商品的价值形态、价值表现的"迂回曲折性"、等价形态的三大特征、商品和货币的拜物教性质以及商品（货币）拜物教观念等等，作者既不盲从前人的结论或多数人的观点，又不顾忌自己以前认识上的失误，而是本着"打破砂锅问到底"的精神，独立思考，力求甚解，阐明了许多过去未能引起人们足够注意或没有得到圆满解释的问题，进行了较多、较深的学术探讨。

其次，本书的另一个显著特点是，作者具有研究《资本论》是为解决社会主义经济建设中的重大课题服务的思想和要求。他并未把《资本论》的若干范畴、规律简单地套用或类比在社会主义经济问题的研究之中，而是力求深入挖掘各个范畴、规律的特定经济内容及其内在联系，学习和运用经典作家的研究方法，以此指导自己的专门研究，去解决经典作家在他们的历史条件下，所预示后人应去解决的重大现实问题。这就是作者如何通过对"资本主义商品"的研究，提出自己的"社会主义非商品论"观点的过程之一。诚然，今天看来，作者的"一家之言"也许不无可以商榷之处，但他的这种努力方向和治学态度，无疑是正确的。作者的实践表明：同某些同志的疑虑相反，在实现"四化"的新时期中，《资本论》研究不乏用武之地，具有广阔的前景。

本篇的最后一章《马克思、恩格斯关于价值规律的论述》，联系我国经济学界关于价值规律的各种观点，阐明了以下几个问题：（1）什么是价值规律？作者认为"价值规律就是商品价值调节（决定）商品交换比例这一规律的简称"，即"商品交换规律"或"价格规律"。（第252页）在马克思、恩格斯的著作中，对价值规律曾有过许多表述，但大体可归纳为两个：（甲）商品价格由价值决定的规律；（乙）社会必要劳动量决定价值的规律。有人（包括作者在1959年）曾把这两种表述看作价值规律的两个方面或两个阶段。作者认为，这种看法是不正确的。在他看来，"探索价值是什么和由什么决定的问题，也就是探索商品交换比例—价格是由什么决定的问题，"（第 256 页）二者是一回事。（2）竞争和价格波动是商品价值的表现形式。作者认为："商品生产的价值规律，只有通过竞争的摆动以及同竞争一起的商品价格的摆动，才得到贯彻……"[①]这是马克思的一个重要观点。作者指出：明确这一点，对于系统区别非商品性的社会主义产品交换关系中的等劳交换规律和资本主义商品交换关系中的等价交换规律（即价值规律）的根本差别，对澄清"社会主义价值规律"和"共产主义价值规律"等观念来说，都具有重要意义。（3）价值规律对商品经济有两大派生作用，即：（甲）迫使商品生产者在激烈的竞争中提高劳动生产率；（乙）自发地调节各种商品生产的比例。作者指出：任何社会都必须依靠劳动和提高劳动生产率，同时，还必须按比例生产，才能生存和发展，这是人类社会的一个普遍的、不能取消的规律。但是，它借以实现的形式，则因不同的历史条件而变化，例如，"价值规律也就是商品生产者社会所特有的得以按比例生产的规律。"（第 280 页）因此，如果把它的这种历史作用，简单地搬用到实行生产资料公有制的社会主义计划经济和交换关系中去，那就有不恰当的地方，这是作者准备在全书第二分册中申述的问题。

马克思商品、价值理论的几个问题

马克思在《资本论》第一卷第一篇中所研究的，是抽去了资本主义剥削关系、建立在生产资料私有制基础上的交换经济，即一般商品经济。马克思正是在论述私有制商品经济的过程中，创立了他的劳动价值理论。在我国的社会主义建设中，全面、准确地理解和掌握马克思的商品、价值学说，进而在这一学说的指导下，正确认识社会主义商品生产和价值规律问题，准确把握社会主义社会的基本经济特征，有重要的现实意义。

第一个问题：什么劳动形成价值？

通常说，价值是凝结在商品中的共同的人类抽象劳动。这一解释并不全面、确切。因为，要把握价值，首先要看在什么样的经济关系中，人们的抽象劳动才会成为商品的价值。

所以，"什么劳动形成价值？"和"什么是价值？"这是两个并不完全相同的问题：前者所要回答的只是构成价值的实体是什么；后者所回答的则是这一实体在什么条件下（即具有什么样的关系）才成为价值。关于什么劳动形成价值，我们在分析简单价值形态中就可明显看出。"形成价值实体的劳动是相同的人类劳动，是同一的人类劳动力的耗费"。（《资本论》第一卷，第 52 页）这也就是对研究马克思劳动价值理论时首先要遇到的"什么劳动形成价值"这一问题所应当作出的答案。但是，仅仅回答了这一个问题还很不够，还远没有包含马克思劳动价值理论的全部（或主要）内容。必须进一步回答——

第二个问题：劳动为什么形成价值？

从一般意义说，在一切社会形态下，人们生产任何产品，甚至进行任何有目的的实践活动，都必须耗费一定的体力和脑力，换言之，要付出一定的人类抽象劳动。但是，众所周知，并不是在一切社会形态下，人们所进行的任何劳动都生产出商品，从而都形成价值。这就向人们提出了"劳动为什么会形成价值"的问题，这涉及到当前学术界正在开展讨论的"商品存在的原因"（包括"社会主义条件下商品存在的原因"）问题。

价值作为经济范畴，是商品生产者之间的相互关系。在私有制的商品经济条件下，个别商品生产者的私人劳动，只有经过迂回曲折的道路，才能转化为社会总劳动的组成部分。具体来说，在私有制商品经济中，每个商品生产者的劳动首先是作为私人劳动存在的，它具有如下特点：（1）私人占有生产资料；（2）运用生产者个人或受其支配的雇佣工人的劳动力；（3）生产的直接目的和结果是为了生产者自己赚钱、发财。但是，另一方面，每个商品生产者的劳动又都具有社会性。他们为了实现自己劳动的直接目的，就不得不生产为别人、为社会的使用价值，使自己的劳动成为社会分工体系中的一部分。正是上述私人劳动和社会劳动之间的矛盾，使商品生产者之间相互交换劳动的关系，表现为他们的劳动产品之间的物量比例关系，即按社会必要劳动时间所决定的价值相互交换的关系。由此可见，是私人劳动和社会劳动的矛盾这一商品生产的基本矛盾，决定了商品生产者所花费的人类抽象劳动必然表现为价值。

在这里，还要谈到同"劳动为什么表现为价值"这一问题不可分割的另一个问题，即如何给商品下"定义"。我认为，关于"商品"的定义，不仅要包含"什么劳动创造价值"这一层意思，而且应当包含"劳动为什么形成价值"这一层意思，才是比较全面的。人们通常说："商品是用来交换的劳动生产物"。严格地讲，这一说法并不严密。因为这个定义，离开了商品生产的一系列条件和经济关系，离开了建立在私有制基础上的社会分工和私有者之间的交换等等，所以，它至少和马克思在《资本论》中所论述的商品的本质特征不完全相符，也没有反映出马克思商品、价值理论的主要内容。与此相联系，还有一个"价值"的定义问题。

有人说，价值是人与人之间的关系。这句话也只说对了一半。按照马克思的商品、价值理论，还应该补充如下的意思：价值是在私有制条件下，商品生产者之间彼此交换劳动的关系，这一关系必然表现为物与物相交换的比例。

为了有助于更好地掌握马克思的商品、价值理论所包含的"劳动为什么表现为价值"这一要点，从而更准确地理解商品、价值等范畴的含义，下面分析一下马克思在《资本论》中，先后对商品所下的几个定义。

（一）"可见，商品形式的奥秘不过在于：商品形式在人们面前把人们本身劳动的社会性质反映成劳动产品本身的物的性质，反映成这些物的天然的社会属性，从而把生产者同总劳动的社会关系反映成存在于生产者之外的物与物之间的社会关系。由于这种转换，劳动产品成了商品，成了可感觉而又超感觉的物。"（《资本论》第 1 卷，第 88—89 页）这个定义说明：私人劳动的产品由于用来交换而成为商品，这就使生产者之间的劳动交换关系被掩盖，表现为生产者之外的，可以感觉而又超感觉的社会的物的关系，即价值关系。

（二）"在一切社会形态下，劳动产品都是使用物品，但只是历史上一定的发展时代，也就是使生产一个使用物所耗费的劳动表现为该物的'对象的'属性即它的价值的时代，才使劳动产品转化为商品。"（《资本论》第 1 卷第 76 页）这个定义告诉我们：劳动产品只是在人类社会发展的一定阶段上，才转变成为商品。这就是说，在从原始的公有制演变为私有制的时候，生产使用物所耗费的劳动才表现为该物的对象性属性，使它成为可感觉而又超感觉的社会的物，即价值。

（三）"使用物成为商品，只是因为他们是彼此独立进行的私人劳动的产品。这种私人劳动的总和形成社会总劳动。由于生产者只有通过交换他们的劳动产品才发生社会接触，因此，他们的私人劳动的特殊的社会性质也只有在这种交换中才表现出来。换句话说，私人劳动在事实上证实为社会总劳动的一部分，只是由于交换使劳动产品之间、从而使生产者之间发生了关系。因此，在生产者面前，他们的私人劳动的社会关系就表现为现在这个样子，就是说，不是表现为人们在自己劳动中的直接的社会关系，而是表现为人们之间的物的关系和物之间的社会关系。"（《资本论》第 1 卷，第 89—90 页）我认为，这段话可以说是《资本论》中关于商品所下的一个最为完备的定义。它指出：要搞清劳动产品在交换中转化为商品，必须联系所有制关系来进行分析。只是在私有制条件下的交换经济之中，劳动才具有价值形态，因此才转化为商品。

以上三个定义，从不同角度揭示了商品、价值的本质，鲜明地回答了"劳动为什么表现为价值"这个至关重要的问题，而且精辟地说明了马克思劳动价值理论所包含的——

第三个问题：劳动如何表现价值？

前两个问题，分别说明了何谓价值实体以及价值实体为何表现为价值；这两个问题同第三个问题，即价值实体如何表现为价值是分不开的。只有对商品的价值结合其表现形态（价值形态）作进一步的分析，才能弄清价值的全部属性和特征。

马克思在《资本论》第一章中谈到：商品价值的对象性，和莎士比亚笔下喜欢出头露面、到处表现自己的人物——瞿可莱夫人——不同，它处于价格的背后，存在于交换价值的平均数中，表面上找不到它的一个原子。但是价值作为私有制商品经济中商品生产者之间的社会关系却客观地存在着，并且通过价值形态（交换价值和价格）表现自己。也就是说，凝结在商品中的人类抽象劳动只有通过价值形态才能表现为价值。

关于商品的价值形态的发展过程，一般教科书都论述较多，这里，需要着重说的是关于商品价值形态的特性，即其对价值本质的掩盖作用问题。商品的价值形态既反映着价值的存在，又掩盖或歪曲了价值的本质。也就使对价值形态特性的分析，成为研究马克思劳动价值理论时，必须搞清的重点和难点。马克思在《资本论》第一章第4节（"商品的拜物教性质"）中指出：商品是一个"充满形而上学的微妙和神学的怪诞"的东西，是一个"可感觉而又超感觉的物"。商品的神秘性质，不是由它的使用价值，也不是由凝结在产品内的、作为价值决定要素的人类劳动本身而发生的，而是"在商品的价值表现中"发生的。这就是说：在私有制商品生产中，私人生产者所耗费的人类抽象劳动，不能如实地用劳动时间来计量和表现，而要靠所交换得的另一物的物体和物量（即交换价值和价格）来迂回地计量和表现。这样，人类抽象劳动本身就成为隐藏在商品交换价值（价格）背后的、幽灵一般的共同物；商品本身就成为一个"可感觉而又超感觉的物"。为此，马克思具体揭示了商品价值形态所具有的以下特征：

1. 迂回性

商品的价值不能直接用它的实体即劳动时间来表现，而必须通过所交换得的外在的物量，才能使社会承认。比如麻布和上衣分别是织工和裁缝工的劳动产品，但是 20 码麻布中耗费的私人劳动到底值多少社会劳动呢？这只有在它和上衣的交换中才能表现出来。只有通过间接的、同另一产品的交换，才能说明织工的劳动同裁缝工的劳动一样，都是抽象的人类劳动。也就是说，在 20 码麻布中包含的社会必要劳动（抽象劳动）等于 1 件上衣的使用价值。

在 20 码麻布＝1 件上衣的交换关系式中，人们之间本来的劳动与劳动相交换的实质，反而被物与物交换的外在形态掩盖起来了。私人劳动的社会化采取了间接的、曲折的途径，马克思所说的迂回性就是这个意思。这种迂回性的产生是由于在私有制的商品经济中，生产是各自的，在盲目和无政府状态下进行的，因此，即使私人生产者知道自己的商品花费了多少社会劳动也无济于事，而必须在市场上通过同其他商品生产者之间的讨价还价，互相竞争，进行交换，才能使私人劳动实现为社会劳动。可见，迂回性的根源是私有制商品经济及其包含的矛盾。

2. 波动性

正因为在私有商品经济中，商品价值的实现只能通过迂回曲折的方式来进行，所以在交换中也就必然要表现出某种交换价值（价格）的波动性。这也就是说，在私有的商品生产者的交换中，人人都想贱买贵卖、大发其财，这就形成了买卖双方的激烈竞争。再加上供求关系随时变动，这一切都必然使商品的价格表现出时涨时跌的波动状态，从而使私人劳动社会化的过程也处于波动之中。

3. 虚幻性

在私有交换经济中，商品的价值属性同商品作为劳动产品所具有的自然性质没有关系。

价值关系只是人们之间的一定的社会关系。但是，这种社会关系并不直接表现为劳动同劳动相交换，而是表现为物与物之间关系的虚幻形态。这就使得在这种交换中，人与人之间的劳动交换关系，被商品的价值形态掩盖了，使商品价值在人们面前表现为产品所具有的某种物的属性。这就是马克思所说价值形态的虚幻性。

4. 象形性

马克思在分析价值形态的特性时，曾用象形文字来比拟其虚幻性。价值形态的发展过程有点像太阳这个字由⊙到"日"字的转变。在最初的商品交换中，人们都很清楚地知道，彼此交换的是双方的剩余产品，亦即花费在这些产品生产中的劳动。可是，后来随着价值形态逐渐演变为货币形态，价格作为价值的表现形态却反而把价值的本质掩盖了起来。同时，价格围绕价值波动，它趋向于价值，但又不等于价值，使人们产生了如同形象文字那样的感觉。

这就是价值形态所具有的象形性的大体含义。

以上分三个问题探讨了马克思劳动价值理论的要点。这三个问题是互相联系、不可分割的。只有把它们搞懂了（而不是仅仅搞懂了第一个问题），并且以此为线索，也搞懂了有关的其他一些概念、范畴和原理，才算初步掌握了马克思的劳动价值理论。

发展社会主义商品经济必须坚持按劳分配原则

——与华生等同志商榷

党的十一届三中全会以后，按劳分配问题一直是经济理论界讨论的热点之一。十年来，由中国政治经济学社会主义部分研究会等学术团体（学术机构）发起，先后召开过六次全国性的专题理论讨论会。在前五次讨论会上，尽管人们对按劳分配的内涵及其实现途径存在诸多分歧，但在社会主义社会存在按劳分配的客观必然性这一点上，认识是基本一致的。引人注目的是，1987 年秋天在烟台召开的第六次按劳分配理论讨论会上，有的同志指出，现实的社会主义经济是商品经济，存在多种经济成分；而马克思所设想的社会主义则是不存在商品货币关系、实行单一的社会所有制，以"劳动券"为工具进行按劳分配。因而他们认为马克思的按劳分配理论是一种空想，认为过去没有、现在和将来也不可能有按劳分配。如果说，这一观点在当时还没有得到更多更系统的论证的话，那么在华生、张学军、罗小朋三位同志合作写的《中国改革十年：回顾、反思和前景》一文的第二部分《反思》① 中，则以中国十年改革的经验与教训为背景，从总结社会主义理论由空想到科学的发展的高度，更加系统地论述并发挥了上述否定按劳分配的观点。我在提交第六次按劳分配理论讨论会的论文《关于社会主义按劳分配的几个理论问题》中曾提出，应搞清马克思按劳分配理论的合理内核同其所设想的具体形式之间的区别，以坚持前者，扬弃后者，而不宜简单地对按劳分配持否定态度。本文拟就华生等同志《反思》一文关于按劳分配的若干论点，提出以下商榷意见。

---

① 《经济研究》1988 年第 11 期。以下引语出自此文的不再注明。

一　是"原则的失效"，还是"失效的原则"？

《反思》一文写道："按劳分配作为一个普遍的社会分配原则在实践中的失败，不是因为它在道义上有任何缺陷，而是因为它脱离了现代经济的现实而流于空想。"文章论证这一"原则在实践中失效"的论据是：社会主义国家普遍存在的人浮于事，不负责任和效率低下以及吹牛拍马，钻营利禄，压抑人才的现象。实际上集中反映了在按劳分配作为社会的一种激励手段失效以后，经济动力系统的瘫痪；在放开搞活过程中出现的严重机会不均和收入不均。①

毋庸讳言，当今我国社会中，确实存在着一系列令人痛心疾首的不正常现象，其中与个人消费品分配关系最为密切的，就是效率低下和社会分配不公（顺便指出：《反思》一文把分配不公说成是分配"不均"，似乎我们所追求的不是分配的公正、平等，而是平均，这显然不妥）等问题。华生等同志把这些问题的存在，归结为按劳分配作为一个原则，是严重脱离我国和其他社会主义国家的现实的空想，因而不免导致其在实践中失效（失败）。也就是说，按劳分配被实践证明起不到激励和动力机制的作用，因而我们必须放弃这个流于空想的原则，而寻求重建社会的动力系统。我认为，效率低下，分配不公等问题的存在，并不说明按劳分配理论本身是一个在实践中"失效的原则"或应予放弃的空想。恰恰相反，这些问题的产生，在很大程度上是由于没有很好地坚持并有效地实行按劳分配，以致使它丧失了应有的激励或动力机制的作用，成了一个"失效的原则"。

华生等同志所作出的按劳分配"原则的失效"这一判断，根本否定社会主义商品经济条件下按劳分配原则的存在，认为社会主义商品经济与按劳分配是根本不相容的。而我所使用的"失效的原则"，这一提法，则基于肯定社会主义商品经济条件下按劳分配原则的存在，认为二者并非根本对立，而是可以并存和统一的；当前的问题在很大程度上是由于理论和实践上的一系列失误，使这一原则尚未很好贯彻。因此，"原则的失效"与"失效的原则"并非字眼、词序之争，而是反映了对马克思主义按劳

---

① 《浙江学刊》1988 年第 6 期。

分配理论的两种态度；也反映了对当前我国个人消费品分配领域存在的问题与对策的两种不同思路。由于当前个人消费品分配领域问题很多，本文仅对"社会分配不公"问题进行剖析。

当前在我国，社会分配不公的主要表现是：（1）在不同所有制经济组织中就业的劳动者收入差距过大，特别是某些私营企业主和个体户的收入大大超过在全民、集体企业工作的同行业、同档次的劳动者的收入；（2）脑体倒挂，从事复杂劳动的教师、医生、科学家和机关干部等的工资收入，明显低于年龄、工龄等大体相同的、从事一般体力劳动的劳动者的收入；（3）生产领域劳动者的收入，大大低于流通领域同一档次劳动者的收入，尤其是许多"官倒爷"、"私倒爷"，成为社会上主要靠非劳动，甚至非法收入而最先富起来的人的"典型"；（4）在全民所有制企事业单位之间，由于物质技术装备、生产资源占用以及销售条件等方面的差别所造成的级差收入，使职工的劳动效果与贡献等大体相同的不同行业、企业、单位的职工平均收入的差距过大；而同一单位内部，不同工种、工龄、劳动效果与贡献的劳动者的收入差距过小，平均主义严重等。上述种种表现归结为一点，就是社会未能对不同经济成分、行业、企业、工种的劳动者提供自主择业，公平竞争、平等（指劳动平等、收入平等）分享劳动成果的机会。

究竟应该怎样看待这些问题与按劳分配原则的关系呢？华生等同志认为："我们今天分配中的问题、与其说是没有真正落实按劳分配，不如说是被这个空想的原则束缚住了头脑。"我的看法则与此相反。在我看来，当前社会分配不公问题的根源和实质，就是背离了按劳分配原则。要解决这些问题，决不能把按劳分配理论当作束缚手脚的绳索丢弃，而代之以其他什么"良方"。恰恰相反，只要我们还承认自己是社会主义国家的马克思主义理论工作者，就必须坚决捍卫和贯彻按劳分配原则。

按劳分配原则作为资本主义社会"按资分配"原则的对立物，是在社会主义公有制基础上产生的一条客观经济规律，是社会主义经济的基本特征之一，并不是什么人随心所欲空想出的"教义"。尽管最先提出"等量劳动相交换"思想的马克思以及后来正式使用"按劳分配"一词概括马克思这一思想的列宁关于按劳分配的理论与实践尚有不少不尽完善、甚至带有某些空想色彩。但是，马克思主义按劳分配理论的核心却是完全正确的，因而必须坚持①。其中，最主要的就是：在以生产资料公有制为基础的社会主义社会里，劳动是人们谋取物质利益的主要手段，每个有劳动能力的人都必须平等地参加劳动；每个劳动者都有权利、也有可能按其劳动的效果和贡献，平等地领取报酬，即个人收入多少要同他为社会及本经济组织所作的贡献大小相适应。当前个人消费品分配领域中存在一系列问题，主要就是一部分人凭借权势、"关系"或其他不正当手段不劳而获，或少劳多获，导致相当一部分诚实的劳动者多劳少得，违背了平等劳动，平等领取报酬的按劳分配原则。

按劳取酬的个人收入，同劳动者为社会创造的财富按相同方向增长，体现了公平与效率相统一的原则。因而由按劳分配拉开的个人收入差距，人们是完全能够承受的，必然形成行之有效的激励和动力机制。问题在于现在我国严重存在的社会分配不公现象，一是导源于劳动机会不均等，劳动条件不合理；二是导源于一部分人因非劳动，甚至非法所得而暴富。总之是对按劳分配原则的背弃。对此，社会和人们的心理是难以承受，也不应该承受的。所以，要解决当前社会分配不公的问题，理顺人们的物质利益关系，决不能离开按劳分配的原则。更不应该没有根据地，把问题的产生归咎于"被这个空想的原则束缚了头脑"，而必须高举多劳多得，少劳少得，不劳不得的按劳分配的大旗，提倡、鼓励和保护社会各阶层的劳动者，都依靠自己的诚实劳动去谋取应有的物质利益；同时要坚决反对和查处以权谋私，投机倒把、倒买倒卖以及搞假冒骗等破坏按劳分配原则，鲸吞社会利益的非法的或不正当的行为。

二　按劳分配与商品交换无法并存吗？

华生等同志之所以断言按劳分配是一种"在实践中失效"的"空想"，其理论依据是："马克思所设想的按劳分配只是在消灭了商品货币关系以后才可能发生的事，它与商品交换是无法并存的。"

---

① 我这里说的是为马克思首创，又为尔后一百多年来的社会主义实践（包括我国十年改革）和理论所修正、完善、发展了的马克思主义的按劳分配理论，而不是局限于马克思本人在《资本论》《哥达纲领批判》等著作中所表述的有关按劳分配的最初设想。

众所周知，马克思在《资本论》《哥达纲领批判》以及恩格斯在《反杜林论》等著作中所设想的共产主义社会是不存在商品货币关系，"不需要著名的'价值'，插手其间"的。因此，他们所预言的"一种形式的一定量的劳动……和另一种形式的同量劳动相交换"是不需要商品货币形式的直接的劳动时间的交换。马克思写道："在社会公有的生产中，货币资本不再存在了。社会把劳动力和生产资料分配给不同的生产部门。生产者也许会得到纸的凭证，以此从社会的消费品储备中，取走一个与他们的劳动时间相当的量。这些凭证不是货币，它们是不流通的。"① 如果说《反思》一文关于"马克思所设想的按劳分配……与商品交换是无法并存的"这一论断仅仅指马克思本人的原意，那么这就是一种毫无理论价值和实践意义的同义反复，这是因为马克思所设想的按劳分配，本来就是以不存在商品货币关系为前提的。然而，从《反思》一文的全部有关论述来看，华生等同志所要表达的意思，乃是第六次按劳分配理论讨论会上及其以后，一些同志所主张的过去，现在和将来都不存在按劳分配的观点。他们的观点可以简要地归纳为下述三段论：

大前提：按劳分配是同商品交换不相容的。

小前提：社会主义经济在总体上是商品经济。

结论：按劳分配是一种无实现的空想。

对华生等同志的结论及研究、论证方法，我提出以下几点看法：

1. 从总体上否认社会主义社会存在商品货币关系，设想直接根据每个劳动者付出的劳动时间多少，由一个社会中心，以"劳动券"为凭证分配个人消费品，这是马克思本人的按劳分配理论的一个根本缺陷，也可以说是这一理论带有空想因素的表现。关于此点，包括华生等同志在内的很多学者都有过详尽论述，我也曾作过粗浅的分析，此处不再赘述。需要指出的是：首先，马克思本人最初提出的按劳分配理论中这些不尽完备之处，已经被后来的马克思主义者们依据几十年来社会主义的实践，作了许多修正、完善和发展，而且这一过程随着社会主义经济与改革实践的发展，正在日益深化。所以，全盘否定整个马克思主义按劳分配理论，是没

---

① 参见拙作《我国现阶段私营经济的性质与我们的对策》，载《浙江省纪念党的十一届三中个会十周年理论讨论会论文集》，浙江人民出版社 1988 年版。

有道理的。其次，马克思本人的按劳分配理论本身的某些缺陷，并不能否定为这一理论所包含的社会经济关系的客观存在。不管社会经济条件和按劳分配的实现形式与特征怎样变化，但它的本质规律始终是社会主义经济的一个基本特征，这一点是不应该、也无法完全否定的。

2. 按劳分配并不是同商品交换不相容的。由于社会主义经济在总体上是商品经济，价值规律是商品经济的基本规律，所以社会主义按劳分配规律必须与价值规律，相结合，按劳分配必须通过商品货币形式来实现。这既是后人对马克思按劳分配理论的发展，也是社会主义商品经济理论的重要内容，二者完全可以互相结合；而断言二者互不相容，"有你无我"，则是既不合乎逻辑，也不符合现实的。事实上，正是由于引入了商品货币交换关系，才使按劳分配理论由马克思的初步设想，成为今日中国和其他社会主义国家活生生的现实。这主要表现在：（1）由于肯定社会主义经济在总体上是商品经济，这就改变了马克思关于由一个社会中心直接进行个人消费品分配的设想，使作为社会主义商品经济细胞的经济组织，成为实施个人消费品分配的主体或基本单位；（2）由于肯定价值规律仍然是社会主义商品经济的基本规律，这就肯定了按劳分配的"劳"并不是某一经济组织或劳动者个人的个别劳动时间，而是由社会必要劳动时间所决定的价值；（3）由于肯定了商品生产和商品交换是社会主义经济的基本形式，这就使社会主义按劳分配必然包含先后两个互相联系，不可分割的过程：先由经济组织将其产品通过商品交换实现为货币，以价值形式上交税利和提取公积金、公益金（这就使马克思在《哥达纲领批判》中提出的六项"扣除"的设想具有了可操作性），并以货币工资的形式向劳动者支付劳动报酬；后由劳动者用货币工资去购买个人消费品。这一表现为劳动——货币工资——个人消费品的分配过程。充实、改造了马克思关于"劳动券"的设想。由上可见，肯定社会主义经济在总体上是商品经济。不但同按劳分配没有根本冲突，而且给按劳分配理论补充了很多新的内容；同时，也修正了马克思关于按劳分配的最初设想中某些带有空想性质的因素，使其中所包含的合理内核更加明确、具体，也更具有现实意义了。

3. 商品等价交换和等量劳动相交换也具有一致性。华生等同志认为，马克思的按劳分配理论以假定劳动能够依其自然尺度即时间或强度来确定为前提，而且这种强度的差异也不再是指任何质的差异，完全可以归结为同一劳动的时间差异即量的差异。诚然，马克思提出"一种形式的一定量劳动可以和另一种形式的同量劳动相交换"的设想时，忽略了不同种的具体劳动以及同一种具体劳动中复杂程度不同的劳动之间，如何直接以劳动时间为尺度进行衡量，并据以分配个人消费品这一难点。

这就使"等量劳动相交换"原则在实践中很难实施和操作。'例如，过去在农村人民公社社员中实行评工记分，就是在集体农业生产所包含的诸多工种中，寻求体现劳动时间尺度的具体形式的尝试。这种尝试尽管设想得很细致，很具体，但大抵都失败了。直到农村实行家庭联产承包责任制后，农民才找到了"交够国家的，留足集体的，剩下都是自己的"按劳分配的具体形式。在界定上缴国家和集体的产品（产值）的量以后，承包者投入的物化劳动和活劳动越多，创造的社会财富越多，自己所获得的劳动收入也越多，这就是说，以农产品的价值量（在直接上交一定数量农产品的场合，由于产品的价格是确定的，故也相当于一定价值量）作为分配农产品的尺度。不管从事何种工作，劳动能力和劳动复杂程度如何的劳动者，均以一定量的价值作为处理与国家、集体的经济关系，以及取得个人收入的尺度，这就在事实上使按劳分配建立在等价交换的基础上了。

在全民、集体工业企业内部。劳动者与本经济组织之间，劳动者与劳动者之间的关系，虽然在本体上并不是不同所有者之间的商品等价交换和劳动力买卖关系，但在企业内部实行按劳分配时，也可采取某些商品、货币形式，例如劳动合同制和优化组合；在工厂、车间、班组之间层层承包采取计价、算账办法，通过"厂内银行"和"厂内代金券"相互结算，并据以确定三者的分配关系等。所有这些，都是利用商品等价交换形式实行按劳分配的尝试。由上可见，商品交换原则非但与等量劳动交换原则不相矛盾，而且使后者找到了得以贯彻实施的有效形式。

三　按劳分配内容与形式的新发展

华生等同志之所以得出按劳分配与社会主义商品经济互不相容的结论，从思想方法上讲，是由于他们没有看到按劳分配的理论与实践本身也是不断发展的。诚然，马克思最初提出按劳分配思想时，将其视为在实行单一的社会所有制和产品经济的整个社会主义社会中个人消费品分配的唯一原则。但我国经济体制改革的实践已经充分证明，社会主义社会存在多种经济成分，社会主义经济在总体上是商品经济。这就提出了以下问题：在新的历史条件下，按劳分配原则是否适用？如果适用的话，其作用的内容，范围与形式如何？党的十三大报告指出："社会主义初级阶段的分配方式不可能是单一的。我们必须坚持的原则是，以按劳分配为主体，其他分配方式为补充。"这就产生了一系列需要研究的新问题。例如，如何坚持按劳分配为主体？按劳分配原则是否会渗入和指导其他分配形式？等等。下面，试就我国发展社会主义商品经济，进行经济体制改革的实践给社会主义按劳分配带来的新变化作一分析。

1. 打破按劳分配原则只适用于公有制企业内部个人消费品分配的传统观点。

有的同志认为，在我国目前条件下。全民企业之间完全是商品交换关系，只有企业内部才存在按劳分配问题；如果把国家与企业，企业与企业之间的关系也看成按劳分配，就势必否定企业作为独立的商品生产者的地位。我认为，这种观点从表面看既承认商品交换，又承认按劳分配，但实质上仍然把按劳分配与商品交换对立了起来，其实，交换关系和分配关系都是社会主义生产关系的具体内容，它们的统一不仅体现在企业内部，而且也体现在企业之间，一方面，社会主义全民企业之间作为不同的经济利益主体，只能按照等价交换原则进行商品交换；另一方面，全民企业作为整个全民所有经济的有机组成部分或联合劳动者集体，从整个社会主义公有制经济的总生产成果中分取应得的收入时，又是以各自在社会总劳动中所提供的成果和贡献为依据的。这里有一个亟待解决的问题，就是在全民所有制范围内，由不同企业直接所有，占有，支配和使用的国有资产，在数量、质量、技术水平等方面千差万别。有些企业的经济效益在很大程度上并不主要取决于该企业职工的劳动效果与贡献。而是一种级差收益。如果我们只承认国家与企业，以及企业与企业之间是商品等价交换关系。不存在按劳分配问题，那么这些企业就完全有理由把相当一部分级差收入截留下来，甚至可以以各种名目分配给企业职工。而那些在享有国有资产方面条件甚差的企业。职工的劳动效果与贡献再大，其个人收入也远远赶不上前者。这样，往往会造成一部分职工不安心本行业、企业的工作，不同行业、企业的职工在个人收入上相互攀比。影响劳动积极性，以及部分企业经营者（尤其是承包人）行为短期化等等。而这一切又将导致社会消费基膨胀等问题。这些都从反面证明：作为劳动者联合体的国有企业之间，除了商品等价交换关系之外，由于他们都是国有资产的直接所有、占有、支配、使用者。大家都在国有资产面前处于平等地位，劳动（包括经营劳动）是企业谋取集体和职工个人福利的主要手段，所以在企业与国家、企业与企业之间，的确存在着按劳分配即等量劳动相交换的要求。正因如此，我们在全民所有制经济内部贯彻按劳分配原则时，有必要采取适当形式，对各种非劳动因素加以排除、调节。以便从物质利益上更好地调动所有全民企业及其职工的积极性、创造性。

对于实行家庭联产承包责任制的农民以及从事农工商各业的个体者来说，尽管他们的个人收入（这里仅指合法收入）并不采取过去集体经济按工分（或其他标准）分配的办法，而是直接占有自己生产经营成果中上交国家、集体提留之后的剩余部分，似乎不存在什么按劳分配问题。然而，在以公有制为基础的社会主义社会里，按劳分配成了居于主体地位的全民、集体企业的分配方式和整个社会的一条客观经济规律，这就不能不影响到同全民、集体经济息息相关的个体劳动者的收入性质，使之也纳入按劳分配的范畴或在某种程度上有按劳分配的性质。更何况农村家庭承包经营，本来就在很大程度上带有集体经济因素（土地和其他大型生产资料、生产设施归集体所有）。他们的承包收入，也带有集体经济组织依据其劳动的成果和贡献，而分配给他们相应的个人消费品的性质。

2. 社会主义按劳分配的主体地位使其他分配形式也改变了颜色。

学术界一些同志把我国目前存在的按照国家、企业投入资金多少取得利息、股息、红利，以及因转让土地、房屋或其他生产要素的使用权而取得租金等称之为"按劳分配"，并将其与按劳分配并列或对立起来。有的同志径直把除居民向银行储蓄取得利息以外的各种"按劳分配"，都视为与资本主义条件下的"按资分配"没有本质区别的剥削行为。我则认为，在以生产资料公有制为基础的社会主义商品经济条件下存在的种种"按资分配"现象，是同按劳分配密切相关的，有的是按劳分配的补充形式，有的则直接带有按劳分配性质。这也是经济体制改革给按劳分配带来的新内容之一。这具体表现在：（1）如果把一部分人将非法所得转化为资金并用以牟利的情况除外，应当说，在我国，目前由不同经济组织通过集资、股票、债券等形式筹集并投入生产、经营的大部分货币，不过是劳动者过去劳动的积累；就是说，是他们对按劳分配取得的劳动收入实行节约或延期消费的结果，这就使相应取得的利息、股息、红利等，也间接有了按劳分配收入的因素（当然，这不完全等同于按劳分配）。而严格区别于资本主义社会资本家的剩余价值转化为资本，去榨取新的剥削收入；（2）从投资主体看，与上同理，我国社会主义社会绝大多数债券、股票的持有者，都是在职或离退休的社会主义劳动者。他们的主要收入来源是在工作岗位上领取的劳动报酬，而同时取得的利息、股息、红利只不过是其劳动收入的补充而已。由此可见，我国"按资分配"的投资主体是严格区别于资本主义社会的食利者阶层的；（3）从资金的用途、本质和结果来看：上述通过债券、股票等形式筹集的资金，大都用于实行按劳分配的全民、集体企业，与企业原有的资金并在一起投入生产、经营，所取得的销售收入扣除物化劳动消耗及上交税利外，一部分用以支付工资，另一部分用于支付利息；这两部分不仅来源一致（都是工人活劳动新创造的），而且其中相当大一块被分别以工资和其他收入的形式支付给同一些劳动者，用于劳动力再生产，或再转化为他们的新的投资。在这一过程中，这两部分资金不论从来源、性质和用途来说，都很难加以严格区别。

3. 按劳分配使私营企业主的收入在性质上也发生了某些变异。

迄今为止，我国理论界流行的观点是把私营企业看作存在"剥削"的资本主义企业。有人试图论证，资本主义经济成分的存在是社会主义初级阶段的特点，私营企业主"剥削有功"等等。我认为，既不能因私营企业对发展社会生产力、满足人民需要"有功"而肯定其为社会主义性质，也不能因其存在雇佣关系，企业主占有工人部分剩余劳动的价值而断言它就是资本主义企业，毋宁说它是社会主义生产方式成长初期必然存在的一种尚未完全定型和定性的过渡形式，或者说是由社会主义国家控制并规定其发展方向的、带有国家资本主义某些特征的企业。

就私营企业主的收入而言，由于在社会主义分配领域起主导作用的按劳分配规律的作用，使它同资本家的收入在性质上有了一定变异。这具体表现在：（1）在社会主义初级阶段私营企业家的收入中，因其直接参与生产、经营活动而应得的劳动收入，同其他劳动者（职工）的劳动收入没有什么本质区别，甚至可以说都属于按劳分配范畴。人们可能会问：在资本主义社会，许多资本家也直接从事生产、经营活动，他们的收入中也应有一部分属于劳动所得，那么为什么说是剥削呢？对这个问题，马克思讲得很清楚：资本家从事的经营管理活动，一方面是现代化大生产的客观要求，另一方面又是一种剥削活动，反映了资本主义剥削关系。由于整个资本主义生产关系的根本特征就是掌握生产资料所有权和生产经营的指挥、决策权的资本家阶级，对除了可供出卖的劳动力商品之外一无所有的工人阶级的剥削，所以资本家的经营管理活动在本质上也是一种剥削行为。资本家就是资本的人格化；所以没有必要，也不可能再从其剥削活动中区分出他直接从事生产劳动的部分及其应得的"劳动收入"。然而，在我国社会主义初级阶段的私营企业中，企业主同职工虽然在经济地位上还存在着一定的矛盾和对立，但这已经不再带有阶级对立的性质，因为企业主并不构成一个凭借对生产资料的所有权而压榨、剥削劳动者的剥削阶级，企业职工也不再是本来意义上的一无所有的劳动力商品的出卖者。他们除了私营企业雇工这一重身份外，同时还是整个全民所有制经济及原所在全民或农村集体经济组织生产资料的所有者。他们到私营企业作工，与其说是出卖劳动力，还不如说是出于谋取比原来所在经济组织更高的物质待遇或学习技艺等某种考虑。

（2）从企业内部来看，私营企业主之所以在企业内部享有指挥权、决策权，首先是由于他们在兴办企业以及企业建成以后的生产、经营活动中付出了大量而有效的劳动；没有他们的艰难创业和苦心经营，就没有企业的生存和发展。所以，即便可以把他们占有雇佣工人的部分剩余劳动看作是剥削的话，他们也首先是劳动者，然后才是剥削者。再从职工这一头看，他们在企业里并不单纯以劳动力商品出卖者的身份出现。他们首先是在政治上同企业主完全平等的劳动者，其次才是为其提供一定剩余劳动的雇工。

所以，一般说来，在我国现阶段的私营企业里，职工同企业主的关系，除了有雇工和雇主关系的一面外，在很大程度上还具有劳动人民内部的生产过程的管理者同执行者之间关系的性质。

（3）私营企业主的非劳动收入——资金利息和企业利润——也因其与按劳分配有一定的关系、而同旧社会资本家的利息和利润有所区别。

第一，大多数私营企业主用于生产、经营，以取得利息、利润的资金和生产资料，都是以他们本人及其家属过去劳动收入的积累为起点的。在我国社会主义初级阶段，并不存在资本主义社会曾发生过的那种依靠暴力掠夺的资本原始积累。第二，如果私营企业的利息、利润用于扩大再生产，转化为积累基金，那么这种积累如同国有企业或集体企业的积累一样。是一种社会化的财产。它的增长意味着社会生产的物质条件的扩大。就业人数的增长，以及技术进步和劳动者素质的提高。而所有这些，正是社会走向富裕的根本条件[①]。从这个意义上也可以说，私营企业的积累，在客观上为扩大按劳分配规律的作用范围，提供了物质技术基础。第三，在经济体制改革过程中，部分私营企业采取了允许和鼓励职工入股、集资，吸收职工参加管理等作法，逐步使部分私营企业开始滋生合作经济因素；而当这种因素突破一定数量界限以后，就可能使企业资金和生产资料为企业主和职工共有，利息、红利也为企业主和职工分享，这就将更使私营企主的非劳动收入同资本主义社会和我国解放初期资本家的剥削收入具有了某种性质上的区别。

综上所述，那种认为在社会主义初级阶段和商品经济条件下不存在按劳分配，因此整个马克思主义的按劳分配理论都是一种无法实现的空想的观点，以及无视商品经济按劳分配所带来的变化，仍将其完全局限在全民企业内部的观点都是不全面的。

我们应将立足于社会主义初级阶段的公有制为主体，多种经济成分并存以发展社会主义商品经济的现实，既肯定按劳分配是社会主义经济的一个基本特征，又全面、准确地把握在目前条件下按劳分配的具体内容、作用范围和形式。总之，必须高举按劳分配的旗帜，而不应以种种未经深思熟虑的理由将其丢弃在一边。这就是我同华生等同志的分歧所在，也是对他们的殷切期望。本文不当之处在所难免，希望得到华生等同志及其他学者的批评、指教。

---

① 参考林子力《论薪酬等价交换》，经济科学出版社1987年版。

社会主义：从商品经济到市场经济[*]

社会主义商品经济论是改革开放以来社会主义经济理论探索中承上启下的重要阶段，社会主义市场经济理论是社会主义商品经济理论的深化和发展。从社会主义商品经济理论到市场经济理论，正如同在实践上从发展社会主义商品经济到市场经济一样，不论从历史顺序还是逻辑顺序来看，都是完全一致的，所以，我们在这里用"社会主义商品——市场经济理论"这一表述来概括改革开放以来社会主义经济理论在这方面的成果。

一 先驱者的探索——五六十年代我国经济理论界关于社会主义商品生产和价值规律问题的讨论

早在五六十年代，我国经济理论界就开展过关于社会主义商品生产和价值规律问题的讨论，著名经济学家孙冶方、卓炯、顾准、于光远等比较系统地考察了社会主义制度下商品生产的性质、地位、存在原因以及价值规律的作用，开创了社会主义商品经济理论之先河，可以说是对社会主义经济在认识上最重大的突破的开端。

在 1952 年底，我国出版了斯大林《苏联社会主义经济问题》一书的中译本，1954 年又出版了苏联科学院经济研究所主编的《政治经济学教科书》，斯大林的社会主义特种商品经济论在我国迅速传播并占据了统治地位。在 20 世纪 50 年代中期，关于社会主义商品经济问题的讨论中，当时的主流观点是限制商品经济，限制价值规律的作用，具体可归纳为以下"三论"：一是"异己力量论"，认为商品经济是社会主义公有制的异己力

---

  * 本篇文章与王祖强共同完成。

量，它同社会主义公有制是格格不入的，因此，随着社会主义公有制的发展，商品经济必然要被取消。二是"寿命不长论"，认为社会主义制度的建立使商品经济失去了继续生存、发展的土壤，随着公有制经济的发展和集体所有制向全民所有制过渡，产品经济必然取代商品经济。三是"洪水猛兽论"，认为商品经济对社会主义经济来说如同洪水猛兽，若不加以限制，它就会冲击计划，冲击整个社会主义经济。可喜的是，也有一些经济学家当时就已发现斯大林特种商品经济论的矛盾，开始提出自己的观点。比较引人注意的有，孙冶方在《经济研究》1956 年第 6 期发表的《把计划和统计放在价值规律基础上》一文中，明确提出必须把计划建立在价值规律基础上，设想在国家计划的范围内通过价值规律的作用激励企业改善经营、降低成本、提高经济效益；南冰、索真在《经济研究》1957 年第 1 期发表的《社会主义制度下的商品》一文中，提出了国营企业之间的交换关系是商品关系，生产资料仍然是商品；顾准在《经济研究》1957 年第 3 期发表的《试论社会主义制度下的商品生产和价值规律》一文中，不仅提出消费品和生产资料都是商品，而且倾向于经过价格的涨落来调节生产与流通；于光远在《学习》1957 年第 4 期发表的《社会主义制度下的"商品"》中，提出国有企业相互之间事实上存在大量的产品买卖关系，这种产品买卖关系实质上是商品关系，商品经济与私有制没有必然的联系，它也可以同公有制联系起来。卓炯在 1957 年由广东人民出版社出版的《十大经济政策解说》一书中，提出计划经济不能离开价值规律，必须努力学习和精通价值规律。类似的论著还有一些，兹不赘述。可以说，上述论文和著作是我国社会主义商品——市场经济理论研究的真正开端。概括地说，这些论著提出的具有开创性的观点主要有以下三个方面：

1. 把商品经济与私有制分离开来，重新探讨社会主义制度下商品经济的原因。由于经典作家在论述商品经济时基本上是以私有制为基础的，从未论证过公有制下的商品生产，因此，人们总是习惯于把私有制与商品经济关系联系起来，认为只有私有制基础上的商品生产和商品交换，而不存在公有制基础上的商品生产和商品交换，因此社会主义制度内在地要求消灭商品经济。可见，商品经济与私有制或公有制的关系，实际上是社会主义商品生产的历史命运问题。

　　在 20 世纪 50—60 年代，卓炯、顾准、于光远等经济学家在这个问题的研究成果，为在 80 年代提出社会主义商品经济理论奠定了基础。（1）卓炯的社会分工说。著名经济学家卓炯是在我国学术界最早提出社会主义经济是有计划商品经济的先驱之一。他认为，从广义上说，商品经济就是社会分工的产物，只要社会分工存在，我们就可以利用商品经济，而且商品经济在同公有制结合以后，又会显现它们的公有制特征。卓炯在 1962 年写的《论商品经济》一文中提出："社会分工决定商品生产的存亡，而所有制形式只能决定商品生产的社会性质和特点。"这是卓炯的中心思想。1961 年卓炯在《申论社会主义制度下的商品——与骆耕漠同志商榷》中提出："在社会分工非常复杂的情况下要消灭商品经济是不可能的。共产主义决不是什么自然经济，也不是什么产品的直接分配。共产主义和社会主义在生产与交换方面，价值规律都是同样起作用的。"因此，"社会主义的计划经济，必须估计到商品的使用价值和价值两方面。""国民经济有计划按比例发展的规律也要求从使用价值和价值两方面加以安排，这就是说，既要求有实物的比例，也要求有价值的比例，实物的比例解决物的效用问题，价值的比例解决人们的物质利益和各部门的平衡发展问题。"在对待经典作家曾经提出社会主义要求消灭商品生产的问题上，卓炯的态度是："我们要处理这个问题，一方面要全面地分析经典作家关于商品经济的理论，一方面还要从社会主义建设的实践出发。后者特别重要，因为实践是检验真理的尺度。"这些论述，都显示了非凡的理论勇气和实事求是的科学精神。此后，卓炯在一系列论文中继续阐发他的计划商品经济思想，为社会主义经济理论和经济改革的发展作出了杰出贡献。[①]（2）顾准的经济核算说。著名经济学家顾准与卓炯一样，在社会主义商品经济理论研究上独树一帜。他在《试论社会主义制度下的商品生产和价值规律》一文中明确提出，应该从社会主义经济体系的内部关系中去寻找商品经济存在的原因。文中写道："经过几十年的历史发展，社会主义经济已经形成一个体系。这个体系的全部细节是马克思、恩格斯所没有全部预见，也不可能全部预见的。为什么现在社会主义各国还存在着

---

　　① 参阅卓炯《论社会主义商品经济》，广东经济出版社 1998 年版，第 5、106、107 页，以及《导言》7、21、85—86、110 和 288—332 页。

'商品生产'与'货币经济'呢？应该从这个体系的内部关系的分析中去找答案。""我们不能要求马克思主义的奠基人，把社会主义的一切问题都给我们解决得那么妥善，只要我们去引证现成的结论就行了。重要的是要分析我们所生存其中的社会主义社会的具体经济关系。"与此同时，顾准明确反对用社会主义还存在两种不同公有制来解释社会主义商品经济的原因，他明确提出，社会主义之所以存在着商品生产，"其原因是经济核算制度的存在，不是两种所有制并存的结果。""生产规模愈大，生产分工愈细，消费水平愈高，经济核算制度就愈为必要。"在顾准看来，实行经济核算制，就有可能利用价格与工资率，调节企业的赢利和劳动者的报酬，广泛动员社会潜在力量，提高社会劳动生产力。这里，顾准实际上是在研究社会主义经济的动力机制问题，这在当时是很有预见性的。（3）薛暮桥的不同利益说。著名经济学家薛暮桥在《中国社会主义经济问题研究》一书中认为："商品是在社会分工的条件下，不同所有者之间互相交换的劳动产品。""为什么社会主义社会中必然存在而且在一定时期内还必须发展商品生产和商品交换呢？这主要是由于社会主义社会存在着生产资料的两种公有制，存在着劳动力的个人所有，以及由此而产生的按劳分配制度和物质利益原则。"[①] 薛暮桥的《中国社会主义经济问题研究》一书，是20世纪80年代初我国最为畅销的经济理论书籍之一，在学术界颇获好评，具有广泛的影响。薛暮桥的不同利益说被广泛引用，在推动公有制经济的改革和发展多种所有制经济方面发挥了积极的作用。

2. 探讨社会主义制度下商品生产的历史地位，倾向于得出商品经济将贯穿于整个社会主义历史阶段的结论。有的学者主张私有制是商品经济存在的原因，因而必然得出商品经济应该随着私有制的消灭而消亡的结论。至于社会主义制度下的商品经济，也必然会随着生产力的发展和公有制从低级形式向高级形式的发展而失去存在的基础。针对社会主义商品经济消亡论，卓炯和于光远从不同的角度提出商品经济将贯穿于整个社会主义发展阶段，甚至在共产主义阶段也可能存在商品生产和商品交换。(1)卓炯从社会分工的角度观察商品经济的命运，认为商品经济能适合共产主义的需要。他指出，商品、货币、价值、价格这些经济范畴都是随着

---

① 薛暮桥：《中国社会主义经济问题研究》，广东经济出版社1998年版，第99—100页。

社会分工而出现的，是在社会分工条件下组织生产的一套工具，至于生产关系不过是它们的一种表现形式。这套工具可以为这种所有制形式服务，也可以为那种所有制形式服务。卓炯还认为，在共产主义制度下，产品虽然极大地丰富了，但产品总有一定的量而不是无限的，而少量的产品就要给人以选择的自由，这样才能符合各取所需的原则，按价值量实现按需分配，更能符合节约原则，因此，商品经济和按需分配并不矛盾。卓炯根据自己对共产主义的理解明确提出，如果不把商品经济当作某种生产方式的特征，而仅仅把它当作一种组织生产的工具，当作是社会分工的必然产物，那么这种商品经济的生命还仅仅是开始。在卓炯看来，从社会主义过渡到共产主义并不是什么消灭商品生产的问题，而是从按劳分配过渡到按需分配；在社会分工非常复杂的情况下，要组织生产就不能没有价值这个范畴，要消灭商品经济是不可能的。从这个角度说，卓炯是"商品经济万岁"论者。① （2）于光远把社会主义商品生产与按劳分配并列为社会主义经济的基本特征。于光远在《关于社会主义制度下商品生产问题的讨论》一文中指出，商品一般的概念应该把私有制下的商品和公有制下的商品都包括在内。根据马克思在《雇佣劳动与资本》中关于"能同别的生产品交换的一切产品都是商品"的论述，于光远对商品下了一个宽泛的定义，认为商品生产是以交换为目的的生产，商品关系是一种通过物的交换而建立起来的生产关系；因此，于光远主张把等价交换原则作为确定某种交换关系是否是商品关系的依据。至于到了共产主义社会，商品交换是否存在，于光远认为，这要看那时社会对生产资料的直接分配是否需要通过企业之间产品交换的方式来实现而定。如果那时仍然需要经过交换来实现生产资料的直接分配，如果还需要采取等价的原则来实行经济核算，那么，在共产主义各经济单位之间就还会存在商品交换，生产资料仍然是商品，因此，在共产主义高级阶段的初期，采取商品交换的形式还是必要的。② 1979 年，于光远对社会主义经济的基本特征作了新的概括，他提出了"社会主义 = 生产资料归社会所有 + （按劳分配 + 社会主义商品生

---

① 参阅卓炯《论社会主义商品经济》，广东经济出版社 1998 年版，第 5、106、107 页，以及《导言》第 7、21、85—86、110 和 288—332 页。

② 参阅于光远《关于社会主义制度下商品生产问题的讨论》，《经济研究》1959 年第 7 期。

产）"的公式。这个公式的创意在于，在列宁曾用于表述社会主义的基本特征的公式"社会主义 = 生产资料公有 + 按劳分配"的基础上，加上了"社会主义商品生产"这一条。把商品生产看作是社会主义经济的基本特征，这在学术上是非常超前的。[①]

3. 从探讨计划经济与价值规律的关系开始，逐步批判传统的社会主义经济体制。斯大林在《苏联社会主义经济问题》一书中认为，随着社会主义公有制的确立，有计划按比例发展规律就取代价值规律成为生产的调节者，生产资料脱离了价值规律发生作用的范围。在斯大林上述观点的影响下，有相当多的经济学者认为，应该限制价值规律的作用，价值规律的作用与社会主义经济的发展是矛盾的。但是，以孙冶方、顾准等为代表的少数经济学家，突破了传统经济理论的框框，鲜明地提出社会主义要充分利用价值规律。（1）孙冶方要求把计划放在价值规律的基础上。在《把计划和统计放在价值规律的基础上》一文中，孙冶方认为，否定或低估价值规律的作用，用单一的物量指标代替综合性的价值指标，无助于促进企业财务管理，改造落后企业；从价值规律的基本内容来看，不论在共产主义社会的最高阶段或是初级阶段，这一规律将始终存在着且作用着，所不同的只是作用的方式而已；在计划经济中，是应该由我们通过计算来主动地去捉摸它的，在计划和统计方法上多抓价值的一面，多注意劳动量的消耗，为的是促进生产力的发展。孙冶方强调，价值规律同计划管理不是互相排斥的，也不是两个各行其是的并行规律，国民经济的有计划按比例发展必须建立在价值规律的基础上才能实现。孙冶方的这些论述，把价值规律提到了空前未有的高度，开阔了人们的视野。1959 年，孙冶方在《论价值》一文中主张，大大提高价值范畴在社会主义政治经济学体系中的地位。在引用恩格斯 1844 年在《德法年鉴》上关于"价值是生产费用对效用的关系"的讲法后，孙冶方认为，在资本主义社会里，价值主要只被运用来解决交换问题；只有在共产主义社会，价值才找到了真正的活动范围，因为到这时，价值才被直接用于解决生产问题，调节和分配着社

---

① 于光远：《政治经济学社会主义部分探索》（二），人民出版社 1987 年版，第 32、314—320 页。

会劳动。①

　　此后，在《社会主义经济论》中，孙冶方批判了"无流通"论，认为在斯大林的生产关系定义没有独立于直接生产过程之外的交换即流通，是自然经济观在理论上的反映。② 不过，孙冶方反对"把商品货币关系引进全民所有制内部关系中来，"认为"这是一种错误的倾向。"③ 因此，孙冶方的思想体系内部存在着深刻的矛盾。这表现在：第一，他没有划清商品经济和资本主义经济的界限，继续肯定马克思主义经典作家关于商品经济与生产资料的社会占有不相容的论断，因此，他一方面反对"自然经济论"，另一方面又反对"商品经济论"。第二，在商品价值观上，他提出了两种"价值"理论：第一号价值是商品价值，它反映具有不同经济利益的主体之间的关系；第二号价值是产品价值，反映生产产品的社会必要劳动消耗，它只是计算的工具，不反映不同生产者之间的利益关系。孙冶方认为，他所主张的正是第二号价值，从而在他的理论体系中形成了"有商品价值却没有商品"的逻辑矛盾。第三，他没有正确把握价值规律与计划工作的相互关系，他关于把计划放在价值规律的基础上的观点，是作为改进计划工作的方法提出来的。总之，似乎可以这么说，孙冶方经济理论的优点在于坚持价值规律，失误在于否定商品经济。（2）顾准要求由价值规律调节生产和流通。在《试论社会主义制度下的商品生产和价值规律》一文中，顾准认为，实行经济核算制后，社会主义产品将转化为价值，而价值规律则只能是商品生产的规律，因此，价值规律在客观上制约着经济计划，价值规律既调节生产，也调节流通，既调节消费资料的生产与流通，也调节生产资料的生产及其转移过程。顾准还大胆设想，"任价格结构自动调节生产与流通，但限制它，使它达不到否定计划经济的程度，是否会引导到生产过剩的危机？"我们认为，这里实际上已经涌动着社会主义市场经济思想的萌芽。顾准认为，历史经验证明，让全社会成为一个大核算单位是不可能的，各个企业都有核算赢利的责任；企业实行经济核算制后，既可以利用价格与工资率，调节劳动者的报酬，又可以

───────────

①　孙冶方：《论价值》，《经济研究》1959 年第 9 期。

②　孙冶方：《社会主义经济论》，广东经济出版社 1998 年版，第 291、303 页。

③　同上。

经过价格结构调节生产与流通；充分发挥经济核算制作用的办法是，使劳动者的物质报酬与企业赢亏发生程度极为紧密的联系，使价格成为调节生产的主要工具；企业自发追求价格有利的生产，价格也会发生自发的涨落，这种涨落实际上在调节着生产。从上述论述可以看出，顾准关于让市场价格的自由涨落调节生产和实现资源的有效配置，由真正的市场规律来调节生产等基本观点，在中国经济学界是非常超前的。这正如著名经济学家吴敬琏指出的："顾准是我国提出社会主义条件下市场经济理论第一人。"⑨从上述讨论中，我们可以清晰地看出，传统社会主义经济理论不重视商品生产和价值规律，根本原因在于把商品经济、价值规律看作是公有制、计划经济的对立物。孙冶方、顾准等著名经济家从20世纪50年代起就开始批判传统的社会主义经济体制，目的在于为发挥价值规律的作用创造条件。

二　市场经济道路上的阶段性成果—有计划商品经济理论

由上可见，20世纪50—60年代，我国经济理论界关于社会主义商品生产和价值规律的讨论冲破了传统理论的束缚，取得了一系列重要的理论成果。但是，由于极"左"思潮泛滥，讨论被迫中止。除了像顾准那样个别例外的情况，几乎没有人敢于设想实行市场经济，由市场机制的自发力量去调节生产。当时经济领导部门和经济学界的主流思想，是在国家计划配置资源的大框架下，容许市场力量起某些补充作用。而党的十一届三中全会以后重新开始并日益深入的讨论和争论，实现了从社会主义产品经济到商品经济再到市场经济的飞跃，实现了从计划经济为主、市场调节为辅到计划经济与市场调节相结合再到市场在资源配置中起基础性作用的飞跃。

这双重飞跃是在邓小平经济理论的指导下完成的。

1984年10月，党的十二届三中全会通过的《中共中央关于经济体制改革的决定》，第一次明确提出了社会主义有计划商品经济理论。社会主义有计划商品经济理论的提出，是对社会主义经济尤其是市场问题认识上的一次重大突破，它对于全面推进经济体制改革起到了巨大的推动作用。这一理论最重要的突破有两点：一是突破了把社会主义和商品经济对立起来的传统观念，第一次肯定了社会主义经济在总体上是商品经济，把商品经济确认为社会主义经济的内在属性。二是突破了把指令性计划当作社会主义计划经济根本特征的传统观念，肯定了指导性计划也是计划的一种形式，因而从根本上动摇了传统计划经济的基础。为什么党的十二大以后仅过了两年多时间，在经济理论上就取得了这样重大的突破呢？一是改革的实践起了作用；二是理论界的艰苦探索；三是以邓小平为核心的第二代中央领导集体积极推动了理论观念的更新，邓小平经济思想在其中发挥了导向作用。下面我们主要评述经济学界在这方面探索的成果。

1. 肯定了商品生产在社会主义阶段的历史地位，确认商品经济的充分发展是社会主义经济发展不可逾越的阶段。经济学界在充分挖掘和运用马克思主义经典作家有关社会发展阶段和商品生产论述的基础上，充分肯定了商品生产的巨大历史推动作用，确认社会主义社会仍然处于商品经济阶段。1979 年，于光远在《关于社会主义发展阶段及其他》一文中就提出，社会主义初级阶段不同于过渡时期，是社会主义发展史上一个很长的历史阶段，在这个历史阶段，商品生产和公有制、按劳分配一样，是社会主义的基本特征。1979 年，林子力在《建设社会主义时期的经济形态及其规律》一文中提出，商品经济的发展是一个自然历史过程，发达的商品经济是社会历史发展的不可逾越的阶段；传统的社会主义经济体制极容易造成经济活动对于政治权力的屈从，经济组织对于政权机构的依附，产生官工、官商、官僚主义等弊病；现在我国经济依然还处于封闭和半封闭状态，那种局部的、细小的、羞羞答答的经济改革不会有多大的作用，根本的办法在于转变为开放性的商品生产，大胆地让价值规律成为社会生产的调节者，使商品生产者广泛地平等地展开竞争。林子力认为，传统的计划经济是封闭式经济的重演，是大规模的封闭式经济；封闭式的经济只能容纳处于低下状态的生产能力，严重束缚了人类个性的解放和能力的发展。[①] 1980 年，王珏在《社会主义和商品经济》一文中指出，社会主义和商品经济的关系问题，是一个重大的理论问题，也是一个重要的实践问题；把社会主义经济作为一个整体来看，一方面是计划经济，另一方面又

---

① 参阅林子力《建设社会主义时期的经济形态及其规律》，《中国社会科学》1979 年 10 月创刊号样本卷。

是商品经济，因此，社会主义经济是有计划发展的商品经济，把两者割裂开来是片面的、错误的。在这里，王珏甚至把有计划的商品经济看作是社会主义经济制度的一个根本特征，认为社会主义经济制度又是商品经济制度。① 王珏关于社会主义、商品经济、计划经济相互关系的论述，具有重要的学术价值。经过几年的讨论，经济学界逐渐达成了共识，大家认为，只有在发达商品经济条件下，人类才能摆脱小生产状态和对旧的、封闭式的生产方式的依附，使劳动者从人身依附和超经济强制下解放出来。传统的社会主义经济体制之所以弊端丛生，其症结就在于排斥商品货币关系。因此，党的十二届三中全会确认社会主义经济在总体上是商品经济，是社会主义认识上的重大飞跃。

2. 提出要按照发展商品经济的要求，改革传统的计划经济体制。早在 1979 年，卓炯在《破除产品经济，发展商品经济》一文中提出，由于排除商品流通和价值规律，以产品经济为核心而建立起来的经济体制，带有极大的自然经济因素。他认为，财政上的无偿调拨，就是不承认等价交换；在价格上强调计划价格，就会严重背离价值；在物资体制和商业体制上强调产品调拨和统购统销，就是排斥商品流通；在工资体制上的八级工资制，实质上是平均主义；在企业管理体制上实行统收统支，企业变成了一个无责无权的经济单位，等等。这里，卓炯明确指出了传统经济体制的种种弊端以及深化经济体制改革的几个方面。1980 年，在《把产品经济体制改造成为商品经济体制》一文中，卓炯进一步指出，传统的经济体制是根据产品经济的要求而不是根据商品经济的要求建立起来的；产品经济的实质是一种自然经济，自然经济的特点是只抓使用价值，最适宜于用行政手段去管理；用行政手段管理经济，这本来是一种落后的表现，甚至可以说是封建主义的东西，而我们却把它当作社会主义的东西；因此，经济体制改革的中心问题，是要建立有利于发展商品生产和商品流通的经济体制。卓炯把矛盾直接指向传统的计划经济体制，要求把产品经济体制改造成商品经济体制。②

---

① 参阅蒋一苇《论社会主义的企业模式》，广东经济出版社 1998 年版。

② 参阅卓炯《论社会主义商品经济》，广东经济出版社 1998 年版，第 5、106、107 页以及《导言》7、21、85—86、110 和 288—332 页。

3. 确立了企业的商品生产者地位，把企业改革作为整个经济体制改革的中心环节。改革开放以来，我国理论界一直比较重视对企业性质、地位、经营制度的研究，取得了一系列重要成果。这里，特别值得一提的是著名经济学家蒋一苇提出的"企业本位论"。1980 年，蒋一苇在《企业本位论》一文中比较了不同的经济体制改革思想，认为中央高度集中的计划经济体制实际上是把全国作为一个单一的经济体，即把国家作为经济组织的基本单位，进行内部的统一管理，统一核算，这可以说是一种"国家本位论"。把中央集中的权力下放到地方，以地方作为经济组织的基本单位，进行独立自主的经济活动，在这种体制下，国家的中央处于经济组织的外部，从外部对地方经济组织进行领导和监督，而地方政权组织仍然在地方经济体制的内部，对所属分支机构进行直接的指挥，这可以说是一种"地方本位论"。无论是"国家本位论"还是"地方本位论"，都没有解决劳动者直接支配生产资料的问题，都没有解决企业和劳动者个人的经济自主权问题。蒋一苇主张，政权组织（包括中央和地方）应当和经济组织分开，从经济组织外部来领导和监督经济组织；国民经济组织既不能把全国经济作为一个单一的经济单位，也不能按行政区划分解为若干地方单位，而只能以企业为基本经济单位，企业自主经营，独立核算，拥有独立的经济利益，这可以说是"企业本位论"。蒋一苇的"企业本位论"击中了传统经济体制的要害，帮助我们从行政集权、分权的怪圈中解脱出来。建国以来的几次经济改革之所以没有取得更大的成果，原因在于没有从经济体制和经济运行机制上研究和处理国家与企业的关系，只是在行政管理体制上的收和放、集中和分散，特别是在中央和地方之间的权利划分上兜圈子；没有认真地研究如何按经济系统的内在联系来组织管理经济，排斥成本、价格、利润、工资、奖金等经济杠杆在经济核算和经济管理中的作用，继续沿用行政办法管理经济。正是把具有独立性的企业看作是社会主义经济的基本单位，蒋一苇把企业定性为社会主义商品生产者和经营者，把企业定位为拥有生产自主权的相对独立的法人。因此，在蒋一苇看来，增强企业活力是经济体制改革的中心环节。"七五"计划把我国经济体制改革的内容概括为三项任务，即增强企业活力，建立市场体系和建立国家对企业的间接控制体系。蒋一苇认为，这三项任务无疑是要结合着完成的，但就其内在逻辑关系而言，确立企业的模式必然是整个经济体制的基础。

三　理论探索的科学结论：从有计划
商品经济到社会主义市场经济

　　社会主义经济从最初的排斥和否定商品经济的计划经济（实质是大规模的封闭式经济），到特殊的商品经济，再到有计划的商品经济，这是一个相当长的实践和认识过程，是对传统理论的重大突破。但提出社会主义商品经济理论，还没有从根本上破除把计划经济看作社会主义经济本质的传统观点的束缚。社会主义经济理论还有待于在计划与市场的关系上取得新的突破，把商品经济与计划经济并存的二元体制引向新的一元体制。历史经验充分证明：计划与市场的关系问题，是经济体制改革的核心问题，关系到改革的道路与前途。突破僵化的传统观念的束缚，既要破除"计划经济＝产品经济"这一公式，又要破除"计划经济＝社会主义"、"市场经济＝资本主义"这两个传统公式。

　　20 世纪 80 年代中后期，由于经济发展中出现了一些问题，党的十三届三中全会提出了"治理经济环境、整顿经济秩序、全面深化改革"的方针，开始了治理整顿。在这期间，改革有所停顿，不少人开始怀疑我们的改革政策要变。围绕经济改革是计划取向还是市场取向，理论界发生了激烈的争论。1989 年下半年起，出现了一股否定和批评社会主义市场经济的思潮，不少批评文章把市场化等同于私有化，把市场取向改革和市场经济当作资本主义来看待，主张重新回到计划经济，主张扩大指令性计划范围。一时间，市场经济似乎又成为理论禁区，有的公开文章连社会主义有计划商品经济也不提了，只提计划经济。

　　个别文章还对主张市场经济观点的同志扣上了政治帽子。在这种背景下，著名经济学家吴敬琏、厉以宁、刘国光等高举改革的旗帜，继承和发扬以孙冶方为代表的老一辈经济学家的优良传统，以非凡的理论勇气和实事求是的科学态度，继续深化对计划与市场、社会主义与市场经济、市场经济与商品经济等基本理论问题的研究和讨论，使人们的思想从传统的理论束缚下获得解放，为走向社会主义市场经济奠定了理论基础。下面我们对其中的代表性著作作简要的评述。

1. 确定了经济体制改革的目标模式，并初步描绘了新经济体制的基本框架。有计划的商品经济是对新经济体制的一种高度的理论概括，不是对经济体制具体模式的清晰表述，而且对这种概括有多种不同的解释。20世纪80年代中后期，我国的改革碰到不少问题，走走停停、进进退退，原因之一是改革的目标还不够清晰，各个单项改革之间缺乏配套，导致某种程度的机制紊乱、时序颠倒和措施冲突。因此，为了对我国的经济体制改革进行总体设计，形成统一部署，需要及时地确定改革的基本方向，对新体制的基本框架有一个总体性、轮廓性的描述。著名经济学家刘国光主编的《中国经济体制改革的模式研究》一书，使我国经济学界对新经济体制的目标模式及其基本框架的认识达到了一个新的高度，为以后社会主义市场经济体制这一目标模式的确立及其基本框架的形成作出了杰出贡献。该书的主要贡献是：

(1)从理论上确定了我国经济体制改革的目标模式，即"在计划指导下有宏观控制的市场协调模式"。该书首先把计划经济从社会主义经济的基本特征中排除了，提出"社会主义经济的基本特征是生产资料公有制和按劳分配，在改革的目标模式中必须坚持"；然后根据计划与市场的联系或结合方式的不同，把社会主义经济体制模式分为六类，在比较研究的基础上，提出在计划指导下有宏观控制的市场协调模式是我国经济体制改革的目标模式。我们认为，这一模式与计划调节和市场调节有机结合的模式相比，突出了市场调节的基础地位和作用，进一步明确了经济体制改革的方向。

(2)初步描绘了新经济体制的基本框架。刘国光认为，企业、市场和国家对经济的调控构成了新经济体制的三个基本点，但应该对新体制的基本框架描述得更具体些。新体制的基本框架可以概述如下：在所有制结构上，建立以社会主义公有制为主体、国有制占主导地位、多种经济成分并存、相互之间开放的多元化模式，这是新经济体制赖以形成的前提和基础；在经济决策体系上，进一步扩大企业和个人的决策权，形成在国家集中必要权力前提下的企业、个人多层次、多元化的决策体系；在经济利益体系上，以按劳分配为主要原则，在一定范围允许非按劳分配形式和机制的存在，处理好公平和效率的关系；在经济调节上，建立计划指导和有宏观调控的市场调节相结合的调节体系；在经济组织体系上，彻底分清政企之间的职责，彻底打破条块之间的割裂，发展横向经济联系，发展以企业为主体的专业化协作组织。

（3）加快双重体制向目标模式的转换。该书认为，我国在改革中，出现了新旧体制并存的双重体制，双重体制在改革中有积极作用，有利于使改革适时起步、缓和改革的震荡、积累经验、造就改革人才等，但双重体制是一种不稳定的暂行体制。该书正确地指出，当时我国经济社会矛盾的根源主要来自旧体制的惯性、黏性和新体制因缺乏配套而带有的不成熟性。该书倡导树立这样的信念：改革中出现的矛盾，必须通过进一步的改革给以解决。

《中国经济体制改革的模式研究》一书，汇集了20世纪80年代中期我国多位知名经济学家的研究成果，其中的很多提法，如公有制为主体、国有制为主导、按劳分配为主要原则、处理好公平和效率的关系、发展横向经济联系、加快双重体制模式转换的进度等都有很强的理论性和现实针对性，为在中国实践社会主义市场经济作出了突出贡献。

2. 深入探讨了社会主义有计划商品经济的科学内涵，在计划与市场的关系上，得出了近乎于由市场配置经济资源的科学结论。社会主义经济是有计划的商品经济这一新论断提出之后，经济学界的讨论十分活跃和热烈，意见分歧很大。对于"有计划的商品经济"这一命题，有的人强调"有计划"的一面，有的人则强调"商品经济"的一面；有的人认为有计划的商品经济应以计划经济为基础，有的人则认为应以商品经济为基础；有的人认为计划经济是社会主义的本质，商品经济是计划经济的表现形式，有的人则认为商品经济是社会主义经济的本质，有计划则是它的实现形式。随着讨论的深入，不少人提出把"有计划"三个字去掉，就叫社会主义商品经济。

对于"计划经济与市场调节相结合"这一提法，由于对其内涵没有作过公认的、权威性的科学界定，因此人们在认识和处理计划与市场的关系问题上产生很大的分歧。有的人认为计划经济指的是经济制度或体制，市场调节则是一种机制或手段，两者不属于同一层次的问题。有的人认为这一提法表明我国的改革不是削弱和放弃计划经济，而是要在坚持计划经济体制的前提下，实行一定的市场调节。不赞成这一提法的人，认为这一提法实际上退回到十二届三中全会以前的老路上去了，是倒退。①

在如何认识计划调节与市场调节的相互关系上，著名经济学家厉以宁的"二次调节论"具有重要的学术价值。厉以宁认为，在社会主义经济中，实际上存在着市场机制和政府调节机制两种机制。厉以宁首先排除了在市场机制与政府调节机制相互关系上的几种错误观点，他指出：（1）二元机制的并存不是指整个经济可以划分为两个"板块"，限定一种机制在某一个领域内起作用；（2）二元机制并存不是指两种机制之间存在着相互渗透的关系；（3）二元机制的并存不是指两种机制地位的平列，二者在经济中起着"平分秋色"的作用。厉以宁认为市场调节与政府调节都是覆盖全社会的，共同作用于现实的经济关系。但是，市场调节与政府调节的地位有第一次和第二次之分，市场调节是基础性调节，又称第一次调节，市场调节对社会经济的覆盖是第一次覆盖；政府调节是高层次调节，又称第二次调节，政府调节对社会经济的覆盖是第二次覆盖。市场调节与政府调节的关系是：市场调节作为基础性调节，时时处处发挥作用；政府调节作为高层次调节，解决市场调节所解决不了或解决不好的问题，因此，也对整个社会的经济活动发生影响。我们认为，在计划与市场的关系上，"二次调节论"不同于"板块论"、"渗透论"和"平列论"，"二次调节论"的真实含义近乎于在国家宏观调控下，市场在资源配置中起基础性作用的科学结论。这标志着我国理论界对有计划商品经济的认识已接近社会主义市场经济的水平。②

3. 结论是社会主义市场经济体制。党的十三大以后，经济理论研究相当活跃，有部分学者建议干脆采用社会主义市场经济的提法，使经济体制改革的目标更加明确，但也有一些人持相反的意见。党的十三大报告推动了经济理论界的思想解放，不仅可以公开讲商品经济，而且主张社会主义市场经济观点的人越来越多。其中最有代表性的论著是著名经济学家吴敬琏和刘吉瑞在1987—1988年合著的《论竞争性市场体制》一书。这部著作有以下几个显著特点：（1）鲜明地提出社会主义经济改革的市场取向。吴敬琏认为，作为我国经济体制改革的目标的有计划商品经济，也就

---

① 参阅刘国光主编《中国经济体制改革的模式研究》，中国社会科学出版社1988年版。
② 参阅厉以宁《非均衡的中国经济》，经济日报出版社1991年版，第75—76页。

是有宏观调节的市场经济；社会主义商品经济，也就是社会主义的市场经济；有计划商品经济体制，或称社会主义市场经济新体制；因此，社会主义国家一切真正的经济改革，都是"市场取向的改革"，结论是建立社会主义的市场体制。（2）对传统经济体制中的决策问题、信息问题、激励问题的认识达到了新的高度。例如，吴敬琏和刘吉瑞在评述苏联东欧各国对社会主义经济体制模式的探索时，就十分精辟地点出了几个主要模式的缺陷和可资借鉴之处。他们认为：兰格的模拟市场模式重在解决行政集中计划中的信息问题，但忽视了利益关系在社会主义经济中的作用，也忽视了行政机关全面行使资产所有权的种种危害；布鲁斯针对斯大林的集权模式，提出了宏观决策由中央作出，常规决策由企业作出的分权模式，但又以保持原有国有制形式为前提，没有涉及政企彻底分离这个至关重要的问题；锡克从经济利益激励机制的角度论证了市场的必要性，把市场关系看作是解决社会主义内部利益矛盾的良好形式，因而具有较高的分析价值。（3）科学界定了市场经济的涵义。吴敬琏认为，市场经济就是资源配置以市场导向的经济；在中国封建社会，商品交换有相当大程度的发展，但市场并没有成为社会资源的主要配置者，因此，这种商品经济并不具有市场经济的性质；但是，在近代生产社会化程度比较高的经济里，商品经济必然是市场经济，社会主义商品经济也就是社会主义市场经济，因此，要为市场经济正名。在商品经济与市场经济的关系上，吴敬琏正确地指出：商品经济和市场经济是既有联系又互相区别的概念，商品经济是从财富的社会存在形态界定一个经济的性质的，市场经济则是从稀缺资源的配置方式的角度界定一个经济的性质。倘若一个社会的商品交换有相当大程度的发展，但市场并没有成为社会资源的主要配置者，那么，这种商品经济并不具有市场经济的性质。（4）强调要进行综合配套改革。吴敬琏认为，社会主义市场经济新体制由自主经营、自负盈亏的企业、完善的市场体系和以间接调控为主的宏观调节体系三个相互联系的方面组成。不过，贯穿全书的中心思想和逻辑主线是要建立竞争性市场体制，这表明了著名经济学家吴敬琏对社会主义经济改革方向的深刻认识。

新时代中国发展的历史方位与主要特征[*]

中国特色社会主义进入了新时代，中国经济发展也进入了新时代，这是中国发展新的历史方位。全面、准确理解"新时代"的科学内涵和主要特征，是学懂弄通习近平新时代中国特色社会主义思想的一个重大课题。时代是思想之母，实践是理论之源。[①] 历史唯物主义告诉我们，生产力与生产关系的发展水平是确定历史方位的横坐标和纵坐标，两者的交汇处正是人类社会发展的历史方位（发展阶段）。马克思在《经济学手稿（1857—1858）》中把劳动者经济权利的实现程度作为划分人类历史发展阶段的主要标准，[②] 指明未来社会的发展方向是人的全面发展、人的自由个性和自由人的联合体。恩格斯在《反杜林论》中指出，生产和交换是人类经济发展的横坐标和纵坐标，在勾画人类历史发展的图画时，生产方式和交往方式共同构成一组坐标。[③] 重温《资本论》及其创作史，给予我们一个重要的启示：认准自身所处的历史方位，把握时代的本质特征，对于无产阶级政党及其路线、方针、政策至关重要，甚至是第一位的。当前，我国正处于一个大有可为的历史机遇期，这就在空间与时间、世界与历史的坐标上标示出当代中国发展的历史方位。习近平新时代中国特色社会主义思想关于历史方位、时代特征、历史机遇的重要论述，既与马克思主义创始人一脉相承，又结合当代中国实际作出具有划时代意义的重大创新。

---

[*] 本篇与王祖强合作完成。

[①] 习近平：《在庆祝中国共产党成立95周年大会上的讲话》，《人民日报》2016年7月2日，第2版。

[②] 《马克思恩格斯全集》第46卷，人民出版社1979年版，第104页。

[③] 《马克思恩格斯全集》第3卷，人民出版社1995年版，第489页。

一　中国即将迈过"中等收入陷阱"，社会主要矛盾从满足基本生活需要向追求美好生活需要转化

经过改革开放 40 年的持续发展，我国社会主义社会的主要矛盾，已由人民群众日益增长的物质文化需要与落后的社会生产之间的矛盾，转化为新时代人民日益增长的美好生活需要和不平衡不充分的发展之间的矛盾。习近平总书记指出，对中国而言，"中等收入陷阱"过是肯定要过去的，关键是什么时候迈过去、迈过去以后如何更好向前发展。①

"中等收入陷阱"是指当一个国家的人均收入达到中等水平后，由于不能顺利实现经济发展方式的转变，导致经济增长动力不足，最终出现经济停滞的一种状态。② 判断有没有迈过"中等收入陷阱"，有两个基本的标准：一是人均 GDP 和收入水平处于什么阶段。根据世界银行 2016 年最新人均国民总收入的分组标准，中等偏上收入国家人均 GDP 为 4036—12475 美元，而人均 GDP 达 12476 美元以上为高收入国家。2017 年中国人均 GDP 超过 9000 美元，这一水平意味着中国已经稳居中等偏上收入国家行列，正在稳步向高收入方向发展。二是有无出现经济发展停滞的现象。对照世界上"中等收入陷阱"国家的主要特征，我国在总体上并未出现经济增长回落或停滞以及民生乱象、贫富分化、腐败多发、过度城市化、社会公共服务短缺、就业困难、社会动荡、信仰缺失、金融体系脆弱等问题。据此，可以初步判定，中国即将迈过"中等收入陷阱"并向更高水平发展。

根据世界各国的发展经验，迈过"中等收入陷阱"不仅表现为人均收入水平的持续增长，更体现在发展的均衡性、包容性和共享性等方面。从发展数据来看，中国的综合发展水平、居民健康指数、人均受教育年限、社会文明程度等，均已接近或达到中等发达国家水平。根据联合国开发计划署发布的《2016 中国人类发展报告》，我国的人类发展取得了巨大

---

① 《习近平出席亚太经合组织领导人同工商咨询理事会代表对话会》，《人民日报》2014 年 11 月 11 日，第 1 版。

② Indermit Gill and Homi Kharas. An East Asian Renaissance：Ideas for Economic Growth ［M］. World Bank Publications，2007.

进步，2014 年中国的人类发展指数在 188 个国家中列第 90 位，已进入高人类发展水平国家组，这主要得益于中国经济的快速增长与社会政策的进步。从居民健康指数看，群众健康、生活品质和健康公平水平得到显著提升，人群主要健康指标达到高收入国家水平。

党的十八大以来，我国经济发展取得历史性成就、发生历史性变革，为其他领域的改革发展提供了重要物质条件。经济实力再上新台阶，经济年均增长 7.1%，成为世界经济增长的重要动力源和稳定器。6000 多万贫困人口稳定脱贫，贫困发生率从 10.2% 下降到 4% 以下。城镇新增就业年均 1300 万人以上。[①] 城乡居民收入增速超过经济增速，中等收入群体持续扩大，形成了世界上人口最多的中等收入群体。覆盖城乡居民的社会保障体系基本建立，人民健康和医疗卫生水平大幅提高。

二　中国已经进入工业化中后期，正在从高速增长阶段向建设现代化经济体系、实现高质量发展阶段迈进

新时代中国经济发展的基本特征，就是由高速增长阶段转向高质量发展阶段。[②] 改革开放初中期，我国长期处于追赶型的工业化进程，即处于工业化初期和中期阶段。党的十八大以来，我们贯彻新发展理念，摒弃唯 GDP 论英雄，更加关注质量效益和生态环境，打破传统发展模式的路径依赖，深入实施创新驱动战略，推进供给侧结构性改革，促进资源要素从低质低效领域向优质高效领域流动，绘出了一道漂亮的新旧动能转换增长曲线，经济发展方式从数量扩张型向质量效益型转变取得突破性进展，全要素生产率提高显著，居民收入、企业利润和财政收入同步增长，呈现出产业结构深度优化、发展质量和结构效益明显改善、环境质量同步提升的良好局面。

一是产业结构从传统制造业"单轮驱动"向"先进制造业和现代服务业"双轮驱动转变。2017 年，全国三次产业增加值结构为 7.9：40.5：

---

① 习近平：《决胜全面建成小康社会　夺取新时代中国特色社会主义伟大胜利——在中国共产党第十九次全国代表大会上的报告》，《党的十九大报告辅导读本》，人民出版社 2017 年版，第 5 页。

② 《中央经济工作会议在北京举行》，《人民日报》2017 年 12 月 21 日，第 1 版。

51.6，由工业为主体转变为服务业为主体，三次产业的贡献率分别为4.9%、36.3%和58.8%，第三产业对经济增长的贡献率比第二产业高22.5个百分点，三次产业结构不断优化和高级化。① 战略性新兴产业、现代服务业和先进制造业，成为经济发展的新战略支撑。

二是要素结构从初级要素向高端要素转变。创新是引领发展的第一动力。当今世界的竞争，说到底是人才竞争，人才越来越成为推动经济社会发展的战略性资源。加快人才、技术、资本等高端要素集聚，劳动者素质不断提高，推动劳动、资源密集型产业向资本、技术密集型产业转型。目前，正在进一步深化科技体制改革，建立以企业为主体、市场为导向、产学研深度融合的技术创新体系，培养造就一大批具有国际水平的战略科技人才、科技领军人才、青年科技人才和高水平创新团队。

三是发展动能实现从投资驱动向创新驱动转变。2017 年，战略性新兴产业、高技术产业等保持较高增长速度，新动能成为保持经济平稳增长的重要动力。供给侧结构性改革持续深化，减少了低端供给和无效供给，产能过剩行业市场加速出清，市场供求关系明显改善。同时，扩大了技术、人才的中高端供给和有效供给，推动新产业新产品不断涌现，为经济持续健康发展注入了新的动力。工业机器人、民用无人机、新能源汽车、城市轨道车辆、锂离子电池、太阳能电池等新兴工业产品产量呈现高速增长态势。科技创新逐渐成为经济增长的主要动力，新经济新业态新要素新商业模式不断涌现，以新动能快速增长来抵消旧动力衰减、以质量提升来对冲速度放缓。

三　中国已进入"全域城市化"阶段，正在从"统筹协调"型向"全面融合"型城市化迈进

城市化是农村人口和非农产业向城市集聚的过程，是现代化的重要标志。近五年来，有 8000 多万农业转移人口成为城镇居民，开始接近 70% 左右的相对稳定阶段；2017 年中国城市化率已达 58.52%，且正以每年增

① 董礼华：《2017 年我国经济平稳增长　质量效益持续提升》，国家统计局网站，2018 -01 - 19，http://www.stats.gov.cn/tjsj/sjjd/201801/t20180119_ 1575457.html。

长 1.2 个百分点的速度继续提升。① 全域城市化的特征开始呈现，城市化由城乡协调发展向全面融合发展纵深推进。与发达经济体相比，中国一线城市人口只有约 5%，占比明显偏低，有增加第一层级城市数量和规模的内在需求。城市定位的提升可以吸引资本、产业、人才、基础设施的需求，获得更大的经济管理权限，有利于增强规模效应与辐射效应，带动周边地区发展。②

一是城市化的空间布局正在从县域城镇化为主向以大都市区、大城市群为主转变。近年来，城镇化的质量问题，被推升到前所未有的高度。党的十九大提出，以城市群为主体构建大中小城市和小城镇协调发展的城镇格局，加快农业转移人口市民化。城市群是新型城镇化的主体形态，在城镇化格局中具有"纲举目张"的独特作用，是经济社会发展的重要载体。在我国，除了京津冀城市群、长三角城市群、珠三角城市群之外，长江中游、成渝、粤港澳大湾区、海峡西岸、关中平原、兰州—西宁、呼包鄂榆等跨省区城市群一体化发展方兴未艾。与高度集中发展相比，城市群显现出大中小城市和小城镇分散、同步、均衡发展的特点。未来，三四线城市和特大城市间基础设施将形成网状联通，特大城市资源向中小城市外溢，实现协同发展；同时，三四线城市自身的交通、教育、医疗、文化等公共服务水平也会迈上一个新台阶。③

二是城市化的集聚平台由单一化向多元化转变。国家级高新区、开发区、科技城、科创园和省级产业集聚区通过大量人口和产业导入，已经成为新的经济增长极和创业创新平台。全国小城镇、小城市培育试点镇功能定位清晰、空间布局合理，既主动承接大中城市辐射，又有效带动周边乡村区域经济、文化发展。2017 年，特色小镇建设全面爆发，全国范围内诞生了 2000 多个特色小镇，将培育成为产业特色鲜明、人文气息浓厚、生态环境优美、兼具旅游与社区功能的发展空间平台。

三是城乡发展差距由较大持续缩小，城乡之间、城市之间呈现融合发

① 国家统计局：《中华人民共和国 2017 年国民经济和社会发展统计公报》，国家统计局网站，2018 - 02 - 28，http://www.stats.gov.cn/tjsj/zxfb/201802/t20180228_ 1585631.html。

② 姚余栋，管清友：《重塑中国经济新动能需要一批新一线城市》，《21 世纪经济报道》2017 年 9 月 18 日，第 8 版。

③ 张樟成：《十九大后中国城镇化发展新动向》，《金融时报》2017 年 12 月 9 日，第 4 版。

展态势。党的十八大以来,通过大力实施乡村振兴战略和区域协调发展战略,目前城乡发展差距、区域发展差距明显缩小,以城带乡、以工促农、城乡互动、协调推进的良好发展格局已经基本形成。2017 年全国城镇居民人均可支配收入 36396 元,农村居民人均可支配收入 13432 元,城乡居民人均收入比为 2.71∶1,差距逐年缩小。以城际轻轨、高速铁路、高速公路网为纽带,通过与中心城在产业布局和分工上相互配合,错位发展,改变了以单个城市为中心的放射状城市空间布局,以网状结构为特征的多个城市组成的都市圈或都市群渐趋形成。

四　中国改革已进入全面深化阶段,正在从鼓励各地"先行先试"向全面发力、多点突破、纵深推进转变

　　坚持全面深化改革,呈现全面发力、多点突破、纵深推进的良好态势,重要领域和关键环节改革取得突破性进展,主要领域改革主体框架基本确立。以浙江省 2016 年为例,市场化指数位居全国第一位;每万人规模以上非国有企业数连续多年列全国第 1;城镇私营企业和个体就业人数全国排名第 3;非国有经济投资比重 78.5%,全国最高。党的十八大以来,浙江省全面深化改革的亮点主要有三:一是率先深化要素配置市场化改革,为保增长、促转型提供了要素保障。市场化改革重点解决市场内在活力不足的问题,[①] 深化土地要素配置机制改革,探索建立存量土地盘活、土地产出效益与新增建设用地计划指标分配挂钩制度。加快土地物权化、资产化、证照化的步伐,开辟民间资本和银行资本进入中小企业的新通道。高度重视知识产权保护在高水平人才、高水平团队、创新型企业等发展中的重要作用,加强了知识产权的创造、保护和交易的政策机制与体系建设。二是深入实施国家战略举措,搭建了新的更高的改革开放平台。浙江按照先行先试要求,紧紧抓住海洋经济发展示范区建设、舟山群岛新区建设、义乌市国际贸易综合改革试点、温州市金融综合改革试验区建设等"国家战略举措",带动和促进各领域的改革开放。着眼于培育开放型

---

① 郭连强、祝国平:《中国农村金融改革 40 年:历程、特征与方向》,《社会科学战线》2017 年第 12 期,第 39—51 页。

经济新优势，全方位提升宁波舟山口岸开发开放水平，深化义乌市国际贸易综合改革，加快建设杭州跨境电子商务综合试验区，推动对内对外开放相互促进、引进来和走出去更好结合。三是积极推进政府自身改革，推进了"亲清型"政商政企关系的形成。推进以"四张清单一张网"为重点的政务改革，促进市场"无形之手"和政府"有形之手"发挥各自优势、做到相辅相成。积极践行既"亲"又"清"的新型政商关系，"最多跑一次"改革政府审批制度，努力打造最活市场主体、最快审批速度、最佳投资平台、最好发展氛围。

五　中国已进入信息化高速发展阶段，正在从全球信息化的"追赶者"向"引领者"迈进

党的十八大以来，通过实施"宽带中国战略"，我国逐步构建起了高速、移动、安全、泛在的新一代信息基础设施。互联网与经济社会各领域跨界融合、深度应用，云计算、大数据、移动互联网、物联网、人工智能以及电子商务、移动支付、分享经济等新业态新模式迅猛发展，移动应用数量和分发规模全球领先；物联网产业链日益完善，已成为全球最大的机器到机器（M2M）终端应用市场；据国家统计局电子商务交易平台调查显示，2017年全国电子商务交易额达 29.16 万亿元，同比增长 11.7%，规模居全球之首。[①] 高端芯片、基础软件、网络体系结构和关键设备等领域获得突破，量子通信技术处于全球领先地位，"神威·太湖之光"成为世界上首台峰值运算速度超过十亿亿次的超级计算机。再以浙江为例，全省信息经济总量占 GDP 比重超过 30%，成为经济增长的主要引擎。这主要表现在：其一，信息化企业集群优势明显。通过精心培育集聚，涌现出了阿里巴巴、网易、网盛、盛大、海康威视、浙大中控等一大批优秀互联网信息企业，横跨互联网金融、跨境电子商务、互联网医疗、网络支付等不同领域，形成了巨大的集群优势。其二，信息化平台环境优势明显。紧紧抓住国家信息经济示范区建设的契机，成为全国第一个信息经济示范区，杭州以阿里云建设为载体，努力优化大数据服务，诞生了互联网企业

---

① 马婧：《去年电商交易额同比增11.7%》，《北京日报》2018年3月12日，第12版。

云集的"云栖特色小镇"。其三,信息化产业发展优势明显。信息经济迅猛发展促进电子商务、智能物流、互联网金融等生产性服务业迅速发展。基于大数据、云计算、物联网的服务应用和创业创新日益活跃。浙江正在趁势而上,推动信息化和工业化深度融合,成为信息化和信息经济的领跑者。

六　中国已进入高水平国际化阶段,正在从全球化的积极参与者向引领者、推动者转变

改革开放以来,我国始终坚持对外开放的基本国策,在经济、政治、文化、社会等各个领域积极、全面对接国际,既促进了自身的快速发展,也为世界做出了巨大贡献。尤其是党的十八大以来,中国以更加自信昂扬的姿态参与全球事务之中,习近平总书记提出的共建"一带一路"倡议不仅成为重要国际合作平台和最受欢迎的国际公共产品,也开辟了一条通向人类命运共同体的伟大实践之路。"一带一路"、人类命运共同体等中国理念,也因此被写入联合国决议。从北京 APEC 到杭州 G20、从达沃斯论坛到厦门金砖会议,更多中国理念、中国方案正在得到世界的广泛认同,中国正前所未有地走近世界舞台的中心。以浙江省为例,全省遵循习近平总书记主政浙江时提出的"立足浙江发展浙江,跳出浙江发展浙江"的思路,充分发挥浙商遍布全球优势,大力发展外向型经济,不断扩大对外开放,加快国际化进程,形成了全方位、多层次、宽领域的对外开放新格局:一是外向型经济蓬勃发展。境外投资总额连续多年位居全国前列,2017 年外贸出口占全国比重达到 12.7%,对全国出口增长的贡献长期居前列。[①] 跨境电商等外贸新业态异军突起,企业"走出去"步伐加快,海外并购数量迅猛增长,境外投资和引进外资均位居全国前茅。二是重大开放平台不断夯实。宁波—舟山港完成了实质性整合,成为全球首个年货物吞吐量突破 10 亿吨的港口,吞吐量连续 8 年居全球首位,中国(浙江)自由贸易试验区正式获批,"义新欧"班列常态化运行,打造杭州国际电子商务中心,浙洽会、义博会、境外"浙江周"等国际展会平台影响力

---

① 《2018 年浙江省政府工作报告摘要》,《浙江日报》2018 年 1 月 26 日,第 3 版。

不断增强。三是国际交流影响日益扩大。2017 年，浙江全省高校国际学生共计 34550 人，比上年增加 13.5%。全球最大的专业市场所在地义乌市有来自 100 多个国家和地区的常驻外商 1.3 万人，每年到义乌采购的境外客商近 50 万人次，全市有各类涉外机构 5300 多家，其中外商投资合伙企业 2200 多家，约占全国的 75%。① 义乌开通运行全球最长的"义新欧"国际班列，被习近平总书记称为"亚欧大陆互联互通的重要桥梁和'一带一路'建设的早期成果"。

七　中国已进入生态文明大跨越阶段，正在从生态文明的践行者　　向"美丽中国"及全球生态安全的引领者迈进

进入 21 世纪，我国日益重视人与自然生态环境的和谐发展，尤其是党的十八大以来，大力度推进生态文明建设，生态文明制度体系加快形成，生态环境治理明显加强，生态环境状况得到改善，与 2013 年相比，2016 年京津冀地区 PM2.5 平均浓度下降了 33%、长三角区域下降 31.3%、珠三角区域下降 31.9%，全国地表水国控断面 I – III 类水体比例增加到 67.8%，劣 V 类水体比例下降到 8.6%。② 我国还积极引导应对气候变化国际合作，成为全球生态文明建设的重要参与者、贡献者、引领者。以浙江为例，作为习近平总书记"绿水青山就是金山银山"战略思想的发源地，党的十八大以来浙江坚持以"两山"理论为指导，积极回应人民群众的关切，把绿水青山作为最普惠的民生福祉、最公平的公共产品，举全省之力狠抓生态工程，既扩投资又促转型，既优环境更惠民生，生态文明建设造就了转型升级的新天地和城乡面貌新景象。一是打好转型升级系列组合拳推进生态建设，破解"成长的烦恼"。在生态环境保护上坚持算大账、算长远账、算整体账、算综合账，宁愿牺牲部分 GDP 也要整治优化环境，以壮士断腕的决心，打好转型升级系列组合拳，相继部署实施"四换三名"、浙商回归、"五水共治"和"三改一拆"等行动，强

---

① 义乌市统计局：《2016 年义乌国民经济和社会发展概况》，义乌市统计局网站，2018 – 03 – 01，http：//tjj. yw. gov. cn/ywsq/201803/t20180301_ 1385505. html.
② 侯雪静：《美丽中国新篇章—五年来生态文明建设成就综述》，新华网，2017 – 10 – 05，http：//www. xinhuanet. com/politics/2017 – 10/05/c_ 1121763936. html.

势倒逼产业转型升级，在全省兴起了新一轮生态文明建设热潮。二是深入开展生态源头治理，致力于解决环境污染的"根子"问题。大力倡导清洁生产和循环经济，推动末端治理向源头控制转变。加快推进产业园区、集聚区的生态化改造，实现点源治理向集中治理转变。大力开展行业整治，坚决关停污染企业，淘汰落后产能，坚决斩断只要金山银山不要绿水青山的利益链条。三是培育生态经济新的增长点，努力实现"生态富民"。大力倡导经济生态化和生态经济化，积极探索把绿水青山转化为金山银山、生态环境优势转化为经济发展优势的现实路径，广泛吸收社会资本发展生态经济，大力发展资源节约环境友好的新经济新业态。四是建立生态环境治理长效机制。取消对流域上游山区县的 GDP 考核，改为绿色发展、生态保护考核。加强省级财政转移支付，支持河流源头地区经济发展。鼓励开展水权交易、排污权交易和跨行政区域的生态补偿。建立上下游联动、区域一体化的工作机制，解决"免费搭车""囚徒困境"等流域性治水难题。

八　中国已进入和谐社会提升阶段，正在从"金字塔" 型向"两头小、中间大"的橄榄型社会结构迈进

　　橄榄型社会结构是社会和谐稳定的基础，许多现代化发达国家或地区均呈现出橄榄型社会结构的特征。改革开放 40 年来，我国在成功减少近 3 亿贫困人口的同时，使 3 亿多人口步入中等收入群体行列，约占全球中等收入群体的30%，也占全国人口的30%左右。[①] 正如 2017 年底中央经济工作会议所指出的，我国已"形成了世界上人口最多的中等收入群体"。当然，距离完全的橄榄型社会结构我国还有较长的一段路要走。我们坚信，随着我国经济保持中高速增长的同时，居民收入同步增长，劳动生产率提高的同时，劳动报酬同步提高。居民劳动收入和财产性收入渠道的拓宽，必将加快向完全的橄榄型社会结构迈进的步伐。以浙江省为例，党的十八大以来，全省通过"限高、扩中、托低"，大力推进创业创新，

---

① 班娟娟、林远：《我国中等收入群体已超三亿工资收入分配改革挺进深水区》，《经济参考报》2018 年 1 月 17 日，第 A02 版。

较好地实现了居民收入与 GDP 同步增长，促进了橄榄型社会的形成。2017 年，按常住地分，浙江省城镇居民和农村居民人均可支配收入分别为 51261 和 24956 元，增长 8.5% 和 9.1%，农村居民人均可支配收入连续 33 年位居全国各省区首位，成为浙江"藏富于民"的金字招牌。一是中等收入群体占总人口数量越来越多，全面消除了绝对贫困现象。2017 年，全省居民人均可支配收入为 42046 元，这不仅在国内相关省区处于领先地位，而且超过了世界银行认定的中等收入标准，中等收入群体占总人口数量越来越多，在全国率先全面消除了人均可支配收入 4600 元以下的绝对贫困现象。二是社会总体性流动程度高，流动渠道比较畅通。浙江产业结构的高级化引起全省就业结构变化，代际之间的职业流动上升趋向明显，2017 年全省高等教育入学率达到 58.2%，企业家和创业新锐不断涌现。三是社会保障的托底功能有效体现。2017 年，全省正常缴费企业退休人员基本养老金月均水平达到 3085 元；低保资金（含各类补贴）支出 6.7 亿元，比上年增长 31.4%；医疗救助资金支出 18.4 亿元，比上年增长 46%。[①]

九　中国已进入文化强国建设阶段，正在从满足基本文化需要向充分展现文化自信、文化魅力阶段迈进

中国文化是中国发展的根和魂。党的十九大指出，文化自信是一个国家、一个民族发展中更基本、更深沉、更持久的力量。改革开放尤其是党的十八大以来，我国始终高度重视文化建设，社会主义核心价值观和中华优秀传统文化得到广泛弘扬，公共文化服务水平不断提高，文化事业和文化产业蓬勃发展，民众的文化获得感不断增强，文化自信得到彰显，国家文化软实力和中华文化在国际上的影响力日益提升。截至 2017 年年末，全国文化系统共有艺术表演团体 2054 个，博物馆 3217 个。全国共有公共图书馆 3162 个，文化馆 3327 个。全国 2/3 的村有综合性文化服务中心，社区有文化活动室，覆盖城乡的国家、省、市、县、乡、村（社区）六

---

① 浙江省统计局：《2017 年浙江省国民经济和社会发展统计公报》，浙江省人民政府网站，2018 - 02 - 27，http：//www.zj.gov.cn/art/2018/2/27/art_ 5497_ 2268995.html。

级公共文化服务网络基本建成。截至 2017 年 6 月底，全国文化及相关产业企业数量超过 322 万户，我国在欧洲、亚洲、非洲和拉丁美洲建立了 30 个中国文化中心。[①] 未来，随着中华优秀传统文化的创造性转化、创新性发展以及革命文化和社会主义先进文化的继承与提升，中国精神、中国价值、中国力量、中国文化的国际影响力将与日俱增。仍以浙江省为例，全省以"人文精神高尚、文化事业繁荣、文化产业发达、文化氛围浓厚、文化形象鲜明"为目标，通过推进公共文化服务体系、文化产业发展体系建设，推进了文化大发展大繁荣。截至 2017 年年末，全省共有公共图书馆 101 个，文化馆 101 个，文化站 1371 个，博物馆 307 个；全年新闻出版广播影视业实现营业收入 2012 亿元。[②]

总之，经过改革开放 40 年尤其是党的十八大以来的发展，中国经济社会迈入了全新的阶段，站在了一个新的历史方位上，机遇与挑战并存。全面、深刻认识我们所处的历史方位，牢牢把握中国特色社会主义进入新时代的特征，遵照党的十九大所提出的"八个明确"和十四条基本方略的要求，戮力同心，砥砺前行，力促生产关系与生产力水平相适应，中国特色社会主义事业必将取得新的更大成就，中华民族伟大复兴的中国梦必将成为现实。

---

① 刘阳、郑海鸥：《坚定文化自信　开创社会主义文化繁荣新景象——党的十八大以来文化体制改革成效显著》，《人民日报》2017 年 7 月 24 日，第 1 版。

② 刘阳、郑海鸥：《坚定文化自信　开创社会主义文化繁荣新景象——党的十八大以来文化体制改革成效显著》，《人民日报》2017 年 7 月 24 日，第 1 版。

乡镇企业是发展农村经济的生力军[*]

——鄞县乡镇企业调查报告

党的十一届三中全会以来，我国乡镇企业有了较大的发展。这一发展，是客观必然的，还是带有偶然性？它对建设有中国特色的社会主义，特别是对农村经济的发展是有利还是有弊？它会不会冲击计划经济，和大工业争能源、争原料、争市场？对乡镇企业本身的性质、特点、方向和前途等应当怎么看？对这些问题，现在还存在着一些不同的看法。为了弄清这些问题，1983年4月，我们到浙江省鄞县进行了调查。

鄞县乡镇企业产生于1958年，以后几经周折，直至党的十一届三中全会以后，党和国家对乡镇企业的一系列问题作了明确规定，它才走上健康发展的康庄大道。截至1982年底，全县共有乡镇企业2242家；职工127079人，占全县劳动力总数的43.2%；乡镇企业总产值13775万元，占全县工农业总产值的54.52%。

鄞县乡镇企业在促进全县经济的发展、人民生活的提高、小城镇的建设以及安定社会秩序等方面，都起着举足轻重的作用。

这一点在我们调查所接触到的各个方面和一切人中，都是一致公认的。县委负责同志说："企业不上，县长难当"；基层干部说："若要富，农工副"；社员群众讲："企业不做，日子难过"。这三句话，说出了广大干部和群众对乡镇企业作用的心里话。

鄞县乡镇企业的作用是：（1）支援并促进了农业生产的发展。乡镇企业除了生产农机具、化肥、运输工具、小水电等，为农业提供生产资料

---

* 本文与晓亮、沈连元、胡子诚共同完成。

和动力以外，还为农业提供了资金。自 1975 年至 1982 年，乡镇企业通过上缴利润和支援穷队等形式，共计为农业提供了 2048 万元，有力地促进了粮食产量的提高。1982 年，全县 56.7 万亩粮食面积，平均亩产高达 1445 斤，其他经济作物也连年丰产增收。(2)增加了社员收入。乡镇企业通过务工社员的工资收入和部分利润直接拨给生产队分配给务农社员，1982 年使全县农业人口人均所得 113 元。(3)促进了农村集镇建设。乡镇企业多数建立在交通便利的原有小集镇，或公社和大队的所在地，自然形成了一批小集镇；同时，乡镇企业还从资金上支援了小集镇的建设。1975年至 1982 年，鄞县乡镇企业用于建设小集镇的费用共 2180 万元。(4)为大工业当好了配角。(5)增加了国家和地方财政收入。从 1975 年至 1982年，鄞县乡镇企业上缴工商税累计达 6227 万元，所得税 5528 万元。此外，还为国家换取外汇折合人民币 10851 万元。

鄞县乡镇企业发展较快，固然与该县地理位置靠近城市，有一定的技术力量等特殊条件有关，但也反映了农村经济发展的客观趋势，因而具有必然性。这主要表现在以下几个方面：

1. 乡镇企业是农业生产力发展的必然产物

鄞县农民在 50 年代和 60 年代，95% 以上从事田间作业，搞粮食生产，但是农业生产发展缓慢。70 年代后期，乡镇企业迅速发展以后，农业的道路越走越宽，步伐愈来愈快，使广大干部和社员清楚地看到，开展多种经营，发展农村商品经济，是农村四化建设的必由之路。特别是农业推行生产责任制以后，彻底打破了过去"劳动靠集体""分配靠工分"的旧框框，广大农民的生产积极性空前高涨，粮食、经济作物和其他农副产品的产量大幅度上升，因限于国家储备、加工等能力不足，出现了剩余农副产品一时收购不了的情况。这就迫切要求就地加工。另外，农民收入提高后，无论对生产资料还是物质文化生活资料，都提出了更多更高的要求，其中有些部分也需要通过农民自己办工业来满足。

三中全会以后，鄞县的同志认真总结了过去的经验和教训，坚决贯彻党对搞活农村经济的一系列方针政策，依靠集体和社员群众，把发展乡镇企业推到了一个新的阶段。80 年代的鄞县农村经济，已经不是单纯的农业经济，既不是狭义的农业，也不是广义的"大农业"，而是包括农业、工业、建筑业、交通运输业、商业、服务业等部门的有机综合体。我们认为，鄞县积极发展乡镇企业和它所引起的经济上的变化，是农村生产力发展的必然结果，具有一定的代表性。我国农村的这种变化，不论在性质、手段和结果上，都与西方资本主义国家迥然不同。我们走的是工业支援农业、农业发挥当地优势，实行分工协作、综合经营的道路。因此，我国农业生产力的发展，必然导致乡镇企业的产生和发展。

2. 乡镇企业是建设社会主义新农村的必由之路

解放以来，鄞县农民在社会主义建设中作出了积极的贡献。但由于种种原因，工农差别并没有显著缩小。直到乡镇企业发展起来以后，这种情况才有所改变。因为在当前的科学技术条件下，农民还不能摆脱靠天吃饭的状况，即使气候等自然条件正常，单纯搞粮食也不行：一是受耕地面积的限制，二是需要大量投资，而且经济效益未必会与投资按同一比例增加，甚至出现"高产穷队"。这样，就很难消灭城乡、工农之间的差别。然而，在那些乡镇企业发展较快、经济效益较高的社队则是另一番景象。在鄞县，有的公社、大队，由于发展了乡镇企业，不但为农林牧副渔的扩大再生产提供了财力、物力和技术力量，而且为农村建设提供了资金和其他条件，使农村面貌发生了显著变化。

乡镇企业的发展，还直接提高了农民的文化技术水平，显示了农村发展的未来。以鄞县丽水公社缝纫机螺丝厂为例，建厂时的 200 名职工中，文化程度不到高小的占 80%。近三年来，厂里自办文化技术夜校，分批培训职工，每期 60 人，半脱产学习。由于职工文化技术水平的提高，劳动生产率大为提高，1982 年的产值比建厂时提高了 10 倍，产品合格率也由过去的 80% ~ 90% 上升为 97% 以上。最近，县委和有关部门总结了这个厂和其他一些企业的培训经验，决定从乡镇企业上缴利润中，拨出专款，着手兴建全县乡镇企业文化技术教育中心，狠抓智力开发。我们认为，这一决定是很有远见的。

3. 乡镇企业是安排农村剩余劳动力的重要途径

在鄞县，早就存在人多地少的矛盾。实行农业生产责任制以后，进一步加剧了农业劳动力过剩的状况。现在全县以参加农业劳动为主的农村劳动力，只占农村总劳力的50%左右。余下一半劳动力，80%以上被乡镇企业吸收了（还有一小部分从事个体工副业生产或外出经商）。在调查中获悉，一些队办企业较多的大队，已经不存在劳动力剩余的问题了。

在中国社会主义这块土地上，农村乡镇企业有其产生和发展的必然性。但是，要把必然性变为现实性，仍需人们的努力。鄞县乡镇企业所以发展较快，除了靠近沪、杭、甬，交通方便等客观条件之外，同全县干部和群众的主观努力是分不开的。第一，县委重视，把乡镇企业工作提到县委的主要议事日程，也作为考核全县各级干部工作的一项主要内容。他们年初有动员，年中有检查，年终有总评；上上下下、行行业业都为乡镇企业提供方便、给予支持。第二，不拘一格网罗人才，重视科学技术力量的培养。鄞县的同志认为：“企业好不好，关键在领导”。他们挑选企业干部的标准是，一要精干、二要能干、三要苦干。他们除了网罗闲散在社会上的各种科技人员以外，还有计划地聘请有技术的退休老工人当顾问，或把职工送到城市大企业中跟班劳动培养，与科技部门、设计部门、高等学校挂钩，请他们代培人才。第三，在产品选择上，他们注意了先易后难，循序渐进。从鄞县乡镇企业的发展过程看，开始一般办的是农副产品加工企业，充分利用当地的自然资源。例如山区搞竹编工艺品，平原地区发展草帽草席、绣花、食品加工等；沿海地区进行晒盐、捕捞冷冻、种植紫菜等。在充分利用本地资源，初步打开兴办乡镇企业的局面并积累了一定资金以后，就与城市大工业企业挂钩，生产零部件和市场急需产品。再后是与科技部门协作，试制和生产少数较为精密和尖端的产品。总之，要把发展乡镇企业的必然性变为现实性，必须根据不同的实际情况扬己之长，避己之短，生产社会需要的产品。

我们在鄞县的调查过程中，既看到了乡镇企业的作用和发展的必然，也听到了各方面的反映意见，尤其集中在以下几个问题上。这些问题值得进一步研究。

1. 关于乡镇企业的性质和特点

科学地把握农村乡镇企业的性质和特点，对于正确处理各种经济关系，具有重要意义。在这个问题上，以下两点值得关注：

（1）所有权的归属。

从鄞县来看，绝大多数乡镇企业的所有权，属于公社或大队，属于生产队的极少。

其开办时的资金（银行贷款除外），几乎全部来自社队的公共积累，厂房和地皮完全由社队解决，没有社员个人投资、投物、合股办企业的情况。可以说，乡镇企业是从农业集体中分离出来的。这就决定了乡镇企业的所有权，既不属于国家及其各级政权机关所有（个别企业有区政府和县属机关的投资，可作为例外），也不属于企业职工所有，而是属于本公社或本大队的全体社员所有。由于公社或大队是集体所有，因而乡镇企业也是集体所有，属于社会主义集体所有制性质，社办社有，队办队有。正是基于这一点，社队集体经济组织有权从乡镇企业中提取一部分利润，归社队支配，用于支援农业生产，兴办集体福利事业，扶持穷队等。可见，乡镇企业这种集体所有，既不同于原来生产队那种集体所有，也不同于城镇集体企业的那种集体所有，它是集体经济组织中的集体企业。也正因为这样，乡镇企业的领导人员都由社、队管委会任命；乡镇企业的一切重大问题（如扩建改建，合并转产、收益分配等）也都是由公社和大队决定。

但是，从另一方面看，乡镇企业又有一定程度的本企业职工集体所有的性质。因为乡镇企业开办时的投资一般数量不大，而一经办起，利润量较多，因而使它们能够像滚雪球一样，逐渐扩大积累，增添设备和资金。所以现有乡镇企业的固定资产和流动资金，又大部分来自企业劳动者的劳动成果。加之从乡镇企业发展趋势看，有同农业愈来愈分离的倾向，企业的权限也必然愈来愈大，职工参加企业管理的必要性愈来愈强，这一切，也显示了乡镇企业具有本企业职工所有的因素。

因此，乡镇企业的所有权，既属于整个社队集体经济组织所有，又属于本企业职工所有。这种双重性质的所有权或多层次所有制关系很值得注意。它要求我们在正确处理各方面的经济利益关系时，不但要兼顾国家、集体和个人，而且要兼顾社队集体同企业集体、务工社员同务农社员之间的经济利益关系。

（2）务工社员的经济身份和按劳分配所采取的形式。

在实行农业生产责任制以前，鄞县乡镇企业务工社员的经济身份，基本上没有离开生产队农业这个"母体"。乡镇企业职工的工资，是按照他们在生产队评定的劳动力等级核定的，一般略高于务农社员；务工社员拿到工资以后，要交给生产队，然后参加生产队的统一分配；个人只拿奖金和津贴。因此，务工社员同企业的经营成果几乎完全脱钩，却与所在生产队的经济状况紧密相连，其劳动报酬的大小主要取决于农业生产水平的高低。农业实行生产责任制后，务工社员的经济身份发生了重大变化，他们基本上稳定在乡镇企业，几乎脱离了生产队这个"母体"，其工资已不再交给生产队，而是归己所有，因而劳动报酬的形式发生了重大变化。目前，鄞县乡镇企业的务工社员绝大多数不承包责任田，企业大都采用计件工资或基本工资加奖励，务工社员劳动报酬的高低完全决定于企业的经营成果和本人贡献的大小，除了其口粮仍需向生产队购买或由家庭供给之外，和城市工人已没有太大的差别。

2. 关于"争"和"补"的问题

在乡镇企业与大工业的关系问题上，在调查前，我们曾经听到有人讲：乡镇企业与大工业争原料、争能源、争市场，存在重复建设、盲目发展、"以小挤大"、"以土挤洋"等弊端。在调查中，乡镇企业的同志则强调：乡镇企业补大工业之不足，填大工业之空白，用大工业之所余等等。于是就产生了是"争"还是"补"的问题。

我们认为，乡镇企业同城市大工业之间既有争的一面，也有补的一面。乡镇企业特别是乡镇工业为大工业生产零部件以及市场紧缺商品，补的作用是很明显的。但发展乡镇工业又离不开原料、能源和交通、市场等，因而同大工业又存在争的一面。问题是如何对待这种"争"？"争"究竟是好呢，还是坏？就能源和交通来说，由于目前比较紧张，乡镇企业和大工业的发展又都离不开能源和交通，因此要统筹兼顾，都要在节能上下功夫；同时，乡镇企业不仅不要搞耗能大的项目，而且有条件时要发展点小水电、小煤窑等。这样矛盾就好解决了。就原料和市场来说，只要乡镇企业不是拦截国家的统购物资，则应当允许其同国营大工业开展竞争。"争"的问题，实质上是竞争问题。作为商品生产者，乡镇企业同国营企业、城市集体企业之间开展竞争，使大家都有外在的压力，只会有利于改善企业经营管理，降低生产成本，提高产品质量，是有利于国民经济发展的。从这个意义上讲，竞争是手段，提高经济效益才是目的。但是，这里也的确有一个从全局出发和统筹安排的问题，包括一味强调"争"，乡镇企业能不能稳定和站得住的问题。这个问题不仅国家要考虑，乡镇企业自己也要考虑。

同这有关的还有重复建厂和盲目生产问题。在我们调查中，鄞县同志坦率地介绍了这样的情况：在鄞县县政府所在地的宁波市，原来仅有一家国营的电表厂，它是我国生产电表的主要企业之一。可是在前几年，由于电表成为市场的紧缺产品，于是不少社队也办起了电表厂，生产能力达到几十万只。后经过调整，截止 1982 年 9 月，总装厂的 86%、配件厂的 80% 不得不停止生产。类似的情况还有手表等产品。但是，这个问题主要在于计划指导和客观上的管理，单纯地指责乡镇企业似乎不妥。为了避免或者减少这种情况，今后除了要制定办企业的经济法规和管理办法以外，重要的是搞好市场预测、经济信息等工作。

3. 关于计划与市场的关系问题

有些同志认为，乡镇企业的产供销完全受市场调节，必然会冲击国家计划。而乡镇企业的同志则对有些产品的原料和销路不列入国家计划有意见，说什么乡镇企业是"后娘"养的，低人一等。应当怎样看待这个问题呢？

从目前鄞县乡镇企业的产供销情况看，并非全部市场调节，有相当一部分产品的产供销还是直接或者间接地纳入国家计划的。具体情况如下：正式列入国家计划的，约占该县乡镇企业总产值的 5%；按照合同，定点、定量、定期为国营大厂生产零配件，使乡镇企业间接地纳入国家计划的，约占乡镇企业总产值的 30%—40%。其余才是市场调节。

就市场调节部分来说，也并非不受国家计划的制约。如鄞县樟村的贝母，年产 8600 担左右，国家计划收购 6000 担左右。他们在保证完成上缴国家计划任务的前提下，当地乡镇企业经过有关部门批准，利用余下部分生产一些制剂，既满足了市场需要，又增加了药农收入。这类生产不仅不冲击国家计划，而且补充了国家计划的不足。

我们认为，由于乡镇企业数量多，经营品种杂，其中多数是农副产品加工和日用消费品，按照市场需要进行生产，正是它的优点和长处。因此，在相当长的时期内，乡镇企业只能以计划指导下的市场调节为主。如果不加区别地要求乡镇企业也要以计划调节为主，是不现实的。但就目前存在的主要问题来说，还不是把不该列入计划的列入了国家计划，而是有些乡镇企业的产品可以而且应当列入国家或地方计划的，省、地（市）、县有关部委、厅局与办事机构，囿于现行的体制，却采取放任不管或拒之门外的态度。因此，不少乡镇企业原料靠自己"找米下锅"，销售靠采购人员"四出推销"，确实成了乡镇企业中某些不正之风的原因之一。今后，国家除了健全各级乡镇企业的管理机构之外，我们认为，国家和地方在拟定国民经济发展计划时，应当从原料、设备、交通和能源等方面，划出一小块来，专为发展乡镇企业之用。这样，既体现了计划对乡镇企业的指导作用，又不捆住乡镇企业的手脚，以利于充分发挥其市场调节作用。

4. 关于乡镇企业的经营方向问题

中央文件明确指出，发展乡镇企业，要立足本地资源，以自种、自养、自己加工为主。而鄞县却办了不少工业，而且有些工业又不属于农业的前后项，这对吗？我们在调查中同鄞县的同志讨论了这个问题。他们说，鄞县乡镇企业在发展过程中，基本上执行了这个方针。凡是本地已有的资源，他们都尽量地加以利用。例如，山区办了不少生产竹编、木制品以及发电、采石企业；平原地区发展了饲养、冷冻、食品、绣花、草制品生产企业；沿海地区搞了晒盐、卤饼、捕捞、海货加工企业。但是，当这些资源基本上都利用了以后，他们说，再利用本地的有利条件发展工业，这就不能说不对了吧！

我们认为，乡镇企业以发展农业的前后项为主，以利用本地资源为主，这无疑是正确的。中央的方针，对一切乡镇企业原则上都是适用的。但是，中央的方针决不是限制乡镇企业的发展，而是要乡镇企业更加健康地地发展。在像鄞县这样一些靠近大城市，而又有条件发展工业的地方，念"山海经"是利用本地资源，发展工业同样是利用本地优势。只要不是丢开农业搞工业，而是发展工业促农业，就不能说他们的经营方向有问题。

必须指出，在我国当前科学技术水平不高、价格结构不合理等情况下，广大农村完全依靠发展农业以及农副产品加工，是难以很快富裕起来的。有条件的地方，应当鼓励他们办工业。从长远来看，农村工业化和农业生产工业化，也只有在农民动手参加的情况下，才能实现。因此，我们认为，对中央的方针，要把握其精神，结合实际贯彻才对。

　　通过调查，我们感到这个县的乡镇企业发展中也存在一些问题，如：利润上交乡镇部分用于非生产性基本建设（如盖公社、大队办公大楼）过多，上交和企业留成的利润中，用于扩大再生产，特别是智力开发和改善职工劳动条件、兴办职工集体福利事业较少，务农社员从乡镇企业得到的实惠还不多，许多企业在实行民主管理方面比较欠缺。希望鄞县的同志在以后的工作中加以解决。

"温州模式"对甘肃农村经济商品化的启迪[*]

　　甘肃农村商品化道路，除了要从自身的实际出发进行探索外，借鉴其他地方已有模式的成功经验也是必要的。"温州模式"为甘肃农村经济商品化提供了哪些有益的启迪呢？

　　1. 甘肃农村商品经济的发展，有待于广大干部群众商品观念、竞争观念和创新观念的进一步增强。现在一提发展商品经济，有人就强调交通困难。交通不便确是发展商品经济的一大障碍，但由此认为甘肃农村商品经济发展不起来，是缺乏说服力的。温州距省会杭州 300 多公里，交通条件也不好，连铁路都不通，但商品经济方兴未艾。一个重要原因就是温州人思想解放，商品意识特别浓。1987 年春节上海组织人到温州搞时装表演，到第三天晚上就表演不下去了，因为他们最新式的服装第三天已被温州人穿在街上了，甘肃农村商品经济不发达，重要原因之一，就是缺乏温州人那种浓厚的商品意识。甘肃有些地方交通条件并不很差，但集市贸易却很少。农村中"以农为本""无商不奸"的鄙视商业活动的观念仍有较大市场，不少农民生产了农副产品不愿拿到市场上去叫卖。甘肃农村商品经济要有大的发展，首先要对干部群众进行商品经济理论的教育，使他们彻底摒弃自然经济观念和思维方式，学会做生意的本领，要通过当地商品生产典型户和先富户的"酵母"作用，带动千家万户。

　　2. 进一步放宽政策，造成有利于商品经济发展的良好经济环境。在所有制方面，允许个体经济、私营经济有一个大的发展。只要有利于生产力发展，就应积极鼓励个体经济、私营经济发展。现在，私人经营者本人疑虑多，社会上对他们仍有不少偏见和歧视，关卡很多，合法权益得不到

---

　　* 与王渊共同完成。

保障。这些问题，应引起各级政府重视，认真解决。

在分配领域，应允许非劳动收入存在，并制定和执行正确的收入分配政策。随着私营经济的进一步发展，必然使雇工经营的数量和规模不断扩大，而大量缺乏资金和技术的剩余劳动力进入劳务市场，形成社会主义初级阶段的雇工劳动方式。必须实事求是地承认，私营经济确实存在程度不同的剥削因素，这种现象在温州、甘肃及全国许多地方都是存在的。现在的问题是如何正确看待它？我们认为，只要有利于生产力发展，有利于吸收农村剩余劳动力，有利于雇工增加收入，就应允许雇主的非劳动收入合法存在。特别值得一提的是，从温州的实践看，雇工经营不仅有利于改善雇工及其家庭生活，而且给他们创造了接触商品经济、学习经营管理和生产技术的条件，有利于把商品经济扩散到不发达地区。所以，我们一方面要看到雇工经营在现阶段的必然性及其可能产生的消极作用，更要充分估价它的积极因素。

在资金流通方面，要允许和鼓励民间信贷活动的存在和发展。温州民间信贷形式多样，利率由资金供求关系和资金利润率共同决定，形成了以民间信贷为主体的资金市场，对于融通资金、搞活经济起了不小的作用。甘肃农村发展商品经济的主要困难之一，是国家和信用社发放贷款数额很小，集体经济力量单薄，远远不能适应需要。为此，开展多种形式的民间信贷活动，势在必行。要允许搞民间信贷活动，并制定保护借贷双方合法权益的政策法令。

3. 合理转移农村剩余劳动力，促进农业人口向非农业流动。温州农村商品经济的发展，是同农村剩余劳动力的合理转移分不开的。1980年，农村劳动力的89%从事农业，从事第三产业的只占11%。到1985年，从事农业的劳动力降到30%，从事第三产业的上升到60%以上。当前，温州一些商品经济发达地区，已开始出现"非农化"、"工业化"、"城市化"趋势。甘肃农村现有劳动力700多万人，其中剩余劳动力170万，约占总劳力的23%。剩余劳动力转移刻不容缓，考虑到甘肃尚有数万城镇青年还未就业，城市不可能容纳大量劳动力，农村剩余劳动力的就业主要应在本地解决。甘肃经济较发达地区（农民人均收入300元以上），有大量的剩余粮食、蔬菜和其他农副产品，资金、技术也有一定基础，发展工商业前景广阔，应进一步开展深、精、细加工和综合利用，并发展与之相配套的购销、运输、储藏、信息及其他服务行业，经济发展水平一般地区（农民人均纯收入230—300元），农村工业刚刚起步，资金、技术等基础都很薄弱，但农产品供应潜力很大，农村剩余劳动力应主要转向第二产业。经济不发达地区（农民人均纯收入230元以下），面临着改善生态环境、提高粮食总产量、解决温饱的繁重任务，因此，第一产业还可容纳少量剩余劳动力，但大批剩余劳动力可通过劳务输出来转移。东乡县从1983年下半年开始搞劳务物出，到1986年上半年，外出劳动力已达全县总劳力的35.7%，劳务输出既回流了大量现金，增强了本地的经济实力，又增强了人们的商品观念，促进了产业结构调整。以该县最偏僻的大树乡塔拉乌村为例，1983年人均纯收入只有40多元，1985年，52%的劳力外出，全村人均收入达800元，12.8%的农户成了万元户。

4. 进一步改进、完善土地承包办法，为家庭专业经营创造条件。温州模式以家庭经营为农村致富的起点形式，使家庭经营充满生机和活力。甘肃农村家庭经营状况直接影响农村经济全局。现在关键的问题是，农村耕地按户均等承包办法，使劳动兼业现象长期得不到解决，结果使懂技术、善经营的种田能手无法扩大土地经营规模，发挥专长；又使务工经商和从事劳务输出的农民不得不兼营土地，顾此失彼，个别地方甚至发生土地撂荒和明种暗荒的现象。解决这个问题的办法是务工经商农民不再承包土地，彻底离土，务农农民扩大土地经营规模，兴办家庭农场，使土地集中到种田能手手里，但在目前甘肃农村务工经商收入还不很高，多数农户仍深深眷恋土地的情况下，似可先采取一些过渡的办法。首先争取在经济条件较好的地区，率先解决兼业现象，其他地区可分别采取联户兼营、户与户之间转包，或允许土地使用权有偿转让等办法，逐渐实现家庭专业经营。

5. 充分发挥流通对生产的引导和促进作用。温州商品经济的发展，是以市场机制为第一推动力，以系列小商品为主导的，流通对生产起了导向和促进作用。甘肃城市经济对农村经济辐射能力差，参考温州实践经验，可从以下三个方面入手：一是建立一定数量和规模的产销基地；现在农村市场预测工作赶不上去，生产盲目性很大，许多产品找不到销路，不少农民几经折腾，就失去了发展经济作物的信心。解决办法，可先建立一批具有一定规模的区域性产销基地，一方面为区域内的生产者提供原料、材料、半成品的商品信息；另一方面又把他们的产品推销出去，使产销衔接，减少盲目性。二是要坚持因地制宜原则，开展"一村一品活动"。如能工巧匠多的，选择劳务输出为突破口；有特殊和稀缺资源的，以引进技术和资金，加以开发为突破口。三是用特殊政策筹措发展交通的资金，甘肃发展交通事业的主要困难是资金不足，为了有效地筹措资金，应积极鼓励和支持集体、个人以资金入股、劳务入股等形式修路建桥，竣工后按投股比例从养路费中分成。在国家拿不出很多资金的情况下，应进一步放宽政策，调动各方面修路建桥的积极性。

按照市场化、国际化的思路调整浙江农业结构[*]

　　沿海发达地区要提前基本实现农业现代化，农业结构的调整升级是其中的重要环节。在我国农业综合生产能力已经提高到能够基本满足全国人民温饱乃至小康生活对农产品需求的新背景下，如何抓住机遇，加快农业结构调整的步伐，构筑以效益农业为导向的新的优势产业体系，探索农民收入持续较快增长的新路子，开辟农民收入持久增长的新领域，是农村经济发展中的新课题。

一　农业生产指导方针的历史性转变

　　20 世纪 90 年代中期以来，浙江农村经济发展呈现 3 个显著特点：一是农产品供求关系实现了历史性跨越，甚至出现部分农产品严重过剩；二是农产品价格持续走低，农产品价格跌至 10 年前的水平；三是农民增收困难，生产什么成为严重困扰农业生产的方向性问题。这一次农产品销售困难和农民收入增长滞缓与前几次对比，有以下特点：一是几乎涉及所有的主要农产品。就连浙江自身供给能力不足的农产品，如生猪、牛羊肉、牛奶、优质大米、热带水果都出现了滞销和价格稳中有降的情况，而前几次往往只涉及单个或少数几个品种。二是价格下降幅度大，持续时间长。如 1997 年与 1996 年相比，浙江农副产品收购价格指数下降了 3.8%；1998 年与 1997 年相比，农副产品收购价格指数又下降了 6.0%，许多农产品的市场价格降到了 10 年前的水平。而且，从 1996 年起主要农产品销售困难和价格下跌已经连续 5 年了。三是农民特别是从事种植业的农民收

＊　本文与王祖强共同完成。

入增长滞缓。1998 年和 1999 年浙江农村居民人均纯收入增长率分别为 3.6% 和 3.4%，明显低于同期城镇居民人均可支配收入增长率 6.5% 和 7.5% 的水平；特别是农民来自种植业的收入，1997 年到 1999 年 3 年中，分别比上年下降了 2.2%、7.2% 和 3.4%。

　　为什么在浙江农业和农村经济朝着基本现代化的方向迅猛发展时，却出现农产品销售困难和农民收入增长滞缓呢？其主要原因是农业生产结构与市场需求结构的矛盾非常突出，供求机制和价格机制的作用使农业增产目标和农民增收目标不一致。特别需要指出的是，这次农业面临的是一个更深层次的结构问题。农业结构分为 4 个层次。第一个层次是大农业结构，即种植业、林业、牧业和渔业之间的构成；第二个层次是农业生产部门内部的结构，如种植业内部粮食作物、饲料作物、经济作物之间的构成；第三个层次是农业的产品结构，如粮食作物中的稻谷、小麦、玉米等的构成；第四个层次是农产品的品种结构和品质结构，如稻谷中的优质稻和普通稻，晚粳稻和早籼稻等。虽然农业结构调整将不同程度地涉及 4 个层次的结构问题，但这次农业结构调整的关键部位无疑是第 4 个层次，即农业的品种结构和品质结构，要通过深层的结构调整，使农业成为具有较强竞争能力的现代产业。从浙江近几年的实践看，不仅那种过分偏重总量增长的农业发展模式严重制约了农民收入的增长，而且通过大农业结构的调整和农业生产部门内部结构的调整来解决农产品相对过剩的可能性也不大。例如，通过调减粮食种植面积，发展经济作物和瓜果蔬菜的生产，会很快受到经济作物和瓜果蔬菜总量过剩的限制，调整的空间并不大。这说明，浙江农业面临的结构问题，不是某个农产品产量多寡的调整，而是整个农业的结构层次偏低，低质、低效、低值农产品相对过剩，缺乏市场竞争力。因此，浙江省在农业生产的指导思想上就应来一个转变，由过去把增加农产品特别是粮食的有效供给放在首位，转变为把提高农民收入放在首位，至少应把两者放在同等重要的地位。也就是说，应当根据市场需要调整和优化浙江农业结构，使农业生产在品种、数量和质量等方面都能符合市场需求的变化。

　　在改革开放的初期，保障农产品的有效供给往往是农村经济发展的首要目标，它把解决农民温饱问题与满足城市居民和工业生产对农产品的需求这两个方面，较好地结合起来。在农村经济转入社会主义市场经济轨道的新条件下，农民对农业生产的比较利益和机会成本越来越敏感，为实现保障农产品的有效供给与增加农民收入的双重目标，在加快农业结构调整时，应把增加农民收入作为主要矛盾加以解决。现阶段农民收入增长滞缓是农业和农村经济发展到一定阶段的反映，农产品过剩与劳动力过剩并存，低农业劳动生产率与低农产品加工转化率并存，农产品质量不高和农业综合经济效益不高并存等状况严重制约着农民收入的增长。

如果不采取有效措施，农民收入增长滞缓很可能会持续一个较长时期。这一情况令人担忧。为此，必须把增加农民收入作为农村经济发展的首要目标。在增加农民收入问题上，又应把增加种植业劳动者的收入作为矛盾的主要方面加以解决，只有这部分劳动者的收入有较快增长，粮、棉、油等大宗农产品的有效供给才能得到切实保障，农民的购买力才能提高。

二　选择正确的粮食供需平衡战略是
调整优化浙江农业结构的关键

粮食供求矛盾长期以来是一对阻碍浙江农业结构调整的基本矛盾。1992 年浙江省在全国率先放开粮食价格和经营以后，普遍出现了调减粮食播种面积的趋势，这原本是一次调整农作物种植结构的好机会。但由于受地区利益和当时粮食流通体制的制约，浙江省内曾一度出现粮食供应紧张和价格大幅度上涨的势态。

1994 年 5 月，我国在粮食管理体制上实行了省长负责制，要求省级政府负责本区域内粮食的供需平衡和粮价的相对稳定。在此背景下，浙江提出了要坚持粮食/基本自给，余缺调剂的方针。为了稳定地获得足够的商品粮和保证粮食供求平衡，全省执行定面积、定总量、定价格、定任务的四定政策。但由于粮食种植客观上效益太低，基层干部落实/四定政策困难重重，政府行为与农民行为表现出明显的反差。传统的行政调控办法无论是在粮食的种植方面，抑或是在粮食价格控制和流通方面，以及在对农民收入、干群关系协调时，都显示了很大的局限性。针对 1993 年、1994 年粮食播种面积大幅下降，耕地季节性撂荒现象的普遍发生，以及由此造成的粮食产销失衡，政府重视农业、重视粮食生产的政策思路是可行的。但是，市场经济中出现的区域性粮食供需问题，最终要依靠市场来解决。随着粮食买方市场的巩固，浙江省旧的粮食生产管理体制和粮食供需平衡模式必须改革。

中华人民共和国成立以来，浙江省为解决省内粮食供需平衡问题先后实行过 3 种粮食生产的指导方针：一是立足省内实现粮食自给。这是一条理想化的方针。由于人均耕地减少、消费量不断上升、单产增加有限，实现省内粮食完全自给是困难的。二是基本自给、余缺调剂。即把解决粮食供需平衡的基本点放在省内，通过有进有出、以丰补歉、余缺调剂，达到粮食基本自给。鉴于浙江粮食供需形势比较严峻，为贯彻这一方针耕地首先要保证粮食生产，凡是适宜种粮的耕地都要把粮食种足、种好。同时，也要因地制宜地适当发展一些高附加值的农产品，让农民得到一些实惠，更好地调动他们种粮的积极性。这一方针曾是浙江粮食生产的基本方针，对发展浙江农业起过积极作用，但最终都走到行政手段和数量控制的老路子上去，摆脱不了计划经济的窠臼，与市场经济条件下发展效益农业、增加农民收入的目标相去甚远。三是确保口粮和种子粮基本自给，通过发展高附加值的农产品，在国内外市场交换其余部分的粮食，求得省内粮食供需平衡。这一粮食政策反映了我国农业综合生产能力大幅度提高，国内统一的农产品市场基本形成和即将加入世界贸易组织的新形势，为浙江农业经济结构特别是种植业结构的调整提供了广阔的机会。

浙江粮食生产已经丧失了比较优势。浙江长期在主要农区实行双季稻三熟制，种植结构单一。随着农民收入来源的多元化和食品消费结构的升级，传统双季稻三熟制种植制度受到严重挑战。农民种植双季稻的积极性下降。1992 年，全省早稻及早中稻播种面积为 100.67 万公顷，1993 年下降到 86.23 万公顷，1994 年下降到 82.81 万公顷。近几年来，在各级政府强大的行政干预下，才维持这一水平。农民生产目标和政府管理目标相悖，计划指导与市场调节矛盾，使部分地区双季早稻的产供销陷入僵局。早稻优质化举步维艰。

由于受生产季节、光照、积温等生态环境条件的限制，早稻的品质很难得到根本改观，难以像晚稻一样成为人们可以接受的口粮。早稻作为口粮所占比重越来越小，目前城乡居民口粮消费中，籼米消费比重很小，在城市仅占大米消费总量的 53%，在农村占 22%。小麦、双季晚稻市场优势也不明显。浙江生产的小麦，与周边省份比较，品质不如苏北好，产量不如苏北、苏南高。浙江双季晚粳米，其劳动力成本不如安徽低廉，品质不如江苏优良。单产高的优势被品质低淹没了，造成浙江晚粳米在本地市场不及江苏、东北、安徽大米，近两年出现了前所未有的滞销现象。农民从事粮食生产的机会成本越来越高。根据浙江省农业厅的调查，浙江农民种植粮食的常年亩均收入为 400 元，农民人均粮食播种面积为 1.2 亩，从粮食生产中得到的人均净收入为 480 元，仅占浙江农民人均纯收入 3948 元（1999 年）的 12%。从农民的收入来源看，粮食生产不可能成为浙江农民增收的主要途径。为了解决浙江早稻生产能力严重过剩，优质晚粳米市场竞争力不强，小麦、玉米、大豆等饲料粮长期紧缺等矛盾，浙江粮食生产的指导方针已经发生变化。在保证口粮和种子粮基本自给的前提下，粮食要实行分类生产，发展专用品种，即口粮强调以优质求效益，工业用粮和饲料用粮强调以高产求效益，逐步使口粮、工业用粮和饲料用粮实现区域专业化生产。从长期来看，适应市场需求结构的变化，发展高附加值农业和出口创汇农业，是浙江农业结构调整的必然选择。

浙江要充分利用国内外农业资源，为加快农业结构调整创造有利条件。尽管在总体上我国的粮食问题要靠自己解决，但并不能因此而否定个别地区通过国际市场来解决粮食需求的可能性。要从大市场、大流通的角度考虑大宗农产品的供需平衡问题，把大宗农产品供需平衡的着力点仅仅放在省级区域范围内，是与市场经济相悖的。基本自给才能保证大宗农产品安全的传统观点存在着以下不足：它一方面忽视了贸易自由化所隐藏的巨大潜在收益和统一大市场对农产品安全的促进作用；另一方面没有看到由统一大市场来处理个别地区因突然的歉收所导致的供给不足的情况，要比各地区独自处理类似问题好得多的基本事实。不管从什么角度看，一个开放型的市场经济制度对大宗农产品安全的保障作用，要比自给自足的封闭型的经济制度更加有效。在市场经济条件下，农民经营农业的目标是收入最大化，主要依靠行政手段对农业进行数量和价格控制的做法必然会破坏浙江农业的长期竞争力。从农产品安全和经济长远发展的角度出发，浙江必须有针对性地研究如何利用国内和国际农产品市场的长期方案，避免农产品市场价格变化和省内农产品生产大幅波动造成的市场风险，为利用外部资源调整浙江农业结构创造条件。要在正确把握国内、国际粮食市场供求变动规律的基础上，根据市场供求关系调整农作物种植制度。在全国粮食供求形势趋缓时，适当调减低品质、滞销粮食的种植面积，增加经济作物和饲料作物种植面积。当预测到全国粮食供求关系趋紧时，可及时恢复或扩大粮食种植面积。

三　浙江农业结构调整的基本方向和主要原则

浙江农业结构调整的基本方向是，围绕增加农民收入，鼓励农民面向市场发展商品生产，发挥比较优势，打破区域内粮食基本自给格局，在全国统一大市场和国际市场范围内求得粮食等大宗农产品供需平衡，形成区域内专业化生产和区域间合理分工格局，引导农民将生产要素投入边际报酬较高的优质高效农业和非农产业，从而在提高要素报酬的基础上实现农民收入的增长和农村经济的发展。为了实现这一目标，需要在结构调整时贯彻好以下原则。

1. 按照效益最大化原则指导农业结构调整。综观改革开放 20 多来年浙江农村发生的翻天覆地的变化，可以发现，农民收入的增长，在农业领域越来越取决于养殖业和特色农业，在农村领域越来越取决于非农产业。根据对浙江农业普查资料所做的统计分析，非农化程度与农民人均纯收入之间的相关系数达到 0.82。

近年来，浙江农民收入增长较慢实际上是不能充分利用经济比较优势的结果。用国内资源成本法考察浙江农产品的比较优势水平及变动趋势，可以发现，由于劳动力价格相对较高和土地资源稀缺，浙江农业的比较优势在于资金和技术相对密集型的养殖业和特色农业，而不在于土地密集型的粮食作物或劳动密集型的经济作物。这与全国相比，有很大的不同。从全国来说，我国农业仍处于以自然资源和劳动力使用为主的阶段，农产品比较优势是建立在廉价劳动力和自然资源的基础上的。随着全国性粮食供需关系的持续缓和，由于国内粮食价格已与国际市场基本接近，通过提高粮食收购价格来增加农民收入的老办法已受到很大限制。浙江粮食收购价格明显高于邻近省份导致外省粮食涌入，给地方财政和收购工作带来巨大压力。沿着市场化的思路，农业经济结构要按照效益最大化原则调整，实现由数量农业向效益农业转变，由区域内自求平衡逐步向发挥区位优势、形成区域间专业化分工与协作转变,由单纯的种植业向种植、养殖、加工、销售一体化转变。

2. 要积极调整农业的区域结构,加强农业区域之间的分工与协作,努力在农产品产区与销区之间建立起长期稳定、平等互利、契约化的区域分工协作机制。如何充分发挥区域比较优势,实行区域化、规模化开发,着力形成具有区域特色的产业带和关联产业群系,是农业结构调整中的重要问题。从浙江各地近年来发展效益农业的情况来看,一个产业或产品,只有实行区域化和专业化的布局,才能显示特色,促进技术进步,提高生产率和商品率;只有实行规模化经营,才能扩展市场范围,提高产品知名度,避免"卖难"的发生。目前,在农业结构调整中,经常可以看到"一乡一业""一村一品"的提法,其实这种狭窄的区域分工和专业化生产,是商品经济不发达的反映。农业结构调整要走出"小打小闹"的传统模式,要盯住世界市场和国内统一大市场,而不是邻村市场。在新建的商品基地,品种品质一定要优,科技含量一定要高。要大力发展名优新特产品,引导各地建设一批上规模的特色农业基地和产业带。

3. 要推进科研和生产的有机结合,把浙江有比较优势的农业产业整合成有竞争优势的产业。比较优势是在生产过程中形成的一种低成本潜在优势,竞争优势则是产品价格、质量及营销绩效等综合而成的市场竞争力。在推进农业科技进步中,要正确处理好引进新品种与运用科学技术改造、提升传统特色农业的关系,把改造传统特色农业放在首位,做好降低成本与提高品质的文章,使农业科技进步更有群众性,给农民带来更多的实惠。同时要积极引进新品种,并做好以下几方面的工作:一是要加大实施种子种苗工程的力度,改良传统农产品的品种和品质;二是要改造传统的种养和加工技术,提高产量和品质;三是要推广标准化生产技术,实行品牌化营销;四是要推广绿色产品生产技术,发展有机农业和无公害农业。其目的是把名、优、新、特农产品推向市场,提高农产品非价格竞争优势。

4. 不但要强调因地制宜发挥自然优势,更要加强市场导向,要根据市场需求的变化调整农业结构。浙江农业以数量扩张为主的短缺经济阶段已经基本结束,开始进入以结构优化和升级为主的新阶段。尤为重要的是,要积极利用新的农业生产条件和科技结果,在局部区域内改变光、热、温等自然条件，改变动植物的轮作（饲养）模式和生长规律，按照市场需求变动均衡上市，追求更高的经济效益。目前，浙江农业结构调整已从因地制宜阶段发展到依据市场需求阶段，今后还会发展到依靠科技进行品种创新并诱导市场需求的阶段。如果不能主动适应这种阶段性的变化，就极易出现生产决策失误，导致增产不增收的局面。农业结构调整要遵循市场经济规律，在买方市场的大背景下进行思考、谋划和安排。尤其是领导干部要开阔视野，增强结构调整的预见性和自觉性，努力通过结构调整增加农民收入。

私营企业资本、劳动和分配关系研究[*]

——基于浙江省的问卷调查与分析

一 私营企业的劳资关系和分配关系

私营企业发展过程中确实存在着许多问题，如延长工时、克扣工资、忽视安全生产、不参加社会保险等，个别企业甚至达到非常严重的程度，但这些问题主要与资本匮乏、劳动力素质不高、就业竞争激烈、法律制度不健全、政府监管不力等有关。对这些问题，应从总体上加以认识和考察，不能简单地归结于私有制和雇佣劳动关系。党和政府要帮助企业主提升经营理念和发展方式，克服其盲目性、无序性和经营目的的狭隘性，在价格、质量、产业发展方向、劳动工资、社会保障等方面加强引导、监督和管理。

1. 私营企业的原始资本来源。走私贩私、在改制中利用权力转移国有集体资产等方式进行资本原始积累，这些问题在少数企业肯定是存在的，但毕竟不是主要的。从问卷调查来看，私营企业原始资本的来源分布如下：56%是劳动经营所得，20.6%来源于亲朋好友，16.5%是向银行、集体和信用社借贷，有4.2%的原始资本来源于继承家业，来源于海外的原始资本占1.7%。这说明，劳动经营所得是私营企业原始资本的主要来源，以血缘和地域为纽带的传统人际关系在企业创办中有重要作用，金融机构和集体经济组织也是重要来源之一，而海外投资所占比重很低。

2. 私营企业新价值分配的总体状况。私营企业新价值的分配主要由

---

* 与王祖强共同完成。

三部分组成，即企业总利润、总税收和职工总收入。调查资料显示，在浙江私营企业中，利润总额一般占新价值的27%左右，税收总额一般占新价值的31%左右，职工总收入一般占新价值的41%左右，而且这一分配比例相对比较稳定。

3. 私营企业职工收入和业主收入。调查资料显示，1999年浙江私营企业职工年工资收入在10000元以上的占24.4%，6000—10000元的占65.1%，6000元以下的占10.5%，平均为10167元，大大高于同期浙江农民人均纯收入（3948元），与同期城镇职工平均工资收入（10632元）基本持平。管理人员和技术人员工资明显高于普通职工，部分私营企业主不惜重金聘用高级管理人员和技术人员。私营企业主内部的收入差异较大，有9%的企业主年收入在50000元以上，有15.9%的企业主年收入在1万元以下。

4. 私营企业的积累和投资。浙江私营企业的积累很高，利润主要用于再生产。调查资料显示，有61.5%的私营企业把利润主要投入再生产，其中，有5%的私营企业把全部利润投入再生产。浙江民间投资一直比较活跃，如果政府进一步开放私营企业的投资领域，浙江民间投资将上一个新的台阶。私营企业提取公积金和公益金的比例较低，这主要与财务制度不规范、独资经营、缺乏产权评估机制和职工流动性较大等因素有关。对于非股东职工来说，随着就业的流动，无法分享公益金这块共有财产，因而不太关心。

5. 私营企业职工劳保福利。私营企业往往在上规模、上档次以后，才开始注重参加各种社会保险。调查资料显示，私营企业参加社会保险的差异性很大，有45%的私营企业参加各种社会保险，享受的职工人数占8%左右。但在访谈中发现，企业主往往主要向中高层管理人员和部分技术人员提供较为优厚的劳保福利；除了集体宿舍、免费午餐、婚产假外，其余大多数劳保福利一般职工很难享受。

6. 私营企业职工的劳动时间和工资形式。有71.5%的私营企业采用计件工资制，职工的劳动时间较长，平均每周劳动时间在50小时以上；尤其是加班很经常，企业主为完成订单、合同，常常强制职工加班。调查表明，有40%的企业平均每个职工的月加班时间为30—50小时，最高的甚至多达180小时/月。一些企业主为了减轻流动资金压力和减少职工中途离职，采用职工工资年终结算的形式；另外，有 21.4% 私营企业拖欠工资。

7. 私营企业劳动契约的不稳定性。浙江私营企业主要存在于劳动密集型行业，为了对市场的不利变化做出灵活的反应，私营企业往往通过降低资产和人力资本的专用性程度，来获取价格、产品数量和劳动工资调整方面的灵活性。这就决定了大多数私营企业缺乏长期、稳定的劳资关系发展战略，在劳动力的使用上行为短期化，如不肯签订劳动合同，拖欠工资，减少安全生产和职工培训方面的支出等。在访谈中发现，劳动时间长、经常加班、劳动条件差、老板拖欠克扣工资是导致职工自动离职的主要原因；目前劳资冲突一般不采用激烈的对抗形式，而是采用解聘或主动离职的方式；大多数企业主和职工认为劳资关系是比较融洽的，有矛盾也能协商解决。

二　民营科技企业的劳资关系和分配

通过灵活的用工和分配制度，民营科技企业吸纳了大量高素质的劳动者，这些劳动者不仅自身劳动力的价值高，劳动的智能性强，而且在劳动过程中以知识劳动和创新劳动为主，体力劳动的地位和作用较低。从劳资关系的角度看，目前民营科技企业劳资双方力量的对比更有利于资方，在劳资双方契约的形成过程中，资方往往处于有利地位。但与一般私营企业相比，由于技术含量和员工的综合素质较高、人力资本的专用性强和专业技术人员的流动性大等特点，民营科技企业的劳资关系具有不同于其他企业的特点。

1. 民营科技企业的经济技术指标明显优于其他企业，这是民营科技企业的劳资关系向稳定、合作、契约式方向发展的基础。

2. 民营科技企业在分配上的特点主要表现为按要素贡献分配突出，核心管理人员与技术人员的收入和持股比例均较高，员工之间的收入差距大，利用廉价劳动力与重用科技人员同时存在。

3. 民营科技企业劳资关系的相对稳定性和契约性。科技人员的相对稀缺性和其人力资本的专用性，决定了民营科技企业劳资关系的稳定性和契约性高于一般私营企业。

4. 民营科技企业中平等、合作、互利的新型劳资关系的萌芽。这种新型劳资关系主要发生在企业主与核心技术人员和管理人员之间。民营科技企业主既从事承担风险的决策劳动、高级管理劳动，又作为技术或营销专家直接从事或指挥科技创新和市场创新活动，集资本、技术和经营管理于一身，通过几种要素的投入，获得工资、利润等收入。核心技术人员和管理人员通过智力劳动和创新劳动，获得相应的工资和股权奖励，通过内部持股，同企业主一起成为企业的所有者，从而使民营科技企业的企业主和员工之间形成较一致的利益关系。

三　现阶段私营企业资本、劳动和分配关系的理论考察

1. 在一定程度上可以说，社会主义初级阶段的雇佣关系是一种自愿互利的新型合作关系。一般意义上，雇佣关系是一种劳动力与劳动条件相结合的社会形式。在我国所有制结构调整和经济体制转轨过程中，雇佣关系的形成和发展是一种很自然、很普遍的经济社会现象。在私营企业中，剩余价值被作为生产要素所有者的私营企业主直接占有，一部分用于改善业主自己及家庭的物质文化生活，一部分通过税收的形式转化为社会所有，一部分转化为积累用于扩大再生产，还有一部分用于提高工资和改善雇工的劳保福利。在雇主与雇工的交换关系中，合作与共同利益是主流，冲突与利益对立关系是支流。在生产发展的基础上，劳资双方的利益都得到增进，在本质上是互利合作的利益一致性关系。

2. 应从寻求和扩大劳资双方的利益共同点出发，突出雇佣关系在经济社会关系中的非主流性、矛盾的非对抗性、根本利益的一致性和历史进步性，从而淡化"剥削"观念。目前，虽然我们对社会主义初级阶段雇佣关系的认识还不成熟，但在辩论其性质和地位时，一定要防止那种为了消灭"剥削"而阻碍劳动关系和财产关系社会化、市场化的倾向。理由是：（1）在社会主义条件下，公有制经济关系是主流，私营经济内部的经济关系要受公有制经济的巨大影响。私营经济与公有制经济在同一个劳动力市场上吸引自己所需要的各种劳动力，而劳动者是根据收入水平和社会保障、福利的完善程度来确定自己的流向的。所以，公有制经济的劳动和分配关系必然会对私营经济产生巨大影响，在一定程度上限制企业主对

剩余价值的占有，对雇工的合法权益起着保护和保障作用。（2）在社会主义初级阶段，私营经济和外国投资的发展，其性质是帮助社会主义的。劳资双方都是平等的公民，雇佣关系是建立在自愿互利基础上的，其矛盾是人民内部的非对抗性矛盾。在此基础上产生的雇主与雇工之间的经济利益矛盾，其性质不是你死我活的对抗关系，而是反映社会主义初级阶段基本经济制度内部之间差异的非对抗性关系。因而，解决的方式也是非对抗性的，不是一方吃掉另一方，而是相辅相成、相互促进、共同发展的合作博弈关系。（3）与传统封闭的经济关系相比，雇佣关系的形成和发展是一种历史性进步。我国社会主义初级阶段是一个对各种经济社会关系、各种经济成分包容性极大的社会发展阶段。初级阶段所有社会主义的成分或因素，都只能是低级形态的或变异形态的，甚至包含比资本主义更落后的成分和因素。因此，我国的现代化建设，需要私营经济和外国投资的助力，当前正是发挥它们的积极作用的时候。私营企业主承担着资本积累职能、监护职能和要素组织职能，私营企业主的收入主要是劳动收入、经营收入和风险收入，资本收入只是其中的一个重要部分。因此，考察其收入的主要方面，可以把私营企业主的收入在总体上定性为非劳动收入。

3. 私营企业主的经营管理劳动是社会主义初级阶段社会总体劳动的重要组成部分，用唯物辩证法考察其主流和矛盾的主要方面，可以把私营企业主定性为社会主义新型劳动者阶层。

4. 在发展趋向上，私营经济的社会化程度不断提高，正在逐步突破血缘、地域、家族制等传统经济社会关系的束缚，出现了资本社会化、劳动社会化、管理社会化的发展趋势。随着市场经济的发展和企业规模的扩大，私营企业原先那种所有权与经营权、管理权紧密结合的人合结构，对企业吸收社会资本以及非股东人力资本特别是社会化、专业化的职业经理，形成了排他性格局。随着企业规模扩大，这种初始的所有和管理模式显然无法适应新情况的需要，而必须通过企业的转制，充分挖掘企业员工的积极性来共同管理企业。让员工特别是其中的生产经营骨干持有一定的企业股份，甚至争取成为上市公司，吸纳社会公众股，从而使业主、员工乃至社会公众与企业结成利益共同体，是私营经济发展过程中的重要抉择。那样的话，私营经济内部的劳资关系将有可能进一步朝着平等合作的方向发展。私营经济将通过外部联合和内部转制两条途径，使私人资本与公有资本最终殊途同归,都成为马克思所说的社会资本。近几年来,浙江一些知名的私营企业,如正泰集团、德力西集团、传化集团在不同程度上出现了扬弃家族制并进行现代企业制度改造的尝试。如正泰集团为了强化技术骨干和管理骨干的自我激励机制和减少其流动性,在集团内部组建股份公司时,吸收近百名骨干参股,股份少则数万元,多则数百万元,股权结构开始向家族之外扩散。

总之,不能把我国社会主义初级阶段的私营经济简单地看作就是资本主义经济,把由此产生的雇佣关系教条式地套入剩余价值与剥削的传统概念之中。

(摘自《经济社会体制比较》2003 年第 1 期;《理论参考》2003 年第 5 期)

杭州"中心城区"协调发展研究*

　　中心城区是现代化大都市的核心与精华。中心城区的发展速度与质量，直接关系整个大都市经济社会的发展水平，从而影响城市国内、国际竞争力的提升。在经济全球化背景下，国家之间、地区之间竞争的核心，是大都市之间的竞争，而大都市之间竞争的核心是中心城区的竞争。中心城区代表了一个城市的综合发展水平。

　　杭州中心城区的协调发展，关系整个城市的功能布局、结构优化、社会生活等各个方面，对于杭州大都市优化配置各类要素资源，提高集聚辐射能力，在全省发挥龙头、领跑、示范作用，带动周边、服务全省，具有重要意义。中心城区的协调发展，涉及杭州城市建设和管理的体制、机制等深层次问题。为避免各个区块采取独立发展战略可能导致的"囚徒困境"和内耗现象，杭州中心城区实施协调发展战略已刻不容缓。为此，要围绕杭州"构筑大都市，建设新天堂"的发展战略，充分体现中心城区各组成区块的特点，最大限度地发挥区块之间功能互补的整体优势和综合比较优势，形成参与区域分工和竞争的合力，促进杭州市整体的健康发展。

　　1. 优化外部环境——主动接轨大上海、融入长三角。杭州中心城区特殊的区位条件，使它成为全国公路、铁路主枢纽和内河枢纽之一，上海向东南、大西南物流辐射的中转站，宁波—舟山港口的后方集疏运中心。在此得天独厚的条件下，杭州中心城区的协调发展，可为杭州市属五县（市）乃至周边地区经济社会的稳定、较快发展，创造更加良好的外部环境，尤其是对于带动全省更加积极有效地接轨大上海、融入长三角，进一

---

　　* 本文与陈锦其共同完成。

步增强自身的实力和对外影响力,具有十分重要的战略意义。

杭州中心城区接轨大上海、融入长三角,就要更多、更主动地接受上海国际大都市以及苏南等经济发达地区的影响和辐射,充分利用上海的信息、人才、资本、市场和国际形象等资源,实现市场相通、体制相融、资源共享、交通互连、人才互通、产业共兴和互补,带动杭州中心城区经济持续快速健康发展。杭州中心城区与上海之间既有竞争,又有合作,必须建立合作主导下的竞争关系。杭州中心城区在新一轮的竞争中,必须立足自身发展特色,借梯登高,借船出海,在更高层次上,全方位、宽领域、大范围地接轨上海。通过接轨上海,打造较高定位的"借力"平台,把内生型经济与外向型经济的发展结合起来,以内引外、以外促内,加速融入世界经济发展潮流,全面提升杭州中心城区的对内对外开放水平,以进一步巩固、提升其在长三角城市群中的实力和地位。

2. 促进主城与副城的协调发展。自 2001 年 3 月,萧山、余杭正式撤市设区,与下沙一道作为杭州的"三副",构成了"一主三副"的杭州中心城区结构。经过 3 年多的磨合与发展,杭州中心城区的经济社会发展保持了良好的态势。然而,由于种种原因,迄今为止,副城与主城之间尚未在思想认识、规划编制,以及城镇(街)管理、功能定位、产业布局、基础设施、行政体制等方面完全相融。为此,按照杭州市委、市政府提出的"规划共绘、交通共建、市场共享、产业共兴、资源共保"的要求,提出如下建议:

(1)观念融合。观念融合是江南、临平、下沙三个副城完全融入杭州大都市的先决条件。副城要进一步树立全局观念,充分认识建设大都市强区的重要性,增进对主城区的认同感、亲近感、归属感;主城则要主动为副城提供种种便利,增进兄弟城区之间的相互理解和支持。

(2)落实规划。今年,《杭州市城市总体规划(2001—2020)》已通过审批,在规划实施过程中,要树立规划就是"法"、违"规"就是违"法"的观念,坚持依"规"办事。

(3)明确功能。副城要依照杭州大都市发展的总体目标。进一步明确各自的功能定位:主城—全省的政治、经济、科教、信息、文化中心和旅游中心;江南城—现代化科技城;临平城—综合性现代工业城;下沙城——以杭州经济技术开发区与高教园区为骨干的综合性新城。进一步调整产业布局，加快形成主副城之间合理的功能分工与产业协作体系。

（4）完善法规。鉴于副城的具体区情、杭州的一些行政法规暂时很难将副城完全统一纳入，致使副城的一些行政执法与主城脱节，无章可循或有章难循。

必须制定具有针对性和可操作性的实施、办法；在以后出台新的适合"一主三副"的行政法规之前，可先出台相应指导意见，同时对副城的实施办法进一步予以明确。

3. 促进钱江新城与老城区的协调发展。钱江新城与老城保护相协调的核心，是处理好老城商业中心和预期钱江新城 CBD 之间的关系。目前，武林商圈周边高楼林立，商贸繁荣，人气鼎盛，交通便利，集中了全市最大的商贸零售企业，是杭州最为集中、著名的"闹市区"和商业繁华区；商务用房建筑面积占整个区域建筑面积的比重、第三产业尤其是现代服务业占 CDP 的比重较高。随着商务发展、西湖文化广场建设以及周边旧城改造步伐的加快，其强势地位将更加巩固。同样，新湖滨由于前期的历史、文化沉淀以及近年来的西湖延伸工程，集聚了相当的旅游、休闲、度假人气。因此，在钱江新城未建成前，可先由武林商圈、世贸中心和新湖滨承担杭州现阶段 CBD（RBD）部分功能，填补杭州现阶段 CBD（RBD）部分功能的空档，使其与钱江新城在时间、空间和功能上衔接。（1）时间上错位。钱江新城是未来杭州市的中央商务区、政治中心。从现阶段提升城市竞争力和人民生活质量的目标出发，杭州有必要规划建设一个能形成规模、可承担 CBD 部分功能的区域。若对武林商圈、世贸中心周边区域和新湖滨加以科学的规划，合理的调整，适当的动迁，并按照 CBD 的要求，对区块内的资源和要素进行有效整合，就有可能将这一区域打造成杭州现阶段可承担部分 CBD（RBD）功能的区块，为"西湖时代"顺利迈向"钱江时代"奠定基础。（2）空间上延续。钱江新城完善的硬件配套设施是建设中央商务区的基础，在建设、培育的过程中，老城区可先承担 CBD 的部分功能以积聚人气、提升影响力，为钱江新城建成后顺利实现空间上的转移创造有利条件。（3）功能上互补。钱江新城建成后，主要以发展国际性的会展、休闲项目为主；老城的商业中心不仅要在近中期充分发挥中央商务区的作用，而且在新城建成之后，还要继续承担部分商务、旅游、商贸、会展中心的功能。

4. 发挥"区中区"的功能优势。笔者将杭州中心城区中的钱江新城、西湖风景名胜区、杭州之江国家旅游度假区、杭州经济技术开发区、高新技术产业开发区等需要特别保护或发展，享有独立开发、管理、税收等权利，位于一个或几个行政区中的功能区称为"区中区"。几年来的实践证明，"区中区"的设立，对这些特定区块的独立发展与保护，起到了重要的作用，解决了很多旧体制下难以解决的问题。然而，"区中区"是相对于某种功能划定的，因而"区中区"内往往存在设施不完备、行政体制不健全、区域较狭小、功能不完善等不利于自身和中心城区进一步发展的因素。有鉴于此，提出以下具体对策：（1）完善管理体制。各相关行政区可以把自身在法律法规允许范围内的有关权限，部分或全部授予各"区中区"。"区中区"在所受权限范围内承担规划的实施、保护、建设、指导、监督管理等相关责任；同时，要协调好"区中区"内各个组成区块之间的关系，使之切实担负起保护与建设的职责。（2）完善投融资机制。各"区中区"要突出其特定功能，优化功能布局，适当调整现有项目的用地结构。在不违背功能定位的前提下，各"区中区"应致力于积聚人气，有效利用有限的土地资源，并积极争取有关行政区政府支持，在区块内再争取一部分非农业用地指标，采取招标拍卖等办法，以最大限度地筹措资金。（3）弥补功能盲点。由于"区中区"区块狭小、功能单一、一些配套设施不健全，因而离不开所在行政区的协调和帮助。特别是在基础教育、环保与卫生等方面，若由各"区中区"自己建立相关部门来完成，往往成本很高，效果也未必好。因此，可由所在行政区与"区中区"协调后合理兼管。一旦出现矛盾，市政府有关部门可介入协调，以公正合理的方式解决。

5. 加快"城中村"的城市化进程。"城中村"如何改造是政府和百姓共同关心，有关部门也颇感棘手的问题。总结目前改造"城中村"的做法，要特别注意防止将"城中村"改造仅仅局限于房屋形态的改造，忽视"城中村"社会形态的转型要树立长远眼光，注意在进行房屋改造的同时，尽可能实现社会形态的转变，使"城中村"更好地融入城区整体中去，以真正实现"城中村"的城市化。

（1）身份转变，观念先行。城市化过程即是农村人口转化为城市人口的过程。在初始城市化的地区，"城中村"改造的第一步可能是农村户口转变为城市户口。但更重要的还是村民的市民化问题，使他们在生活方式、思想观念和社会行为等方面真正成为一个市民；与此同时，还要打破村民对土地的依赖，促进其在第二、二产业就业，实行城市社会保障。

（2）明晰产权，合理分配。对原"城中村"的集体资产，在清产核资的基础上进行股份制改造，成立股份公司。要科学界定股权，合理分配股份。

（3）房屋建筑，城市取向。首先要将"城中村"的土地国有化，然后按照城市规划和市政建设的要求，对房屋建筑进行改造，使"城中村"的建筑绿化率、容积率和公共设施等符合城市标准，实现"城中村"物质形态的城市化。

（4）社会结构，现代化指引。在"城中村"改造中，可通过商品房开发，引入新的业主；或通过妥善安置，使"城中村"与其他城市生活小区相互融合。总之，要改变"城中村"的人员结构，使其地缘、血缘关系得以淡化和瓦解，成为以契约型（法律、制度）关系为基础，而不是以人际关系为基础的城市社区。

6. 协调中心城区产业空间布局。为了突出杭州中心城区的集聚辐射功能，强化区域特色产业的优势，促进区域经济社会协调发展，必须统筹区域性重大基础设施，优化生产力布局，协调生态环境、资源保护和开发利用，促进生产要素合理流动；通过功能强化与合理分工，形成以现代服务业和制造业、高新技术产业和城郊型农业为主，三、二、一次产业协调发展的新格局。为此，根据新一轮的城市总体规划，在原有行政区划不变的前提下，中心城区的产业分布，在空间上可以考虑分为东、南、西、北、中五大功能区块。东城区块：东南临钱塘江，西至铁路，北临绕城公路，是新兴高教园区、大交通、现代物流和制造业基地。南城区块：即三大副城之一——江南城。是杭州高新技术产业汇集区、高教区和新的城市住宅区。是以高科技工业园区为骨干，产、学、研协调发展的现代化科技城和城市远景商务中心。沿江地区为居住生活区、公建区和远景城市商务中心，南部为商贸、居住生活区，东、西部为工业区和文教科研区。西城区块：天目山路以南西湖区，以及规划中的西溪文化旅游区，主要致力于保护杭州西部地区风景及生态资源，可适当开发旅游。北城区块：以临平镇为中心的杭州东北地区，是生活居住区、城市现代加工制造业基地及杭州北翼腹地的物流中心。中城区块：即由环城公路、东城区块、西城区块和钱塘江围成的区域，是杭州市的商贸、文教、居住和行政集中区。

接轨上海：以宁波为例的实证分析[*]

上海是我国的经济中心，上海的经济发展与我国其他地区，特别是长三角地区的经济发展有着密切的联系，上海提出建设国际经济、金融、贸易和航运"四个中心"的目标后，更是拓展了上海与长三角其他地区的经济合作空间。宁波是浙江的经济发达地区之一，也是浙江接轨上海的"桥头堡"为了深入了解宁波接轨上海的实际情况，笔者不久前对553家宁波企业进行了问卷调查，调查的内容包括接轨的现状、接轨的动机与方式、接轨过程中存在的困难等。

宁波与上海比较：经济总量、经济特征与产业结构

宁波接轨上海的必要性首先体现在宁波与上海经济实力的差距上。2004年上海GDP总量达到6250.84亿元，宁波为1779.9亿元，按照户籍人口统计，上海人均GDP达到46572元，宁波人均GDP为32361元；2004年上海的财政收入为3591.7亿元，其中地方财政收入达1119.7亿元，宁波完成财政预算收入288.3亿元，其中地方财政收入151.7亿元。这种差距的存在为宁波接轨上海提供了空间。

宁波、上海都是港口城市，都具有港口经济的特征，但仍然存在明显的差异，表现在两个方面：（1）经济具有不同的特点。上海有1000多万人口，是潜力巨大的消费市场，同时，上海也是我国重要的资源配置中心，有发达的资本市场和其他要素市场，有一大批国内外著名的金融机构，是跨国企业的地区运营中心，上海具有辐射全国的能力，宝

---

* 与朱海就共同完成。

钢、通用等大型国有企业或跨国公司是上海重要的经济支柱，现代制造业与服务业都比较发达。而宁波是区域性的经济中心，支撑宁波经济的是以民营企业为代表的传统制造业，特别是轻工产品制造业，以及依托港日，利用港口优势发展起来的临港型工业；（2）主要的竞争优势也不同。上海经济的主要优势是科技实力雄厚，信息便利，拥有大批的研究开发、服务型人才，国际化程度高，宁波的主要优势是港口资源、传统制造业的基础较好。

从产业结构看，两地有共同之处。但也存在明显的差异，表现在两个方面：一是制造业内部的产业结构不同。上海着重发展制造业中资本和技术含量高的装备制造业，包括电站设备和输配电、微电子、精密加工装备、重点专用设备、新型环保和自动化控制等产业。其中百万千瓦超临界机组、燃气轮机和百万千瓦核电设备已成为代表上海装备制造业的三大主打产品。而宁波制造业的特点是发展临港型重化工业，如石化、造纸、冶金等以及劳动力密集型的传统制造业，如纺织服装、日用家电、塑料机械、模具等轻工产品制造业和轻工装备制造业。二是制造业与服务业的比重不同。上海制造业与服务业的增加值接近，各占国民生产总值的一半左右；而宁波的制造业相对服务业有绝对的优势，服务业增加值约为制造业增加值的一半；另外上海服务业的发展水平高、知识密集的特征明显，而宁波的服务业除航运外，总体水平较低。

宁波、上海经济特征与结构的差异，是宁波接轨上海的基础，因为这种"差异性"中蕴藏着"互补性"宁波接轨上海的可能性表现在以下四个方面：（1）利用上海的市场优势。宁波可以充分利用上海消费市场大、国际化程度和开放程度高、辐射力强的优势。为本地产品打开市场，而且可以利用上海市场。提升产品的知名度和在国内外的影响力。（2）利用上海的要素优势。宁波可以利用上海要素市场发达的优势，吸收上海的资金、科技、人才资源，促进宁波技术结构和产业结构的升级。（3）利用上海制造业层次高的优势。由于上海制造业技术层次高。宁波制造业可以与之配套，或进入上海制造业的产业链，如上海的精密装备可与宁波的轻工装备配套，提高宁波轻工装备的产品质量，宁波的电厂可以利用上海的大型发电设备等。这样，不仅可以为宁波当地的产品找到市场，而且也是宁波企业学习先进技术和管理的机会。（4）利用上海服务业发达的优势。上海知识密集型的现代服务业是宁波制造业升级所不可缺少的。

宁波企业接轨上海的行为调查

1. 宁波企业接轨上海的现状。接受调查的多数企业重视接轨上海，并把接轨上海看作是一项重要的战略。有62%的宁波企业将"接轨上海"作为企业发展战略中的一项重要内容。回答"否"的只占37.4%，可见，"接轨上海"已经引起多数企业的重视。在被调查的企业中，已经有接近一半的企业与上海的企业建立了长期合作关系，没有合作关系的企业只占25.8%。

但调查结果也反映出宁波企业与上海高校、科一研机构的合作程度不如宁波企业与上海企业之间的合作。在接受调查企业中，只有18.7%的宁波企业与上海或长三角其他地区的高校、科研机构有长期的合作关系，有偶尔合作关系的占29.6%，没有合作关系的占51.7%。

从分支机构的设立情况看，有34.1%的企业已经在上海设立了分支机构，在目前还没有在上海或长三角其他地区设立分支机构的被调查企业中，有49.6%的企业考虑这样做。

2. 宁波企业接轨上海的动因与方式。在问及企业打算"接轨上海"或已经接轨上海的动因时，选择"为产品打开上海的市场"、"利用上海，使产品进入国际市场"、"上海有企业急需的技术、市场信息，本地难以获得"、"上海有高素质的人才，本地难以获得"等原因占了前四位，分别占到24.9%、26%、16.9%、10.5%从宁波企业在上海的机构设置类型看，"利用上海的市场"是宁波企业接轨上海的主要原因。调查表明，64.1%的企业最想在上海或长三角其他地区设置销售部门，16.2%的企业考虑在上海设立研究开发部门，9.7%的企业考虑在上海设立生产部门，10%的企业考虑设立其他部门，考虑在上海设立生产部门的比重最低，这说明上海的生产成本较高，考虑设立研究开发部门的比重居第二位，这说明企业重视上海技术、人才及其他科研资源的价值。

在调查中也发现，不同规模的企业"接轨上海"的原因不同。规模较小的企业主要是考虑产品进入上海市场，规模大的企业更多的是考虑利用上海，使产品进入国际市场。调查结果显示，有 65.5% 的被调查企业其产品已经进入上海市场企业规模越大，对上海人才、融资环境、技术、信息等的需求就越高从不同资产规模的企业考虑在上海设立分支机构上，也能得出类似的结论。

　　企业接轨上海的方式，可以分为两类，一是利用上海的市场；二是利用上海的生产要素。从调查结果看，"产品进入上海市场"是最主要的接轨方式；利用上海要素的企业，如"与上海当地企业（或高校）合作"、"引入上海的人才、技术、资金等"、"利用上海的中介服务机构"相对要少。这一结果，与上述接轨动机的调查是一致的，即多数企业把上海看作是重要的市场。这一结果也说明企业接轨上海的层次有待提升，企业不应局限于利用上海市场，而应该考虑如何利用上海的生产要素，提高产品的竞争力。

　　3. 宁波企业接轨上海存在的困难。接轨上海存在着各种困难，如企业缺乏实力、信息不对称、缺乏政府支持，等等。

结　　语

　　从上面对企业行为的分析可以发现，企业对接轨上海有着潜在的需求，上海的市场、生产要素与现代服务业对宁波企业具有很大的吸引力，这与对两地经济特征、经济结构的分析结果是基本一致的。但也发现宁波制造业与上海服务业的接轨程度并不高，企业目前最看中的还是上海的市场优势，其次才是上海的要素与服务。宁波有大量的民营企业，有充满活力的市场机制，这是宁波接轨上海的重要基础。在市场机制的作用下，接轨上海已经成为宁波企业的一种自发行为。但是，政府在促进宁波接轨上海方面完全可以有所作为，特别是在促进宁波服务业与上海制造业方面，政府可为企业提供相关的信息，为企业搭建接轨上海的各种"平台"，代表宁波企业，与上海政府积极沟通，消除企业接轨上海存在的政策障碍，实现相关政策的首先接轨，同时要消除地方保护主义，为引进上海的资金、技术、人才创造条件。随着杭州湾大桥的兴建，宁波与上海之间的空间距离大大缩短，宁波接轨上海将更加便利，将为宁波工业的发展带来新的机遇。宁波将成为上海后方重要的港口物流中心，以及原材料、轻工产品生产和能源工业基地。

富民强省的"浙江模式"

——在甘肃省全省领导干部"富民兴陇"系列讲座上的报告

甘肃省委、省政府高度重视学习、研究中央政策和外地经验，谋划推动转型跨越。2012年3月份专门举办了省市主要领导干部参加的研讨班，王三运书记和刘伟平省长指出：甘肃正处在黄金发展期、难得机遇期和奋力跨越期；甘肃最大的矛盾是发展不足，最大的机遇是政策叠加，最大的希望是开发开放，最大的责任是富民安民。省委据此确立了"科学发展、转型跨越、民族团结、富民兴陇"的发展战略和奋斗目标，要求全省各级领导机关和党员干部开展"联村联户、为民富民"活动。从今天开始又将连续举办全省领导干部"富民兴陇"系列讲座，省委领导亲自主持启动仪式并发表了重要讲话。令我倍感振奋的是：甘肃省委的上述战略决策，与改革开放以来浙江始终坚持并日益清晰、彰显实效的"富民强省"战略，以及正在谋划使全省城乡居民在已经实现全面小康目标的基础上，进一步做到"物质富裕、精神富有"，以及开展"进村入户"大走访活动等思路和做法非常契合。这说明两省主要领导依据科学发展观的要求，在对经济工作的指导上，以富民为本、为先、为重，准确地把握富民和兴省、强省的辩证关系，突出了发展的主线。作为一名在甘肃生活、学习、工作了30多年，又在浙江工作了30多年（其中直接参与浙江省委、省政府和有关市、县党委、政府决策咨询近20年）的经济理论工作者，我深切体会到，浙江的巨大变化在很大程度上应归功于始终坚持富民强省（强市、强县、强镇、强村、强户）这条主线不动摇，而且发展思路越来越清晰，由此生发出独具特色的"浙江模式"。近年来，甘肃大力实施

"富民兴陇"发展战略，初步形成了方向明、决心大、举措实、后劲足的良好发展态势，很值得浙江学习、借鉴，我回去后将向有关领导汇报。"富民兴陇"是甘肃省委、省政府面对新时期、新阶段、新形势下的新要求、新任务所提出的符合科学发展观要求和甘肃实际的大战略，是指引甘肃在当前和未来一个时期实现科学发展、转型跨越的好路径和新目标。我相信，在中央和甘肃省委的正确领导下，通过采取种种"富民"的政策和举措，一定会达到"兴陇"的宏伟目标。同时，我想借此机会，结合自身在学习、研究和实践中的体会，就浙江实施"富民强省"发展战略的经验及其对"富民兴陇"的启示，向各位领导做一汇报。

一　浙江省情简介

浙江省地处中国东南沿海、长江三角洲南翼，东北与中国最大的城市上海为邻。全省陆域面积 10.18 万平方公里，海域面积 26 万平方公里，2011 年末常住人口 5463 万人，行政区划包括杭州、宁波两个副省级城市，以及嘉兴、湖州、绍兴、舟山、温州、台州、金华、衢州、丽水 9 个省辖市，下设 36 个县、22 个县级市、32 个市辖区。改革开放以来，浙江在发展社会主义市场经济的历程中走出了一条具有浙江特色、符合浙江实际的发展路子，并逐步成为全国经济增长速度最快、发展质量最高，也最具活力的省份之一。据初步核算，2011 年全省实现生产总值 3.2 万亿元，比上年增长 9.0%；人均 GDP 为 58665 元，约合 9083 美元；三次产业增加值结构为 4.9∶51.3∶43.8；全省财政一般预算总收入 5925 亿元，其中地方一般预算收入 3151 亿元；全社会固定资产投资总额 14290 亿元；全年社会消费品零售总额 11931 亿元；全年进出口总额为 3094 亿美元，其中出口 2164 亿美元；年末金融机构本外币各项存款余额 60893 亿元、各项贷款余额 53239 亿元。

（一）经济发展特色

"民营经济＋专业市场＋块状经济"是浙江经济发展的重要特点：1. 浙江民营经济非常发达。正如习近平副主席在浙江工作时所指出的，民营经济是浙江经济的"发动机"。2011 年，民营经济创造了全省 60%

以上的财政税收和限额以上投资，70% 以上的 GDP 和外贸出口，80% 以上的社会捐赠，90% 以上的新增就业岗位。至 2011 年底，全省个体工商户达 230 万家，私营企业总数达 72 万户。在 2011 年中国民营企业 500 强排名中，浙江占 144 席，连续 13 年稳居全国之首；全省百强民营企业中，年销售额超 100 亿元的企业 42 家，超 500 亿元的企业 4 家（即万向集团公司、杭州娃哈哈集团有限公司、广厦控股创业投资有限公司、海亮集团有限公司）。目前，"浙商"已成为全国最活跃的企业家群体，至少有 500 万名"浙商"在全国各地投资创业，输出的资金达 1.3 万亿元，每年创造的生产总值达 3 万亿元，每年向当地政府缴纳的税收超过 1200 亿元，提供的就业岗位达 1200 万个，可以说"浙商"在省外再造了一个"浙江"；此外，还有 150 多万名"浙商"走出国门在世界各地创业经商，在 158 个国家和地区建立了 4900 多个相关机构，总投资 112.2 亿美元，成为全国在境外设立企业数和投资额最多的省份。2. 浙江专业市场繁荣。市场数量多、规模大、综合竞争力强、辐射范围广。至 2011 年底，全省共有商品交易市场 4212 家，全年有形市场成交额 1.45 万亿元，较上年增长 14.1%。成交额超亿元的市场 705 个，超十亿元的市场 210 个，超百亿元的市场 25 个。其中，全球最大的小商品市场——义乌中国小商品城、全球最大的纺织品专业市场——绍兴柯桥中国轻纺城两大市场年成交额分别达 515.12 亿元和 889.29 亿元，较上年增长 12.95% 和 12.05%。全省市场成交总额、超亿元市场个数等多项指标在全国保持领先地位，已连续 21 年排名各省（市、区）的"榜首"。3. 浙江块状经济特色鲜明。浙江许多地方同类产品生产企业在地理上高度集聚，形成了"一村一品"、"一乡（镇）一业"、"一县（市、区）一特"的产业格局。目前，全省有年销售收入 10 亿元以上块状经济 312 个，年销售收入 100 亿元以上块状经济 72 个，年销售收入 500 亿元以上 9 个，年销售收入 1000 亿元以上 5 个（即杭州装备制造产业集群、绍兴县纺织产业集群、萧山化纤纺织产业集群、永康含武义缙云五金产业集群、宁波服装产业集群），占据全省经济总量的半壁江山。块状经济既具有企业相互竞争的活力，又具有产业集群发展的效应，在小区域内形成了具有很强竞争力的大产业，成为全国乃至全球同类产品的重要加工制造基地。其中，影响比较大的有义乌的小商品、绍兴的纺织面料、诸暨的袜业、嵊州的领带、温州的皮鞋、永康的五金、海宁的皮革、台州（温岭、玉环、路桥、黄岩）的汽摩配件、宁波（余姚、鄞州、慈溪）的家电、嘉善的木业等。

（二）社会发展特色

浙江在实现经济快速发展的同时，不断加快以保障和改善民生为重点的社会建设，让人民群众共享改革发展成果，新增财政支出用于民生的比重达75%，形成了和谐有序的社会发展格局，即群众、企业、政府、各类社会组织等相互支持、合作共赢；本地居民和外来居民相互包容、共生共荣，社会生活在道德、法律规范基础上协调运转。据国家发改委和国家统计局于2011年6月发布的《全国社会发展水平综合评价报告（2005—2009)》显示，浙江社会发展水平仅次于上海和北京，位居全国第3位。

浙江在全国率先制定实施了基本公共服务均等化行动计划，有效地促进了以"城乡统筹、区域均衡、全民共享"为特色的社会事业发展。教育现代化步伐不断加快，基础教育从普及九年义务教育向普及学前3年到高中段的15年教育跨越，普及率达97%；高等教育毛入学率超过45%，并建立了优质教育资源向农村流动的机制。医疗卫生服务能力大幅提升，覆盖城乡的基本医疗卫生服务体系全面建成，初步构建了"20分钟医疗卫生服务圈"。公共文化服务日益完善，覆盖全省的公共文化设施网络基本形成，全省所有国有博物馆、纪念馆常年免费开放，文化产业蓬勃发展，其增加值占全省GDP的比重约为4%。

浙江按照"广覆盖、保基本、多层次、可持续"的要求，建立了覆盖城乡的社会保障制度和政策体系，迈入了"全民社保"的新阶段。在全国率先实施城乡居民养老保障制度、城镇居民基本医疗保险制度、新型农村合作医疗制度，养老和医疗保障在制度上实现城乡全覆盖。社保覆盖面不断扩大，在全国率先将各类企业、个体工商户、灵活就业人员等纳入企业职工基本养老保险制度，将大学生逐步纳入城镇居民基本医疗保险范围。至2011年末，企业养老保险参保人数达到1810万人；参加城乡居民社会养老保险人数达到1312万人，全省参保率达到90%；376万名被征地农民享有基本生活保障，5203名"老工伤"职工全部纳入工伤保险统筹管理。保障水平不断提升，自2004年起，浙江连续9年提高企业退休人员基本养老金，人均基本养老金水平从每月808元提高到2091元，增长了160%，养老金水平位居全国前列。

浙江不断加强和创新社会管理体制，提高社会管理的科学化水平，社会环境总体保持和谐稳定状态。2011年，全省人民群众安全感满意率达96.08%，已连续8年位居全国前列，被公认为全国最安全的省份之一。至2011年，全省生产安全事故起数、死亡人数和直接经济损失"三项指标"已连续8年保持"零增3长"，其中事故总量较2010年下降7个百分点。浙江还在全国率先形成了农村社区建设制度框架，98%以上的村开展了"民主法治村"创建活动，95%以上的村达到村务公开民主管理规范化建设标准。此外，各类民间组织蓬勃发展，成为社会和谐的润滑剂。至2011年底，经各级民政部门核准登记的社会组织总数达2.9万余个，市县备案的基层社会组织2万余个，全省社会组织总数居全国第4位。

（三）区域和城市发展特点

20世纪90年代以来，浙江全省GDP的80%以上集中在环杭州湾、温台沿海地区、金衢丽高速公路（铁路）沿线地区，已形成以上述三大类经济区为主体的集中化发展格局。因此，可以将浙江区域经济分为三个单元：环杭州湾经济区（杭嘉湖宁绍舟六市）、沿海经济区（温台两市）、内陆经济区（金衢丽三市）。浙江区域经济发展的基本思路是：融入一域、四级强化、三带集聚、两域拓展。"融入一域"，即接轨上海，融入长三角；"四级强化"，即强化以城市为中心的区域发展模式，增强杭州、宁波、温州三大都市的集聚效应和辐射功能，加快以金华—义乌为核心的浙中城市群的建设；"三带集聚"，即加快沪杭甬和杭宁高速公路沿线、甬台温高速公路沿线、杭金衢和金丽温高速公路沿线三大产业带的要素集聚；"两域拓展"，即加快山区开发和加快海洋经济强省的建设。

在浙江，许多市、县、区都形成了独具地方特色的发展模式，如"无为而治"的典范、民营经济占主体地位的温州模式；以小商品市场闻名世界、市场主导与政府有为相结合的义乌模式；以和谐创业为内涵的杭州模式；国有、集体、民营、外资经济四轮驱动混合发展的宁波模式；接受上海、苏南等多方面影响、区域经济社会均衡协调发展的典型代表"浙北现象"；通过实施"小县大城"战略实现跨越式发展的云和模式等。对于中西部省份的欠发达地区而言，温州模式、义乌模式、云和模式尤有借鉴意义。

二　富民强省是"浙江模式"的灵魂和主线

改革开放以来，历届浙江省委、省政府善于把党中央的战略方针与当地、当时的实际相结合，确定正确的发展思路和工作重点；各市、县、区也勇于探索富有自身特色的发展道路，全省的经济社会发展由改革开放之初的全国中等偏下水平迈入了全国前列。回顾 30 多年浙江经济社会发展走过的风风雨雨，在全省干部中日益形成了一条强烈的共识：必须不断丰富和完善改革开放以来历届省委坚持的以富民强省为目标取向的发展战略。

（一）浙江"富民强省"发展战略的形成、实施和丰富、拓展

1. 1978—1998 年，以富民强县（强镇、强村、强企、强户）为特征的全民创业局面在探索和争论中逐步形成。这一阶段，广大人民群众脱贫致富的愿望与党的改革开放方针相契合，经商务工的历史传统和"全民创业"的积极性得到充分发挥，乡镇企业异军突起，专业市场迅速发展，小城镇建设日益加快，区域特色"块状经济"（专业化产业区）逐步形成，大批农村劳动力向二、三产业和省外转移，形成了以"轻、小、民、加、贸"为特征的经济发展格局。

2. 1998—2002 年，在继续推进工业化的同时，适时提出城市化战略，并首次明确全省提前基本实现现代化的目标。这一阶段的一个突出特点是把发展效益农业和推进农业农村现代化放到重要战略地位，实施"从量的扩张向质的提高转变"的经济发展方针，努力完善社会主义市场经济体制，大力推进城市化和城乡一体化，提炼浙江精神，谋划建设文化大省。1998 年 12 月，浙江省委九届四次全会通过《浙江省农业和农村现代化建设纲要》，突出强调大力发展效益农业，将其作为推进农业农村现代化的重要指导方针来抓。引导农民面向市场，自主安排生产，什么赚钱就种什么，率先实行粮食购销市场化改革，实施"百乡扶贫攻坚计划"，促进农业增效、农民增收、农村繁荣，开创了农业农村现代化建设的新局面。1998 年底召开的浙江省第十次党代会，首次提出促使"经济发展从

量的扩张到质的提高",强调推进经济结构战略性调整,走既有较快速度又有较高素质的发展路子;并不失时机地做出了加快城市化进程的重大决策,将其作为浙江实施"富民强省"战略,促进经济社会新一轮发展的重要载体和提前基本实现现代化的突破口;1999 年 12 月,浙江在全国率先印发了《浙江省城市化发展纲要》,提出了"走大中小城市协调发展的城市化道路"。省委还对发展所取得的成就和经验进行了总结,概括提炼了"自强不息、坚韧不拔、勇于创新、讲求实效"的浙江精神,并在2000 年 7 月召开的省委十届四次全会上通过决议加以确认。同时,加强文化建设和社会事业发展,制定了《浙江省建设文化大省纲要(2001—2020 年)》。在 2002 年 6 月召开的浙江省委十一届一次全会上的报告中,时任省委书记张德江同志指出,要始终把强省与富民结合起来,"小河有水大河满",支持和鼓励人民群众创业致富,富而思源,富而思进,富民强省。

3. 2002—2007 年,明确提出和确定富民强省的"八八战略",落实科学发展观,运用"倒逼机制"促进经济增长方式转变,统筹经济社会协调发展。2003 年 7 月,浙江省委十一届四次全会提出了"进一步发挥'八个方面的优势',推进'八个方面的举措'"的重大决策和部署,具体内容包括:一是进一步发挥浙江的体制机制优势,大力推动以公有制为主体的多种所有制经济共同发展,不断完善社会主义市场经济体制;二是进一步发挥浙江的区位优势,主动接轨上海、积极参与长江三角洲地区合作与交流,不断提高对内对外开放水平;三是进一步发挥浙江的块状特色产业优势,加快先进制造业基地建设,走新型工业化道路;四是进一步发挥浙江的城乡协调发展优势,加快推进城乡一体化;五是进一步发挥浙江的生态优势,创建生态省,打造"绿色浙江";六是进一步发挥浙江的山海资源优势,大力发展海洋经济,推动欠发达地区跨越式发展,努力使海洋经济和欠发达地区的发展成为浙江经济新的增长点;七是进一步发挥浙江的环境优势,积极推进以"五大百亿"工程为主要内容的重点建设,切实加强法治建设、信用建设和机关效能建设;八是进一步发挥浙江的人文优势,积极推进科教兴省、人才强省,加快建设文化大省。在同年 12 月召开的省委十一届五次全会上,时任省委书记习近平同志对"八八战略"作了进一步深入和细化的论述,成为推进浙江新一轮改革和发展、全面建设小康社会、提前基本实现现代化的行动纲领和根本指导方针。"八八战略"的核心和精髓就是调动一切积极因素，保持和发扬浙江的各种优势，进一步推进"富民"和"强省"目标的实现。围绕"八八战略"的实施，浙江在坚持以经济建设为中心，加快转变经济增长方式的同时，先后作出了全面建设"平安浙江"、"文化大省"和"法治浙江"等战略部署，大力促进经济持续较快发展，加强以民生为重的社会建设，加快推进文化建设、法治建设和服务型政府建设。

4. 2007年至今，提出和实施"创业富民、创新强省"总战略及全面小康六大行动计划，推进经济转型升级、标本兼治、保稳促调，努力实现稳中求进、转中求好、科学发展。在做大经济总量的同时，更加注重经济发展的质量和效益，更加注重统筹城乡和区域发展，更加注重增加城乡居民收入。尤其是党的十七大以来，浙江围绕富民强省、社会和谐这一根本目的，坚持在推进"八八战略"和"创业富民、创新强省"总战略中不断激发社会活力，持续增加社会财富，让人民群众更多地共享改革发展成果。2007年6月，省委书记赵洪祝在省第十二次党代会报告中提出，要深入实施"八八战略"，"坚定不移地走创业富民、创新强省之路"，全面建设惠及全省人民的小康社会；同年11月，省委第十二届二次全会作出了《关于认真贯彻党的十七大精神扎实推进创业富民创新强省的决定》，阐述了创业富民、创新强省的基本内涵和总体部署，要求按照科学发展观的要求，"全面推进个人、企业和其他各类组织的创业再创业，全面推进理论创新、制度创新、科技创新、文化创新、社会管理创新、党建工作创新和其他各方面的创新"，"加快建设全民创业型社会，努力打造全面创新型省份"，并明确"两创"是今后一个时期推动浙江发展的总战略。"创业富民、创新强省"总战略体现和发展了"八八战略"的内核与精华，它既以富民强省为战略目标，又以创业创新为路径选择，实现了目的性与科学性的有机统一。在浙江，创业作为实现"富民"目标的途径，反映"创业富民"成效的一个重要标志就是城乡居民的经营收入和财产性收入不断增加。2010年，全省城镇居民人均经营净收入3641元、财产性收入1470元，农村居民人均经营收入4190元、财产性收入561元，均居全国前列，分别较"十一五"之初的2005年增长89%、166%和51%、87%。2008年1月，浙江省十一届人大一次会议审议通过的《政府工作报告》提出，制定"全面小康六大行动计划"，即《自主创新能力提升计划》《基本公共服务均等化行动计划》《低收入群体增收行动计划》《资源节约环境保护行动计划》《重大项目建设行动计划》《公民权益依法保障行动计划》，由省政府发布实施。2008年以来，面对全球金融危机的影响，浙江省委、省政府明确要求"坚持把保障和改善民生作为加快转变经济发展方式的根本出发点和落脚点"，"以富民强省、社会和谐为根本目的"，充分体现了"发展为了人民，发展依靠人民，发展成果由人民共享"的科学发展观。"十一五"期间，浙江财政连续五年支出增量的三分之二以上用于民生。2010年，用于民生的财政支出总量为2141.4亿元，比上年增长22.6%，高于当年地方财政收入增速和财政支出增速，民生支出占地方财政支出比重为71.9%，人均民生支出3994元，较上年增长20.0%。

（二）以"富民强省"为核心的"浙江模式"

"浙江模式"是指在市场化、工业化、信息化、城市化、国际化的改革和发展过程中，浙江所特有的样式、方法、路径和特征。"浙江模式"以"富民"为目的，以"强省"为结果。推进富民强省，首先要理清"富民"与"强省"的辩证关系："富民"的过程，就是人民创造财富、拥有财富的过程，只有民富才能省强；省强了，各项惠及全民的公共事业才有强大的物质保障，"富民"才有坚实的基础。

首先，"富民"就是努力增加城乡居民收入，让人民群众尽可能多地分享发展的资源和成果，满足人民群众不断变化升级的就业需求、安全需求、教育需求、保障需求、文化消费需求、人的尊严需求等，以最大程度地体现人文关怀和发展的人本性。"浙江模式"以个人产权为基础，鼓励个体户、家庭企业、家族企业等民营经济组织发展，以区域内部民间资本、民间人才为发展的主导性驱动力，从而造就了民间资本丰裕、人民生活水平较高的格局。在浙江，政府不与民争利，主动让利于民，尤其是在民营经济的起步阶段，政府为了鼓励民间的投资激情，使老百姓尽快富起来，"拿"出的投资项目都是一些好的项目，让他们有利可图、有钱可赚。由个体户、家庭企业、家族企业组成的微观经济组织在走南闯北，直接面向市场竞争的过程中，形成了由数千座专业市场、数百万遍布全国各地的个体商人和数十万家大中型企业销售网点构织而成的浙货营销网络、经营人才网络等比较优势，使浙江产业发展所带来的商业利润主要掌握在浙江企业、个体商人乃至老百姓手中，从而造就了明显区别于"苏南模式"和"珠江模式"的民间资金特别丰裕的发展格局，形成了藏富于民的资金分布特色。

其次，"强省"就是不断提升经济综合实力、区域创新能力、协调发展能力、可持续发展能力等，着力建设经济强省、文化强省、科技强省、教育强省、人才强省、卫生强省、体育强省、港航强省、品牌强省、质量强省等。改革开放以来，浙江通过实施一系列"强省"战略，GDP总量、人均GDP、全社会消费品零售总额、外贸进出口总额、财政收入等指标在全国的位次分别由第12、16、12、15、14位上升至第4、4、4、3、4位；2011年，全省人均GDP约为全国的两倍，其中杭州市按常住人口计算达12380美元，按户籍人口计算达15700美元，步入了"上中等"发达国家水平；在全国百强县和全国千强镇中，浙江分别占据30席和268席，总数均居全国首位。截至2011年底，全省上市公司总数达283家（其中境外上市56家），仅次于深交所所在地广东省居全国第2位，全国A股上市公司数量最多的前十个县（市），浙江占了6席（即诸暨市12家排第3位，上虞市9家排第4位，海宁市、德清县均6家并列第5位，新昌县、临海市均5家并列第9位）；区域创新能力不断增强，科技综合实力居全国第7位，专利授权量居第2位，知识获取能力居第3位，企业技术创新能力居第4位，全省拥有中国驰名商标406个、中国名牌产品289个，分别居全国第1、第2位。可持续发展能力日益提高，全省单位GDP能耗和主要污染物排放逐年下降，2010年万元生产总值能耗下降至0.72吨标准煤，居全国第3位，为全国6个生态环境状况评价优良的省份之一，可持续发展能力列全国各省、自治区首位。

三　"浙江模式"的借鉴意义

"浙江模式"非常类似于市场经济发达国家早期的发展模式，具有极为明显的内生性和原发性特征，在"浙江模式"形成的早期阶段，它具有三个重要特点：一是民间创业为主，不依赖国有投资和外资，群众广泛参与、普遍受益；二是产业层次较低，以劳动密集型的小商品、纺织品、日用工业品为主，主要满足国内市场的需要；三是新兴产业区和民间专业市场的形成，与本地的历史文化传统、商业技巧、手工业的工艺技术、社会资本网络密切相关，同本地经济社会发展有机结合，并成为主导产业，引领区域经济发展。这些都是内地省份可资借鉴的。与江苏、广东、上海等省市的发展模式比较，"浙江模式"具有极强的自组织性和自适应性，原本经济并不发达而做到"乌鸦变凤凰"的浙江的经验尤其是"富民强省"的发展战略和举措，对内地省份更有广泛的借鉴意义和启示。当然，目前内地许多省份不一定会具有浙江当年那样好的市场条件，但完全可以借鉴浙江经验，形成后发优势，实现赶超发展、跨越发展。

（一）充分发挥党委、政府的指导作用和调控功能，确立并坚持正确的发展战略

发展战略通常是充分考虑一个地区的历史条件和现实基础，从该地区最根本的实际出发，尤其是深入分析自身的比较优势和劣势后作出的，它内含着经济社会发展的长远方向和内在规律。因此，发展战略应具有延续性、长久性，不可朝定夕改。

然而，目前国内一些地区由于种种原因，往往是"一届党委一套思路、一届政府一个战略"，其结果难免会出现发展方向不清、发展重点不明、发展优势不强、发展政策不一等问题。改革开放以来，浙江历届省委、省政府正确地处理了继承与创新的关系，30多年来实施的发展战略大体经历了以"富民强县"为目标发展农村工业、专业市场、民营经济——通过城市化提高工业化、市场化水平，壮大区域特色经济——实施"八八战略"，全面提升经济社会发展水平，争取走在全国前列——实施"创业富民、创新强省"总战略，推动经济社会转型，实现稳中求进、转中求好、科学发展这样几个阶段。尽管上述各个发展阶段的工作重心有所不同，但始终贯彻了一条红线：富民强省。

（二）坚持解放思想，不断深化改革

改革开放以来，浙江之所以能够从一个资源小省成长为经济强省，关键就在于率先解放思想，大胆进行市场化、工业化、城市化改革，在建立

社会主义市场经济体制和运行机制上形成了先发优势：率先建立市场经济体制，利用省内省外两种资源、两个市场发展经济，突破资源约束和计划平衡、内向循环的局限；率先发展以城乡集体经济和个体私营经济为主的非国有经济，通过体制内变革与体制外生成双管齐下，引发经济运行机制的深刻变化；率先突破"城市工业、农村农业"的城乡二元经济结构，加快全省城乡一体化发展进程；率先推进以产权制度和劳动用工制度改革为重点的企业改革，较早建立现代产权制度、形成股权多元化的格局，突破束缚生产力发展的体制障碍，构筑了适应社会主义市场经济发展要求的微观基础。近年来，浙江在自主改革的基础上，通过努力向中央和相关部委办局争取，使浙江海洋经济发展示范区、舟山群岛新区、义乌国际贸易综合改革试点、温州市金融综合改革试验区等四大改革、试点项目被列入"国家战略"，成为"调结构、抓转型，重投入、兴实体，强改革、优环境，惠民生、促和谐"，实现稳中求进、转中求好、科学发展的重要载体和引擎。

（三）以人为本，充分发挥人民群众的首创精神

坚定不移地依靠人民群众，充分发扬群众的首创精神，培育富有活力的市场主体和微观基础，是浙江各级党委、政府的工作着力点。这突出地体现在：大力倡导并充分形成"无工不富"，"兴工强县（镇）"、"兴商建市"等改变落后面貌的强烈社会意识，营造良好的创业环境；把浙江人自强不息、坚忍不拔、勇于创新、讲求实效的精神，以及强烈的市场意识和良好的务工经商素质，积极引导到工业化的伟大实践中去，将独特的人文优势转化成经济优势和产业优势。许多产品在别人看来是不起眼的小商品，浙江人却能把它做大做强，靠的就是市场意识和善于把握市场的能力。浙江人还有很强的"学习意识"和"学习能力"，只有几家几户的"作坊"，一下就会扩展成"块状经济"，进而成长为"产业集群"。之所以能如此，与浙江人独特的"学习方式"有关：他们不仅肯学习、善学习，尤其是善于在"干中学"，而且不惜血本、拜师求教，千方百计吸引人才，充分利用"外脑"，常年有上千名来自上海的"周末工程师"在浙江的民营企业工作，并形成了蜚声海内外的"网上技术市场"，即中国浙江网上技术市场（是经科技部批准的全国首家网上技术市场，从 2002 年

3 月开始筹建，2002 年 6 月 10 日投入试运行，2002 年 10 月 16 日正式运行）。此外，浙江 70% 以上的科技人才集中在企业，而不是在高校和科研院所，这同全国其他许多地方的情况非常不一样。

（四）扬长避短，因地制宜发展特色优势产业

浙江在推进工业化的过程中，较早突破了力图建立完整的地方工业体系的传统模式，坚持从实际出发，扬长避短，发挥优势，着力发展具有竞争优势的特色产业。从纵向看，浙江工业结构的变动经历了三大阶段：一是 20 世纪 50 年代末期至 70 年代前期，重在填补产业空白，以优先发展重工业为导向，实现计划配置导向下的结构变动。二是 70 年代末期至 90 年代初期，重在发挥区域产业优势，鼓励轻纺工业更快发展、相应加强基础工业，生产要素从计划配置为主转到市场配置为主。三是 90 年代末期以来，以增强综合实力和国际竞争力为主要目标，重在培育战略性新兴产业和促进特色优势产业转型提升，充分发挥市场配置资源基础性作用，促使产业领域不断拓展，产业规模不断扩大，产业结构不断升级。目前，浙江拥有一批在全国具有鲜明特色的优势产业。例如，县级市嵊州年产领带 3.5 亿条，连起来可以绕地球 11 圈，约占国内总产量的 90%、全球总产量的 40%；县级市乐清的低压电器年产值约占全国的 2/3；县级市海宁年产皮革制品 3100 万件，约占全国产量的 1/4；同样是县级市的义乌，则形成了 16 大优势行业，其中袜业、针织内衣、玩具、化妆品、工艺品等行业的产销量均占全国 30% 以上，拉链占全国的 50% 以上，饰品则达到了 70% 以上，并建立了拉链、制笔、化妆品、无缝内衣、袜业、工艺品、饰品、线带、商品包装印刷、合成革等 13 个国家级产业基地，还是世界第二大无缝内衣产业基地。浙江从劳动力丰富而技术和资金较为短缺的资源禀赋实际出发，由广泛发展劳动密集型产业起步，进而发展资金和技术密集型产业，逐步推进产业升级。在发展特色优势产业的同时，注重用高新技术和先进适用技术改造传统产业。近年来，浙江大力发展生物、新能源、高端装备制造、节能环保、新能源汽车、物联网、新材料、海洋新兴以及核电关联产业等九大战略性新兴产业，形成了与传统优势产业融合之势。省委、省政府提出，到 2015 年全省战略性新兴产业增加值达到 5000 亿元，占全省生产总值的 12% 左右。此外，近年来浙江的文化产业快速

发展，新闻出版、影视服务、文化旅游、文化会展、文化产品制造等产业逐步确立了在全国的优势地位。"十一五"以来，全省文化产业增加值年均增长 16% 左右，2010 年接近 1000 亿元。拥有"中国电影第一股"华谊兄弟、"中国电视剧第一股"华策影视、"中国旅游文化演艺第一股"宋城集团等 5 家文化企业上市公司，华宝斋、西泠印社、中南卡通、海伦钢琴、神采飞扬等 9 个国家文化产业示范基地。目前，全国约 1/6 的原创动画出自浙江，杭州动画产量已连续两年居全国各城市第一位，东阳横店影视城作为全球最大影视实景拍摄基地，闯出了一条"影视带动旅游"的成功之路，独特的体验式影视旅游每年吸引游客 700 万人次。

（五）注重城乡区域协调，走非均衡协同发展之路

对于我国内陆省份的一些欠发达地区而言，由于要素禀赋、经济基础、财力条件的制约，难以实现全面均衡同步发展。因此，在资源配置和政策投入上就必须对重点区域和产业实行倾斜，以集聚化手段实现集约化发展；同时，保持城乡发展协同共进，使发展水平的相对差距逐渐缩小，走城乡非均衡协同发展之路。这里的"非均衡"并非是发展上的先后顺序，而主要指城镇与周边农村区域之间在主体功能、生产力布局上有所差异，城镇是区域经济社会发展的增长极核；农村区域则是农业产业化、规模化、集约化发展的主要依托，是生态功能、旅游功能、休闲功能等的主要承担者。"协同"指城镇与周边农村区域之间有机互动，创造基于区域功能统筹并合理规划的协调发展之势。改革开放以后，尤其是近十多年来，浙江在加快经济发展的同时，更加注重通过新型城市化推动和提升农村工业化、市场化水平，大力实施"扶贫开发"、"山海协作"、"千村示范、万村整治"等工程，形成了城乡区域协调发展的良好局面。浙江的实践表明，随着工业化、城市化进程的不断加快和区域经济发展水平的提升，城乡之间、区域之间、不同群体之间的收入差距问题成为急需破解的难题，必须建立和完善让全体人民共享发展成果的机制；要将扶贫开发有机地融入"三化"进程之中，创造条件让贫困农户参与其中并分享发展成果，增强欠发达地区、贫困农户的内生发展能力，力促城乡区域协调发展。

基于演化动力学的专业市场
与产业集群互动机理研究
——以"义乌商圈"为例

一　问题的提出

专业市场与产业集群互动是区域经济发展过程中一个十分显著的经济现象。在关注两者互动关系之前，学术界对专业市场和产业集群进行了深入的专门研究。[1][2][3][4][5][6] 随着研究的不断深入和"集聚经济"现象在后发国家更大范围出现与发展，学术界逐渐关注并初步研究了专业市场与产业集群在发展过程中的互动现象。在早期，多数研究都关注到了专业市场与产业集群在发展过程中对彼此的重要作用。[7][8] 之后，一些学者主要运用外部性理论、集聚经济理论等主流经济学的理论与方法，从多个角度研究专业市场与产业集群之间的互动关系。例如，郑勇军等认为，专业市场与产业集群之间主要通过专业市场的需求集聚效应以及产业集群的供给集聚效应进行互动。[8] 陆立军等利用外部性理论论证了专业市场与产业集群的互动主要表现为前者对后者的带动与提升，以及后者对前者的支撑作用这两个方面。此外，许多研究者将理论与实证分析相结合，形成了一批具有较强现实意义的研究成果。[9] 例如，李晶通过对湖北汉正街都市工业区的研究论证了产业集群与专业市场之间互动的成因及表现形式。[10] 陆立军等通过对义乌经济社会发展历程的跟踪研究，认为一个以义乌中国小商品城市场为核心的跨区域分工协作网络——"义乌商圈"已初步形成，"义乌商圈"的产业支撑区域和市场销售区域之间具有较为明显的互动关系。[11][12] 然而，现有研究对产业集群与专业市场互动机理的初步研究，大都是基于主流经济学研究范式的理论阐释与应用，而忽视了两者互动形成与发展的历史演化过程，也较少关注两者互动过程中相互依存、相互促进的协同演化动力学特征。

20世纪80年代以来，主流经济学出现了范式危机，经济学分析呈现出从"均衡世界"向"演化世界"发展的趋势，[13]主流经济学的"最优化"、"均衡"范式不断得到改造，演化经济学分析范式得以形成并不断发展。此外，随着理论研究的进一步深入，演化经济学者逐渐认识到并更加强调个体与个体、系统与系统等不同主体和层级之间相互影响、相互促进的协同演化动力学特征及机制，从而形成了众多演化动力学模型及技术工具。[14][15][16][17]鉴于此，基于经济系统的演化动力学特征与机制，本文建构了专业市场与产业集群协同演化互动的理论框架和模型，并结合"义乌商圈"的历史演进过程，实证检验本文的理论模型，进而揭示专业市场与产业集群之间互动的普遍规律与特殊演化机制。

二　理论分析：专业市场与产业集群协同演化互动

在专业市场与产业集群的互动发展过程中，任一主体的适应性策略，任一环境的适应性调整以及系统的阶段性转换，都将改变其他主体、环境、系统的演化路径与功能，而这一变化结果又通过正负反馈机制影响前者的演化方向，从而形成一种由某种核心动力机制带动的协同演化逻辑结构及其过程。

（一）专业市场与产业集群协同演化互动的核心动力机制与内涵

1. 专业市场与产业集群协同演化互动的动力机制

从生物演化的角度看，竞争与合作是生态系统最为常见和基础性的协同演化机制，是系统演化的核心动力。与生物协同演化相类似，竞争合作机制也是经济社会系统内不同要素、个体以及系统之间协同演进的重要动力。专业市场内不同市场主体之间，产业集群内不同企业之间，以及市场与产业之间的不同个体迫于激烈的外部竞争而积极寻求创新，从而促进市场与产业集群整体创新能力提升，实现两者互动过程的升级。此外，频繁的合作有利于资源在它们之间的优化配置，进而有利于创造"合作租"，增强彼此适应市场竞争的能力。正是通过不断的竞争与合作，专业市场与产业集群才可能在相互作用、互促共进中不断实现升级，避免陷入各种风险。然而，在何种阶段采取竞争策略，在何种阶段又采取合作策略，抑或共同使用竞合策略，这无疑与系统演化的发展阶段密切相关。

除竞争合作协同外，Nelson 和 Winter,[18]Dopfer[19]、黄凯南[13]等论证了选择机制、学习机制以及动态博弈机制对经济社会系统的演化动力特征及过程。

2. 专业市场与产业集群协同演化互动的内涵

专业市场与产业集群的协同演化博弈互动是指两者在长期的演化互动过程中，在竞争合作机制、学习机制、选择机制及动态博弈机制等动力机制的推动下，专业市场与产业集群的不同要素、环境、系统在交互作用中所形成的因果关联、相互影响、相互适应、相互促进的协同演化结构及过程。

（二）专业市场与产业集群协同演化互动的结构与过程

演化域（evolon）是结合了结构与过程演化的分析单元，不同演化域之间的联结构成了经济社会系统协同演化的结构—过程。[19]因此，专业市场与产业集群的协同演化互动也可以主要概括为结构上的多层级性与过程上的多阶段性。

1. 专业市场与产业集群协同演化互动的多层级性

Kurt Dopfer 认为经济系统的结构可分为微观与宏观两个层级，微观层级主要是由组织等个体生发的协同演化过程，而宏观层级则是由系统生发的协同演化过程。[19]据此，我们将专业市场与产业集群协同演化互动系统分为两大层级内部的互动及相互之间的互动：其一，微观层级，它由异质的微观实体组成。它们既遵循规则行事，又具有一定的能动性。微观层级上，在一定的由制度环境、政策环境、文化环境、产业环境、科技环境、市场竞争环境等耦合而成的外部演化环境中，市场经营户、企业、金融机构、创新中心、政府及中介机构等各类实体之间相互影响、相互依赖、相互适应，构成了协同演化的微观层级互动主体，它们相互之间以及它们与环境之间协同演化，从微观层面促进专业市场与产业集群协同演化互动。其二，宏观层级，即由专业市场与产业集群两大系统构成的互动层级。例如，需求偏好改变促使专业市场整体系统演化，宏观层级的互动机制则使产业集群依据需求变化进行整体性的适应性调整，而这又给专业市场带来新的变化，从而实现两者的良性互动发展。

　　2. 专业市场与产业集群协同演化互动的多阶段性

　　如前所述，不同微观主体之间既竞争又合作的适应性行为驱动了专业市场与产业集群的协同演化互动过程，因此，可以依据微观主体之间竞争与合作程度的差异来表征专业市场与产业集群的互动模式，并据此分析两者互动的阶段与特征。如表1所示，依据微观主体在互动中相互之间的竞争合作程度，我们将专业市场与产业集群协同演化博弈互动分为以下三种模式：合作协同型互动、竞合协同型互动、竞争协同型互动。上述三种互动模式分别对应于专业市场与产业集群协同演化博弈互动的萌芽形成期、成长发展期以及成熟再发展期。

表1　　　　　专业市场与产业集群协同演化互动的模式与阶段特征

互动模式	互动阶段	竞争系数	合作系数	主导性互动层级	学习机制	选择机制	动态博弈机制	市场与产业组织结构
合作协同型互动	萌芽形成期	0—0.5	0.5—1	微观	利用性学习为主	权威选择导入，市场选择与代理选择较弱	规则型博弈	以中小型市场主体为主
竞合协同型互动	成长发展期	0.3—0.8	0.3—0.8	微观与宏观耦合	探索性学习为主	市场选择与代理选择加强、权威选择转换	潜在型博弈	大企业开始出现，中心企业和经营户围绕大企业竞合式互动
竞争协同型互动	成熟再发展期	0.5—1	0—0.5	Ⅰ：微观层级 Ⅱ：国际化多层级	探索性学习减弱，模仿性学习增加	市场选择较强，权威选择应时而动	随机型博弈	中小互动者较多，市场竞争激烈

在专业市场与产业集群协同演化博弈互动的萌芽形成期，外部环境高度不确定以及相关微观主体刚刚进入市场或行业，导致市场经营户、企业以及其他微观主体不敢贸然参与市场竞争，而是选择与有限的几个固定合作伙伴展开合作（如表1所示，竞争系数区间小于合作系数区间[①]），大量小范围合作的叠加形成了互动者之间的合作协同型互动模式。在此阶段，微观主体之间的微观层级互动占据主导地位，专业市场与产业集群系统生发的互动还远未形成。相应的，此时互动的动力机制也具有明显的阶段性特点。此外，由于创新的复杂性与高风险性，企业和市场经营户相当谨慎，它们主要采取利用性学习方式，着力改进现有产品或服务的质量、款式，突破式的探索性学习尚未成为该阶段的主要学习方式。在该阶段，政府的引导作用不可或缺，发展规划和政策扶持等权威选择机制十分重要；市场竞争程度虽然也在上升，但毕竟尚未成为主要的选择机制。中小型商户受潜在利润的引导，逐渐进入市场领域。与此同时，由于微观主体的合作伙伴数量不多，合作范围较小，而且合作关系较为固定，因此相关主体之间的博弈较为固定，经过多次的重复博弈容易使小范围内的微观主体形成一种较为规则的博弈格局，博弈尚未成为专业市场与产业集群协同演化互动的主要力量。

当专业市场与产业集群协同演化互动进入成长发展期，互动模式与阶段性特点也发生了相应的转换。此时，不同微观主体的互动对象、互动范围不断扩大，原先主要依靠几个老关系开展合作的形态逐渐演变为在不同层级、不同范围互动者之间开展既竞争又合作的协同演化式互动，专业市场与产业集群间的互动也演化为竞合型互动，微观主体之间竞争合作强度差异不大，竞争系数和合作系数对市场经营户、企业等的成长发展效应显著。在此阶段，互动层级也不再停留在微观实体之间，而是逐渐从微观跃迁到微观与宏观相互耦合的阶段。值得注意的是，此时企业、市场经营户等与环境之间的相互影响也越来越大，包括制度环境、技术环境在内的环境变量对各类实体的反馈效益也越来越明显。与此同时，探索性学习开始成为互动过程的主要学习方式，市场与集群的创新潜力进一步显现。竞争与合作并存的网络结构，促进了各类知识的转化与积累，知识创新日趋加快，行业的专用知识进一步增多，从而极大地推动了市场与产业集群的技术创新。部分大企业凭借长期的知识积累，在技术创新中的作用日益增强，在其周边逐渐形成了一个与中小市场经营户以及企业紧密相连的协作网络。此外，市场选择与企业家选择的力量不断加强，竞争性力量与企业家之间社会性网络的作用越来越重要，而政府权威选择的内涵却发生了转换，它逐渐以改善专业市场与产业集群的互动发展环境为己任，注重优化制度、政策环境。

随着市场进入者的大量增加以及许多产品生命周期逐步进入成熟期，市场竞争日益激烈，这导致微观主体，尤其是中小型经营户与企业之间主要存在竞争关系，由此专业市场与产业集群之间形成了一种成熟再发展期的竞争协同型互动关系。在此阶段，竞争系数与合作系数的影响力恰好与互动的萌芽期相反，竞争的抑制效应，尤其是过度竞争格局非常不利于协同演化互动。此时，专业市场与产业集群互动的层级出现了分化的可能性，这也决定了转型再发展的成败。例如，能否推动互动关系的转型和再发展，非常关键的一点是能否实现互动层级的外延式跃迁，引导专业市场与产业集群走向具有更高适应性的国际化阶段，促进企业、市场经营主体等各类要素在更广阔的交易和创新空间内互动式合作与发展，实现专业市场与产业集群互动的国际化跨越式提升，从而避免恢复到此前的单纯微观层级互动，甚至导致互动的停滞。另外，此时已经发展起很成熟的互动网络结构，市场知识与企业家认知之间的知识转换异常迅速，尤其是微观主体的专用知识进一步增加，知识的可编码化程度更高。然而，随着市场和企业的发展步入成熟阶段，市场竞争环境更为严峻，创新的市场风险也增加了。因此，此时知识的高流动性与分散性难以促进创新增加；相反，模仿行为却容易发生，探索性学习开始弱化。面对这种创新潜力变弱的情况，尤须加强干预，将创新的外部收益内化为创新者的内部收益，防止专业市场与产业集群间的互动陷入创新停滞陷阱。为此，在这一阶段，政府应适时转变发展思路与战略，有效引导专业市场与产业集群在更高水平上创新，促进二者在协同演化互动中转型再发展，顺利实现互动模式的阶段性跃迁与融合。

三 案例讨论：专业市场与产业集群 协同演化互动的"义乌商圈"

义乌地处浙江中部，区位和资源优势都不明显。然而，经过三十多年的发展，一个以义乌小商品城市场为核心，义乌专业市场体系与区内外产业集群协同演化互动的开放性跨区域分工协作网络——"义乌商圈"已初步形成。[11]

(一)"义乌商圈"的形成与演进

从专业市场与产业集群互动的视角分析，在支撑体系与外部环境不断优化的条件下，"义乌商圈"的形成与发展大致经历了以下三个阶段：

1. 互动的萌芽形成与"义乌商圈"的孕育期（1982 年至 20 世纪 90 年代初）。经历了第一代小商品市场（1982 年）到第四代小商品市场（1992 年）的发展，以及在本地或周边地区"家庭工厂"的出现，"前店后厂"成为这一时期专业市场与块状经济（产业集群的雏形）互动的萌芽形式。分散的作坊式的小规模企业与市场内有限的几个市场经营户交易合作，微观主体之间的规则型博弈导致他们之间形成较为稳定的合作关系，合作成为这一阶段占主导地位的交易关系，因此，此时开始出现初始的微观层级协同演化博弈互动。一方面，市场的形成与发展促进了小规模家庭工业的资本积累；另一方面，分散的生产者源源不断地向专业市场提供价格低廉的商品，有力地支撑了市场的形成与累积性发展。由于面临较为不确定的市场进入环境，市场经营户和家庭工业主要采取利用性的知识学习方式，市场知识向产业专用知识的转换较为缓慢，集群企业诞生与成长较慢。但较高的创新收益预期吸引了较多的潜在进入者加盟市场，一些比较殷实的市场经营者开始进入创新收益更高的产业领域。此时，政府不但主导建设、扩大了有形市场，而且通过有关政策日益规范市场服务管理体系，有效发挥权威选择机制对专业市场发展的导入作用①。因此，萌芽

---

① 这一时期，义乌市政府主要通过以下几方面政策措施支持和引导了专业市场及其与产业集群的萌芽式互动：(1)"四个允许"：允许农民经商，允许从事长途贩运，允许开放城乡市场，允许多渠道竞争；(2) 开放城乡商品市场，积极建设市场基础设施；(3) 制定相关扶持政策，扶持鼓励发展市场专业户和重点户。

于义乌专业市场与本地产业的初级合作的"义乌商圈"处于重要的孕育期。

2. 互动的成长发展与"义乌商圈"的形成发展期（20 世纪 90 年代初到 21 世纪初）。随着第四代小商品市场一期、二期的陆续建设，义乌逐渐形成了篁园、宾王两大市场群，市场规模进一步扩大，商品门类日益增多，微观主体交易的灵活性、随机性也日渐增强，各个主体互动的对象与范围都得以扩大，竞争合作因素越来越重要。同时，微观互动者逐渐与市场体系内的众多经营户开展合作，互动者成为外部环境的积极塑造者，互动者与环境之间相互影响、相互依存的关系逐步增强，互动层级逐渐由较为初级的经营主体间的微观互动向宏观层级互动过渡与跃迁。此外，义乌本地和周边逐渐形成市场导向的各种制造业集群，一些在专业市场上打拼多年的实力型商户开始投资产业领域①，专业市场与产业集群之间的多层级互动日益生成并强劲发展②。这一时期，政府的战略规划与引导作用同样功不可没，它与企业家社会网络和市场竞争发挥了同等甚至更为重要的选择功能。1994 年，义乌市委、市政府果断提出了实施"引商转工"、"以商促工"、"工商联动"的发展战略与政策，引导一大批完成了资本原始积累的经商大户，迅速转向发展与市场关联度较高的轻工产品生产，从而及时、有效地促进了专业市场与产业集群的互动发展③。与此同时，通过优化政策环境、培育市场体系、改革工商行政管理体制，实行市场"管办分离"、组建国有资本控股的上市公司—中国

---

① 例如，义乌当前具有相当影响力的大企业都是在 20 世纪 90 年代中后期由市场进入到产业投资领域的，如浪莎袜业（1995 年）、三鼎织造（1994 年）、芬利集团（1994 年）、新光饰品（1995 年）、王斌集团（1994 年）、梦娜袜业（1994 年）等。这些大企业及其周边所形成的分工协作集群为专业市场输入了大量质优价廉的产品，同时，专业市场的共享式销售平台不仅为义乌本地产业的成长与发展提供了一个低成本的销售渠道，也有利于本地大企业以较低的交易成本组织自己的分工协作网络，促进自身跨越式发展。

② 义乌专业市场与产业集群的多层级互动式发展，促进了两者量的扩张与质的提升。例如，据统计，2002 年义乌的工业总产值和"中国小商品城"成交额分别是 1992 年的 10.82 倍与 11.2 倍。

③ 经过这一关键发展时期，在政府的引导与支持下，义乌本地出现了以浙江义乌经济开发区为核心的各类企业集聚区，从而为市场与集群的多层级互动提供了良好的空间平台。截至 2002 年 10 月，形成了以浙江义乌经济开发区为核心，12 大特色产业园、义西南以及义东北两大工业带多极联动的产业集群体系。

小商品城集团股份有限公司（"商城集团"）等为市场交易提供了稳定规范、公正透明、可预期的制度环境和体制框架，有力地推动了市场发展。另外，随着大企业出现，产业与市场组织结构优化，创新式学习成为主要的学习模式，知识快速转换为企业家认知，丰富而灵活的社会网络结构反过来又极大地促进了市场上产品种类的丰富、质量的提升，促使专业市场与产业集群的互动发展。同时，非常重要的一点是，此时义乌市场体系与产业支撑区域开始向更为广阔的周边地区、包括省外乃至国外扩展，"义乌商圈"得以真正生成。

　　3. 互动的成熟再发展与"义乌商圈"的转型拓展期（新世纪初至今）。随着微观层级互动向多层级互动跃迁，以及互动的空间范围进一步扩大，义乌市场与产业集群的协同演化互动步入随机性更强的成熟再发展期，微观主体之间的竞争因素不断增多，互动对象与范围的随机性，以及外部环境的不确定性更强了，"义乌商圈"面临着新的发展机遇。在这一时期，随着第五代小商品市场即国际商贸城一、二、三期市场相继建成，小商品制造业集群、市场服务性（会展、博览会、电子商务、物流等）产业集群迅猛发展，专业市场与产业集群相互支持、共促共进，两者互动的空间更趋跨区域、国际化、网络化，互动范围和层级大为提升，导致"义乌商圈"稳定发展并日趋成熟①。与此同时，在政府的有力支持与引导下，包括"义乌指数"等在内的信息平台建设、互动主体多层级网络的构建，导致了知识增长与扩散大大加速。然而，由于互动系统内创新性学习与模仿性学习并存②，这使创新激励成为这一时期所面临的一个重要课题，由此相对应的人才引进、技术创新、企业管理等问题也逐一"突现"。所以，在这一新的更趋成熟的互动转型期，"义乌商圈"要想取得更为广阔的发展前景，就迫切需要走上以国际化、现代化、创新化为主要

---

　　① 时至今日，义乌不但形成了众多政府主导型的工业区、产业园区、开发区等产业集聚区，集聚区内的大企业与中小企业集群与各类专业市场进行多层级互动发展，而且一个以来料加工、中间贸易、展示贸易、市场或集群区外投资、产品代理销售和推介等方式扩展而成的跨区域产业与市场分工协作互动式网络—"义乌商圈"日趋成熟，进一步推动了义乌专业市场与产业集群的多层级互动发展与跃迁。

　　② 2007年本课题组的一项调查显示，在义乌市场中企业产品每月无更新的商户仅占19.82%，而80.18%的商户都在不同程度上进行了产品更新，但是，这种更新在很大程度上只是企业模仿其他企业后的二次创新。

内容和特征的转型发展之路。

(二)"义乌商圈"协同演化互动的定量分析

借鉴 Lotka – Volterra 演化动力学模型①,结合"义乌商圈"的演进过程,以下给出一个"义乌商圈"协同演化互动计量模型,以定量分析其历史演进的阶段性特征与规律。

$$dM/dt = v_1 M \left[(C_1 - M_t - \alpha_{12} I_t + \beta_{12} I_t) / C_1 \right]$$

$$dI/dt = v_2 I \left[(C_2 - I_t - \alpha_{21} M_t + \beta_{21} M_t) / C_2 \right]$$

$$\alpha_{12} + \beta_{12} = \alpha_{21} + \beta_{21} = 1$$

$$C_1 = Max (M_0, M_1, \cdots, M_t)$$

$$C_2 = Max (I_0, I_1, \cdots, I_t)$$

在上式中,我们用义乌集贸市场成交额(M)与工业总产值(I)的时间序列数据模拟专业市场与产业集群的发展状况。v_1 和 v_2 分别表示 M 和 I 的固有增长率,这里取两者的平均增长率代替。α 和 β 分别为建立在微观主体互动之上的综合竞争系数与合作系数,例如 α_{12} 表示产业集群产品质量动态变化对市场所可能带来的抑制效应,而 β_{12} 则表示产业创新等对市场的促进效应。同时,假设 $\alpha_{12} + \beta_{12} = \alpha_{21} + \beta_{21} = 1$。此外,$C_1$ 和 C_2 分别为市场与产业集群在一定资源条件下的最大产出水平,这里我们选取样本期内最大产出量为市场与产业集群的环境容量。结合上文的分析,我们的样本数据基期为 1982 年,此时定义 t = 0,样本末期为 2009 年,此时 t = 27。为了揭示义乌专业市场与产业集群进而"义乌商圈"协同演化互动的阶段性特点,我们将样本期划分为三个阶段,分别是 1982—1992,1993—2002 以及 2003—2009,以此对"义乌商圈"的发展历程进行分阶段的回归分析。样本数据如图 1 所示。

运用 SPSS 16.0 统计分析软件对上述联立方程模型进行回归,得到如表 2 所示的回归结果。回归结果中较高的 $Adj – R^2$ 表明,联立方程模型的拟合程度较高,同时大多数系数都通过了 T 检验,这表明回归系数能较

---

① 美国学者 Lotka(1925)提出了描述种间竞争模型,而 Volterra。在 1926 年提出了以下关于猎食者与猎物(Predator – Prey)双物种的生态学模型,试图解释亚德里亚海某些鱼类数量的起伏现象,该模型与 Lotka 研究模型相似,因而被称为 Lotka – Volierra 模型)。

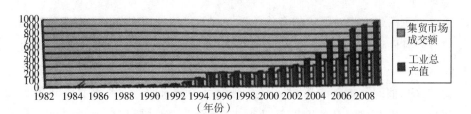

图1　1982—2009 年义乌市工业总产值、集贸市场成交额变化图（单位：亿元）

好地解释各内生变量的动态变化。

如表2所示，"义乌商圈"的形成与演进过程具有十分显著的阶段性特征，这与本文上述理论分析相吻合。

表2　　　　　"义乌商圈"协同演化互动联立方程模型多阶段回归结果

	整体回归 （1982—2009）	孕育阶段 （1982—1992）	形成发展阶段 （1993—2002）	转型拓展阶段 （2003—2009）
竞争系数 α_{12}	0.472(2.236)**	0.274(2.087)**	0.493(1.982)*	0.501(3.527)***
合作系数 β_{12}	0.528(3.154)***	0.726(3.215)***	0.507(3.365)***	0.499(2.669)**
竞争系数 α_{21}	0.409(1.987)*	0.301(2.628)**	0.489(2.025)**	0.518(1.897)*
合作系数 β_{21}	0.591(4.023)***	0.699(1.995)*	0.511(4.222)***	0.482(2.225)**
$Adj - R^2$	0.8852	0.8962	0.9012	0.8748

首先，对样本数据的整体阶段回归表明，无论从专业市场对产业集群的竞争合作效应，还是后者对前者的竞争合作效应来看，在"义乌商圈"演进的全过程中，合作效应大于竞争效应，合作是专业市场与产业集群互动的主要动力。这一演化过程与结论证明了在整个协同演化互动过程中，包括政府在内的各个主体协同演化，创造了一种有利于彼此开展互动合作的外演化环境与不断完善的互动支撑体系，这对于"义乌商圈"的拓展具有至关重要的意义。

其次，分阶段来看，在"义乌商圈"的不同发展时期，以专业市场与产业集群协同演化博弈互动为内在核心过程的个体和系统的生发，具有适应于演化环境的多阶段演化特征。（1）如表2所示，在专业市场与产业集群互动的萌芽形成期，双方的竞争系数都较低，而合作系数较高，这反映出了互动初期，市场经营户、企业等主体面对高度不确定的市场环境，更愿意建立相对稳定的合作关系，彼此之间的博弈范围与对象都是相对有限且固定的。值得关注的是，在这一时期，专业市场对产业集群的合作效应要小于产业集群对专业市场的合作效应（0.699＜0.726），这表明在"义乌商圈"的孕育阶段，培育适应市场需求的产业集群具有重要作用，这是确保"义乌商圈"从孕育走向形成、发展阶段的必要环节。如果缺乏坚实的产业基础，"义乌商圈"的历史演进将被中断。（2）当专业市场与产业集群的互动进入到成长发展期，"义乌商圈"的演进也逐步进入形成发展阶段。本文的计量回归结果较好地证明了上述理论分析的逻辑过程。如表2所示，在此阶段，无论专业市场生发的，还是产业集群生发的竞争效应与合作效应都较为接近，两者对"义乌商圈"的形成与发展发挥了主要的动力作用。在这一时期，市场经营户、企业等主体之间既存在广泛的合作，又存在着与各自利益相联系的竞争关系，它们之间既围绕演化资源展开竞争，又与其他主体就市场战略、产品创新、物流与会展等方面进行合作。与此同时，随着市场与企业规模的扩张，合作的范围已超出本地、区际范围，各类主体逐渐向省际乃至国际化方向发展。这种拓展，反过来又进一步支持了市场与专业化分工集群的互动发展，通过"聚爆"而形成跨区域的分工协作网络——"义乌商圈"。

（3）如表2所示，"义乌商圈"初步形成后，需要在诸多方面转型与拓展。现阶段，竞争效应在某些方面开始大于合作效应，例如市场过度竞争非常不利于产业集群中企业的合作创新，模仿盛行导致企业缺乏创新激励，从而使产业集群陷入创新停滞，并最终导致市场凋敝或消亡。然而，从回归系数整体来看，目前"义乌商圈"虽然出现了转型升级的阶段性特征，但合作效应仍然具有无可代替的地位与作用。由此可见，不同主体之间的合作仍然是实现"义乌商圈"转型提升的重要路径，专业市场与产业集群发展的出路在于不同层级主体之间的有效合作。

四　结论

长期以来，学术界对专业市场与产业集群之间相互作用这一区域经济增长中的独特现象给予了关注，但少有学者对两者的内在互动的机理进行系统研究。本文从演化动力学视角出发，从理论和实证方面揭示了专业市场与产业集群互动的一般机理与特殊演化机制，得出了以下几点结论：

(1) 专业市场与产业集群互动是一个由竞争合作协同机制驱动的协同演化结构与过程。微观要素、要素与环境以及宏观系统之间的相互协作、相互适应、相互影响、相互依存，内生性地推动了专业市场与产业集群互动的模式从合作协同型、竞合协同型向竞争协同型转换，由此促使两者互动的层级从微观主导向微宏观耦合进而向国际化多层级融合跃迁，与此同时，互动阶段从萌芽形成期向成长发展期再到成熟再发展期的转换与递演。

(2) 在微观互动层级上，两者的互动是一个由专业市场内的微观主体（如市场经营户、商贸企业、中介机构等）之间、产业集群内的微观主体（如企业、创新成果产业化中心等）之间，以及跨越专业市场或产业集群的微观主体之间的竞争合作协同演化过程。在此过程中，尤其是跨越系统的集群企业与专业市场主体之间在不同的历史时期，分别形成了寄生型、合作型与依存型协同共生关系，由此助推专业市场与产业集群互动的层级向宏观系统协同演化跃迁；在宏观层级上，到一定的发展阶段，专业市场与产业集群两大系统之间实现了互促共进、相互依存，同时也为各类微观主体之间的长期协同演化动态互动创造了良好的外部演化环境，微观与宏观层级的协同演化互动因而实现了相互支持、相互促进的正循环反馈。

(3) 从专业市场与产业集群互动的角度来看，"义乌商圈"是一个由义乌专业市场与产业集群多层级协同演化互动形成的开放性跨区域分工协作网络。对"义乌商圈"演进过程的定性和定量分析表明，"义乌商圈"是专业市场与产业集群协同演化互动的典型案例，因而实证地验证了本文的理论分析框架与模型。同时，也应看到，"义乌商圈"正处于非常关键的转型提升与战略机遇期，迫切需要利用电子商务、现代物流、会展经济、品牌经济等新型业态推动市场、企业转型升级，充分发挥产业与市场的协同合作效应，大力支持"义乌商圈"在新的历史条件下完成国际化、创新化、现代化拓展。而这显然既取决于政府等外部力量有效干预的他组织能力，更决定于互动系统内生演化环境的适应性，以及互动层级与阶段转换的自组织能力。

参考文献：

[1] A Marshal Larshall, Alfred. *Principles of Economics*. Macmillan, 1890: 123 –

129.

　　［2］A Weber. *Theory of the Location of Industries.* The University of Chicago Press, 1929：4.

　　［3］Porter, Michael E. *The Competitive Advantage of Nations.* Free Press, 1990：34－45.

　　［4］Krugman, Paul. Increasing Returns and Economic Geography［J］. *The Journal of Political Economy*, 1991,（99）：483－499.

　　［5］Bromley. Markets in the Developing Countries：A Review［J］. *The Geography*, 1971,（56）：35－46.

　　［6］Kowaleski, Maryanne. *Local Markets and Regional Trade in Medieval Exeter.* Cambridge University Press, 1995：63－78.

　　［7］王缉慈等：《创新的空间——企业集群与区域发展》，北京大学出版社 2001 年版。

　　［8］郑勇军、袁亚春、林承亮：《解读"市场大省"——浙江专业市场现象研究》，浙江大学出版社 2002 年版，第 31 页。

　　［9］陆立军、王祖强：《专业市场：地方型市场体系》，上海人民出版社 2008 年版，第 12—20 页。

　　［10］李晶：《专业市场与产业集群发展——对汉正街都市工业区发展的思考》，武汉大学，2004 年。

　　［11］陆立军等：《义乌商圈》，浙江人民出版社 2006 年版，第 98—103 页。

　　［12］陆立军、杨海军：《市场拓展、报酬递增与区域分工——以"义乌商圈"为例的分析》，《经济研究》2007 年第 4 期。

　　［13］黄凯南：《企业和产业共同演化理论研究》，山东大学，2007 年。

　　［14］Norgaard, R. Development Betrayed：The End of Progress and A Co － evolutionary Revisioning of the Future. Routledge, 1994：23.

　　［15］Nelson, R. R. The coevolution of technology, industrial structure, and supporting institutions［J］. Industrial and Corpo － rate Change, 1994,（1）：19－29.

　　［16］Daniel, Friedman. Evolutionary economics goes mainstream：A review of the theory of learning in games［J］. Journal of Evolutionary Economics, 1998,（15）：8.

　　［17］Watts. Networks, dynamics and the small － world phenomenon［J］. American Journal of Sociology, 1999,（105）：4.

　　［18］理查德·R. 纳尔逊，悉尼·G. 温特：《经济变迁的演化理论》，胡世凯译，商务印书馆 1997 年版。

　　［19］库尔特·多普菲：《演化经济学：纲领与范围》，贾根良等译，高等教育出版社 2004 年版。

城市群与协同型市场产业网络的协动机理研究[*]

——以浙中城市群与"义乌商圈"协动发展为例

郑小碧　陆立军

　　国外学者在不同的历史时期对产业空间布局的分析是研究城市群与产业集群、市场体系相互关系的理论基础[1-6]。借鉴国外新古典主流经济学的产业集群理论与方法，国内研究者主要从产业集群与城市群之间相关性的角度，研究了城市群空间演化与产业经济的相互影响机理。这些研究主要包括三个方面：①城市群发展对产业集群的促进作用。例如，林先扬等认为城市群有利于实现城市群内基础产业、高新产业、支柱产业和传统产业的有效联合，形成城市群的产业链、技术扩散链和市场分工链[7]；何骏认为城市群通过区域内城市整合，强化城市间的功能互补和深度合作挖掘区域经济更为强大的发展功能[8]。②产业集群对城市群发展的助推作用。如乔彬等分析了由聚集经济发展为城市群的内在产业机理，认为产业的关联效应、聚集效应，技术扩散效应、转移效应是城市群空间结构演变的内在动力[9]；朱英明认为城市群是由不同层次的产业链将不同规模、等级的城市联结而成的城市体系，打造城市群城际战略产业链能够从根本上增强城市群的整体竞争力[10]。③城市群与产业集群之间的互动。如马延吉认为区域产业集聚是城市群形成和发展的重要推动力，城市群是区域产业集聚发展的重要载体，区域产业集聚与城市群的协调发展推动了地区经济整体发展[11]；章志刚认为产业群与城市群之间存在耦合关系，耦合

---

　　[*]　与郑小碧共同撰写。

程度与所在区域发展水平呈正相关，城市群经济体是二者高度耦合的产物[12]。然而，不难看出，上述文献对城市群与产业集群关系的研究主要停留于静态的描述与分析，而缺乏从动态的角度研究两者之间相互关系及其演化规律的成果，此外，随着专业市场对区域经济发展推动作用的日益显现，一些研究者开始关注城市群与专业市场相互关系。例如，崔大树论证主导型市场集群不但推动了义乌的城市化进程，而且极大地带动了浙中城市群整合[13]；张旭亮等认为我国专业市场与区域经济发展水平不但相关，而且呈现出与城市群空间上的耦合性[14]。进一步的文献研究发现，现有研究尚未系统关注专业市场和产业集群相互耦合与城市群之间联动发展的过程及其机理，而专业市场与产业集群互动发展已经成为区域经济发展中的一种显著现象[15]。鉴此，系统分析城市群与专业市场、产业集群以及两者耦合网络之间的相互影响机理，具有十分重要的理论和现实意义。

1. 城市群与协同型市场产业网络协动的演化过程

城市群与协同型市场产业网络协动发展是指在一定的城市群内，由集散效应、耦合效应以及网络效应所推动的城市群与协同型市场产业网络内各类市场主体、产业主体、市场体系、产业集群、生产要素、宏观系统之间，相互影响、相互支持、互促共进的过程与结构，并由此最终实现两者的协动从集散型向耦合型、国际化、网络化的方向演进。

Kurt Dopfer 认为经济系统的结构可分为微观与宏观两个层级，微观层次的集聚分散效应、宏观层次的系统耦合效应以及更高层级的网络化效应，是系统发展过程中的重要动力机制[16]。因此，集散效应、耦合效应与网络效应是推动城市群与协同型市场产业网络协动的内在机制，而且在两者协动的不同发展阶段，上述三种动力效应都成为推动城市群成长和空间结构演变，以及区域性市场产业网络拓展升级的主要影响因素（表1）①。

---

　　① 需要说明的是，这里我们指出了城市群与协同型市场产业网络协动的阶段性特征以及协动机理，但是这些协动机理并不是各阶段的唯一机理，只不过它们在一定的协动阶段占主导地位与作用。例如，如果城市群与协同型市场产业网络的协动处于中等水平的成长发展期，那么此阶段的主导性协动机理是耦合效应，但这并不是唯一的协动机理，集散效应与网络效应也都以不同的形式与程度发挥作用。

如表 1 所示，城市群与协同型市场产业网络在集散效应、耦合效应及网络效应的主导下，推动两者协动模式由低水平、中级水平向高水平转换与升级，并由此促使协动过程经历了由协动初期、成长发展期到成熟期的转换和跃迁。在上述过程的不同阶段，两者协动发展所形成的城市群与协同型市场产业网络各自的形态、两者协动的形态、动力机制等都不尽相同。

2. 城市群与协同型市场产业网络耦合机理

当城市群与协调型市场产业网络的协动进入中等水平的成长发展阶段时，系统之间的耦合效应就成为促进两者进一步有序协动的主导性机制。此时，由产业系统、市场系统、城市系统以及空间系统等经济系统之间多层级耦合而形成了城市群与市场产业网络之间的协动耦合系统。在此过程中，耦合系统通过优化配置与创造各类系统资源，协调推进城市群空间结构、城市功能组合、产业结构、市场布局等，使自身也不断合理化与高级化。借鉴物理学中的容量耦合（Capacitive coupling）概念及容量耦合系数模型，构建城市群与市场产业网络耦合度模型如下：

$$C_t = 2 \left[\left(U_{1t} U_{2t} \right) / \left(U_{1t} + U_{2t} \right)^2 \right]^{1/2} \tag{3}$$

$$U_{it} = \sum \omega_j U_j \ (i = 1, 2; j = 1, 2, \cdots, n) \tag{4}$$

$$\sum \omega_j = 1 \tag{5}$$

式中：C_t 表示城市群与市场产业网络在 t 时期的耦合度，U_{1t} 和 U_{2t} 分别表示为城市群系统与市场产业网络系统在 t 时期的贡献度或能级，它们分别由两大系统的相应经济指数（系统序参量）加权计算而得。ω_j 为一级序参量权数[①]，U_j 为一级序参量指标，一级序参量下面又由各二级分参量组成，见表 2。

---

① 权重的确定方法主要有主观赋权法和客观赋权法。主观赋权法是由专家根据经验主观判断而得到，如德尔菲法（Delphi）、层次分析法（AHP）等。客观赋权法的原始数据是由各指标在评价单位中的实际数据形成的，不依赖于人的主观判断，因而此类方法的客观性较强，如主成分分析法、离差最大化法等。这里，由于部分数据的缺失，我们采用德尔菲法（Delphi）、层次分析法（AHP）确定不同层次序参量的权重。

表 1　　　　　　　　城市群与协同型市场产业网络协动的演化过程

协动阶段	协动模式	协动机制	协动内容	城市群形态	市场产业网络形态	协动形态	动力源
协动初期	低水平协动	集散效应	产业、市场、企业、要素集散	多城市简单集聚	专业化市场与产业集群简单集散	集散型经济	规模经济与范围
协动的成长发展期	中级水平协动	耦合效应	城市间产业、市场体系以及空间耦合	（多）核心城市、次级中心城市集聚	多样化产业集群与专业市场体系频繁互动	耦合系统	地方化经济与城市化经济
协动的成熟期	高水平协动	网络效应	复杂网络经济、社会联系	多等级成熟城市群	网络化市场与产业互动体系	多元网络组织	网络化协同经济

　　显而易见，耦合度 $C \in (0, 1)$。当 $C = 1$ 时，耦合度最大，城市群与市场产业网络之间达到良性耦合，两系统之间的耦合结构将趋向新的有序结构；当 $C = 0$ 时，耦合度最小，城市群与市场产业网络几乎没有耦合机制，两系统处于一种"解耦"状态。

　　除上述两种极端状态外，一般认为，当 $0 < C \leqslant 0.3$ 时，城市群与市场产业网络的发展处于较低水平的耦合阶段，专业市场与产业集群对外的系统性辐射能力较低，辐射内容主要是产品、要素的流动。此时城市群空间呈现初级的"中心—外围"形态，中心城市雏形显现，并与周边城市形成一定的空间经济梯度；当 $0.3 < C \leqslant 0.5$ 时，产业与市场系统协同区域发展的能力更强，市场产业发展网络以更多更有效的方式影响城市群经济发展，同时，城市群经济空间呈现出更多的结构特征，中心城市的聚集能力更强，次级中心城市在区域经济发展过程中发挥着更大更重要的协调作用，城市群出现了一定水平的城市综合体发展状态。当 $0.5 < C \leqslant 0.8$ 时，产业市场网络内的企业、市场经营户、生产要素在城市群内不断优化配置，网络结构与分工体系进一步完善，从而形成稳定与高效的耦合系统。此时，城市群经济空间呈现出多核心—多次级中心的城市分布结构特征，城市群与市场产业网络的耦合进入良性发展阶段。当 $0.8 < C < 1$ 时，

产业与市场系统的发展本身不断趋于成熟，它们与城市群空间互促共进，因而两大系统进入高水平耦合阶段。此时，城市群的空间结构更趋多元，也更为成熟，城市群不断向都市圈（大都市带）方向发展。

表2　　　　　城市群与协同型市场产业网络耦合系统序参量

系统	一级序参量	控制权重	二级序参量/单位	权重
城市群与市场产业网络耦合系统	产业系统指标	0.25	企业数/个	0.05
			主导产业区位商	0.10
			主导产业关联系数	0.10
	市场系统指标	0.25	市场数/家	0.05
			市场成交额/亿元	0.10
			批发零售贸易业总产值占第三产业总产值比重/%	0.10
	经济发展水平指标	0.15	人均 GDP 增长率/%	0.0375
			地方财政收入增长率/%	0.0375
			城镇居民人均可支配收入/元	0.03
			城市化率/%	0.045
	资源指标	0.15	各类专业技术人员人数/万人	0.03
			金融机构年末存款余额/万元	0.06
			全社会 R&D 投入占 GDP 比重/%	0.06
	经济联系指标	0.20	客运量/万人次	0.04
			货运量/万 t	0.04
			进出口总额增长率/%	0.04
			电信业务收入/万元	0.04
			国际互联网用户数/万户	0.04

如表2所示，依据前文对城市群与协同型市场产业网络耦合机理的分析，耦合系统序参量由产业系统指标、市场系统指标、经济发展水平指标、资源指标以及经济联系指标构成，各一级序参量又分别由多个分量加权决定。例如，由客运量、货运量、进出口水平、通信网络交流水平加权决定的经济联系指标序参量，就能较好地反映城市群与市场产业网络主

体之间各层级的经济交往关系与水平，从而体现系统的耦合度。又如，市场系统指标序参量下的市场数、市场成交额以及零售业与批发业产值状况，反映了市场网络与城市群耦合的市场基础条件与水平，因而在一定程度上体现了系统耦合的效果与能力。

3 浙中城市群与"义乌商圈"[①] 协动发展实证

3.1 浙中城市群与"义乌商圈"协动的历史逻辑过程

在浙中城市群的区域范围内，由集散效应、耦合效应以及网络效应所推动的浙中城市群与"义乌商圈"内市场主体、市场体系、产业集群、生产要素、宏观系统之间相互影响、相互支持、互促共进，由此最终实现浙中城市群与"义乌商圈"的协动从集散型向耦合型、网络化方向演进，并推动协动经历初期、发展期以及成熟期三个阶段（表3）。

在浙中城市群与"义乌商圈"协动初期，市场、产业、生产要素向周边城市集聚、辐射是该阶段两者协动的主要机制。例如，义乌的小商品市场、企业集群通过将一些劳动密集型加工环节转移到其他更具有比较优势的地区，或者通过来料加工影响浙中地区的劳动力资源配置以及产业发展。这种通过产业、市场集散推动的协动过程，促进了浙中城市群内各地之间的经济联系。"义乌商圈"的集散效应，也使义乌在浙中城市群中的经济地位与能级不断提高，因而在此阶段，浙中城市群逐渐出现了金华市区、义乌等具有较高集聚辐射能力的中心城市，其他诸如永康、东阳等副中心城市也开始发育。与此同时，浙中城市群的初始建设通过城市间的经济联系为各种经济活动的地理集中提供了良好的外部空间，使义乌的市场信息和产品能在浙中城市群内迅速扩散开来，各城市的低成本产品也竞相

---

① 陆立军教授（2006、2007、2008）首先提出并深入研究了"义乌商圈"，认为"义乌商圈"是产品销售区域和产业支撑区域互动形成的跨区域分工协作网络，专业市场与产业集群之间的协同发展是其形成与发展的核心力量。与此同时，通过对"义乌商圈"助推浙中崛起机理的理论与实证分析，我们发现"义乌商圈"对浙中区域经济发展具有独特而重要的协同化经济效应（陆立军、郑小碧，2009）。在此意义上，无论是从自身发展的内在核心过程考察，还是从区域经济发展角度来看，"义乌商圈"都具有协同型经济网络的内涵与特征，因此，我们将"义乌商圈"视为一种"协同型市场产业网络"。

通过义乌小商品市场销往国内外，浙中城市群与"义乌商圈"由此获得市场和产业的初期地理集散效应。

表3　　　　浙中城市群与"义乌商圈"协动的演化过程与特征

协动阶段	协动模式	协动机理	协动内容	浙中城市群形态	市场产业网络形态	协动形态
协动初期	低水平协动	集散效应	产业、市场、企业、要素集聚、辐射	多城市集聚、中心城市（金华市区、义乌）出现	专业市场与产业集群简单集散	集散型
协动的成长发展期	中级水平协动	耦合效应	城市间产业、市场体系以及空间耦合	以金华市区与义乌为联合中心，其他次级中心城市（镇）集聚发展的多等级城市群体系	多样化产业集群与专业市场体系频繁互动	耦合系统
协动的成熟期	高水平协动	网络效应	复杂网络经济、社会联系	以金华市区、义乌聚合发展为核心，各城市节点紧密联系的网络化城市群	网络化市场与产业互动体系	多元网络组织

在浙中城市群与"义乌商圈"协动的成长发展期，两者协动的水平不断提高，城市间产业、市场体系以及空间的耦合效应日益成为协动的主导机制。在这一阶段，由"义乌商圈"所联结的其他城市的产业系统、市场系统、城市空间系统高水平耦合，互为发展空间与条件，多样化产业集群与专业市场体系频繁互动，最终形成浙中城市群与"义乌商圈"协动的耦合系统。此时，经济系统的耦合使得浙中城市群内各个城市之间的经济联系更为紧密，义乌作为中心城市之一的地位不断增强，最终将形成以金华市区与义乌为联合中心，永康、东阳为副中心，其他次级城镇集聚发展的多等级城市群体系。与此同时，随着浙中城市群等级体系的不断完善与拓展，浙中的区域经济发展水平、需求层次以及协调区域经济发展的能力不断提高，从而对"义乌商圈"的发展提出了更高的要求，两者主要通过系统性地耦合相互支撑、相互拓展，逐步建立了稳定的耦合系统。

在浙中城市群与"义乌商圈"协动的成熟阶段，协动系统内逐渐形成稳定的市场网络、产业网络、交易服务网络、社会关系网络等多元化网络组织，它们的协同优化效应成为协动的主导动力，由此促进浙中城市群的空间网络不断优化。在高水平的协动过程中，浙中各主要城市之间由协同机制所促成的复杂经济社会网络联系，成为最为主要的协动内容，义乌专业市场、产业网络与其他城市的产业市场网络相互交织，共同促进浙中城市群与"义乌商圈"的升级与拓展。随着各城市分工协作网络的形成以及国际化要素的参与，浙中城市群将发展成为以金华市区、义乌聚合发展为核心，各城市节点紧密联系的网络状城市群，并不断向都市圈、大都市带、世界级城市群的方向发展。随着浙中城市群国际化水平的提升，浙中各个城市的生产要素在区内外进行更为广泛而高层次地流动与配置，因而也提升了"义乌商圈"国际化拓展的能力与空间。因此，义乌的市场和产业必须站在更高层次上参与同浙中其他城市的协动发展，以创新化、现代化和国际化机制聚合浙中区域经济的分工协作网络。

3.2　浙中城市群与"义乌商圈"的协动发展水平[①]

　　浙中城市群与"义乌商圈"的协动，目前在总体上处于由低水平协动初期向中等水平成长发展期过渡的阶段，集散效应是两者协动的主导机制（表4）。当前，"义乌商圈"主要通过来料加工、产品中转销售、产业初级转移等路径影响浙中其他城市的产业发展与市场建设，城市之间尚未真正形成具有紧密经济联系的耦合与网络效应，耦合与网络效应只是在局部环节与领域偶然发生，尚未成为两者协动的主要机制。与此同时，浙中城市群内各城市间主要通过产业集聚与产业的初级分工协作来参与"义乌商圈"和浙中城市群的形成与发展过程。与之相对应，浙中城市群与"义乌商圈"分别处于竞合式互动的成长发展期和城市群核心外围初现的加快发展时期，两者的驱动要素都正处于从投资驱动向创新要素驱动转变阶段。当前，"义乌商圈"与浙中城市群两者具有各自不同的主导性影响机制，前者是一种市场与产业集群互动促发机制，专业市场与产业集

---

　　① 我们于2010年5月对义乌4000家企业进行问卷调查，结果显示，有29.6%的企业表示它们的产品来自于义乌周边地区，这很好地说明了"义乌商圈"内核与浙中城市群的协动发展状况。在这里，限于篇幅，我们首先给出对"义乌商圈"与浙中城市群协动发展水平的定性判断，两者协动的定量分析将另文给出。

群的协同演化互动推动了"义乌商圈"的形成与发展；而后者由于当前浙中各城市政府对合作推进浙中城市群建设的共识尚待深化，各个城市之间竞争的本能仍远大于合作的动机，因而浙中城市群主要还是由市场化要素协同推进，一般而言，这种市场化协同建设城市群将经历一个比较漫长的过程。不难发现，在当前发展阶段，金华市区、义乌联合中心在城市群中的地位日益凸显，双核心集聚、次级中心城市密集布局的形态初现。同时，当前浙中城市群与"义乌商圈"协动从集散型向高水平耦合系统转换，也决定了浙中城市群与"义乌商圈"分别向现代化、国际化市场产业分工协作网络和以金义为联合中心的多等级城市群体系转型提升的历史必然性。

浙中城市群中两个中心以外的各城市在浙中城市群与"义乌商圈"的协动过程中，主要以产业转移、来料加工、设立市场销售机构、资金引进等方式承接中心城市的集聚扩散效应。一方面，它们通过自身发展，建设具有特色产业集群，而这些产业集群中许多都以义乌市场为销售平台，从而形成产业与市场的初级互动发展；另一方面，各城市区域在金华市委、市政府的协调下，以各种不同方式参与浙中城市群建设，承接义乌小商品市场的辐射，一个个各具特色的产业集聚地在浙中初步生成，并通过政府间的合作实现产业集聚区的初始联结。

此外，在上述浙中城市群与"义乌商圈"的集散型协动发展阶段，浙中城市群空间结构处于初期形成阶段。金华市区与义乌联合中心初具雏形，其中，金华市区主要以承接产业转移、共建产业集聚区等方式成为"义乌商圈"的首要主体外围，对"义乌商圈"的发展发挥不可替代的外围支撑作用。同时，金华市区作为浙中城市群的中心城市之一，在共建浙中城市群的过程中具有十分重要的引领作用。此外，义乌既是"义乌商圈"的内核区域，也是浙中城市群的中心城市之一，因而是促进两者协动发展的核心力量。两大中心城市在浙中城市群的建设过程中初步发挥了协同作用，但尚未真正成为合力建设浙中城市群的根本性力量，这固然与浙中各个城市间缺乏合作意识有关，但也反映了城市群发展阶段的历史性。与此同时，永康、东阳这两个副中心城市的集聚辐射能力也在不断增强，它们不但是"义乌商圈"发展过程中的次级主体外围区域，对承接义乌产业市场的集聚和辐射作用明显，同时也通过自身的产业市场优势支持了义乌产品和市场的竞争力提升，它们对浙中城市群的建设与发展同样功不可没。但就目前发展水平来看，这两个城市与中心城市之间的经济联系还需要进一步加强。此外，兰溪、浦江、武义、磐安四地也将在发展自身特色产业的基础上，通过主动接轨与承接"义乌商圈"的经济集聚辐射、劳动力资源利用等途径，成为"义乌商圈"的依附型外围区，规模不断扩大的来料加工产业将它们与义乌的经济联系变得越来越紧密，越来越多的企业、市场、农村剩余劳动力需要依附于"义乌商圈"而获取经济利益。

4 结论与启示

建设和发展城市群是推动区域经济增长的重要力量，而由专业市场与产业集群互动形成的协同型市场产业网络在助推区域经济发展的过程中也扮演了无可替代的角色。那么，在此过程中，作为区域经济发展的两种重要力量，城市群与协同型市场产业网络之间具有怎样的内在关系呢？围绕这一问题，本文创造性地提出了"城市群与协同型市场网络协动"这一理论概念，并对两者协动的内在机理进行了深刻揭示，得出了以下几点结论：①城市群与协同型市场产业网络的协动发展是区域经济发展的重要推动力，是区域经济系统的常见自组织力量。②城市群与协同型市场产业网络的协动发展遵循一般的逻辑过程，在集散效应、耦合效应及网络效应的主导下，两者的协动模式由低水平、中级水平向高水平转换与升级，并由此促使协动过程由协动初期、成长发展期向成熟期转换和跃迁。在不同阶段，两者协动发展的形态、城市群空间结构、动力机制等都不尽相同。③城市群与协同型市场产业网络协动的内在过程由两大系统所生发的集散效应、耦合效应以及网络效应推动，在不同的协动阶段，三种效应的地位、作用具有显著差异。一般而言，集散效应主导了协动初期，此时协动处于低水平，而耦合效应和网络效应则分别主导了成长发展期的中级水平协动和成熟期的高水平协动。不同协动水平及其主导效应，都可以通过一个数量模型加以刻画。④案例分析表明，浙中城市群与"义乌商圈"之间的协动发展是典型的城市群与协同型市场产业网络协动发展的案例，两者的协动发展有力地助推了浙中崛起的历史进程。然而，当前这一助推作用还比较有限，两者协动总体上处于低水平协动初期向中等水平成长发展期的过渡阶段，集散效应是两者协动的主导性影响机制。

表4　　　　　　　　　浙中城市群与"义乌商圈"协动发展水平

经济系统	系统类型	发展阶段	主导性机制	空间结构	驱动因素	近期发展方向
浙中城市群	核心外围雏形	加快发展初期	市场化协同	中心城市出现，多城市集聚	投资驱动向创新驱动过渡	以金义为联合中心的多等级城市群体系
义乌商圈	竞合式互动	成长发展期	市场产业多层级互动	市场核心型网络	投资驱动向创新驱动过渡	现代化国际化
协动系统	集散型协动	低水平协动初期向中级水平过渡	集散机制	可扩展嵌套	投资驱动向创新驱动过渡	高水平耦合

　　本文的分析具有十分明显的政策含义。城市群建设要充分结合本地市场产业网络形成与发展的内在过程，而不是简单地在几个城市之间建立交通联系；要从市场产业网络与城市群之间的内在关系考虑城市群的建设和发展，利用市场与产业互动机制引导生产要素支持城市群建设和发展，以市场协动、产业协动、城市群空间协动、基础设施建设协动为核心，以协作建设城市群现代产业集聚区、打造特色产业带、合理布局专业市场体系为重点，不失时机地推进城市群与协同型市场产业网络协动发展由低水平的简单集散，向更高水平的系统耦合进而网络化聚合发展阶段的转换与跃迁，以加速区域经济发展。

参考文献：

　　[1] A. Marshall, Alfred. *Principles of Economics*. London：Macmi－llan，1890.

　　[2] A. Weber, Alfred. *Theory of the Location of Industries*. Illinois：The University of Chicago Press，1929.

　　[3] Gottman J. Megalopolis or the Urbanization of the NortheasternSeaboard. *Economic Geography*，1957，33（7）：31－40.

［4］Friedmann J R. The World City Hypothesis：Development and Change. *Urban*，1992，3－10 Studies，1986，23（2）：59－137.

［5］Porter，Michael E. *The Competitive Advantage of Nations*. New York：Free Press，1990.

［6］Fujita，Masahisa，Paul Krugman and Anthony J. Venables. *The Spatial Economy*：*Cities，Regions，and International Trade*. Cambridge，Mass：MIT Press，1999.

［7］林先扬、周春山：《论城市群经济整合内涵、特征及其空间过程》，《经济地理》2009 年第 26（1）期，第 71—73 页。

［8］何骏：《长三角城市群产业发展的战略定位研究》，《南京社会科学》2008 年第 16（5）期，第 8—12 页。

［9］乔彬、李国平：《城市群形成的产业机理》，《经济管理》2006 年第 18（22）期，第 78—83 页。

［10］朱英明：《增强城市群整体竞争力研究：回顾与展望》，《工业技术经济》2007 年第 23（4）期，第 2—5 页。

［11］马延吉：《辽中南城市群产业集聚发展与格局》，《经济地理》2010 年第 30（8）期，第 1294—1298 页。

［12］章志刚：《现代物流与城市群经济协调发展研究》，复旦大学博士学位论文，2005 年。

［13］崔大树：《主导产业提升县域城市化水平的作用机制分析——以浙江义乌市为例》，《经济地理》2010 年第 30（2）期，第 208—213 页。

［14］张旭亮、宁越敏：《我国专业市场与城市经济发展的空间规律和关联分析》，《经济地理》2009 年第 29（7）期，第 1121—1126 页。

［15］陆立军、郑小碧：《基于协同演化效应的专业市场与产业集群互动创生机制研究》，《浙江工商大学学报》2010 年第 18（4）期，第 51—57 页。

［16］多普菲、贾根良等译：《演化经济学：纲领与范围》，高等教育出版社 2004 年版。

新常态下重温践行创新
"义乌发展经验"的思考

——纪念习近平总书记主持总结推广
"义乌发展经验"十周年

一 新常态下重温、践行、创新"义乌发展经验"的重大意义

（一）赋予"义乌发展经验"以新的时代生命力和活力，指导义乌在新常态下开拓新思路、迈上新台阶、再创新辉煌。2006 年 4 月 30 日发布的浙委〔2006〕34 号文件要求在全省学习推广"义乌发展经验"，并将其归纳为坚持兴商建市、促进产业联动、注重城乡统筹、推进和谐发展、丰厚文化底蕴、力求党政有为六个方面的内容。同年 6 月 8 日，习近平同志亲赴义乌召开学习"义乌发展经验"座谈会并发表重要讲话，指出：学习"义乌发展经验"，必须把贯彻中央精神、落实省委决策部署同本地实际紧密结合起来，必须把继承前人同推进创新紧密结合起来，必须把推进经济发展同促进社会全面进步紧密结合起来，必须把发挥政府这只"有形的手"的作用与发挥市场这只"无形的手"的作用有机结合起来，必须把推进改革发展同实现社会和谐稳定紧密结合起来。并叮嘱义乌市领导干部必须始终保持清醒的头脑，谦虚谨慎，再接再厉，切实解决好发展中出现的新问题，更多地吸收借鉴别人的长处和经验，与时俱进地丰富和发展实践经验，为全省、全国大局作出新的贡献。习近平同志的重要讲话一方面对基于新的发展环境与条件不断丰富和拓展的"义乌发展经验"提出了明确要求；另一方面也指出"义乌发展经验"处于一个动态变化、与时俱进的过程之中，必须根据时代的变化和发展，不断创造、总结和吸

纳新的成功经验，赋予其新的时代生命力和活力。这表明，"义乌发展经验"不仅是对义乌过去发展实践的总结和理论升华，更是当前和未来引领义乌继续走在前列的指针。面对当前全新的发展环境、任务和要求，我们迫切需要进一步重温、践行和创新"义乌发展经验"，更好地指导义乌在新常态下做强优势，补齐短板，再创辉煌。

（二）促进浙江全省各地以"八八战略"为总纲，更好地完成"干在实处永无止境、走在前列要谋新篇"的新使命。"八八战略"是过去、当前和未来引领浙江发展的总纲领、总方略。"义乌发展经验"是"八八战略"的精髓和内核在县域层面的生动体现与成功实践，充分彰显了习近平总书记所揭示的发展的"三个规律"（即遵循经济规律的科学发展、遵循自然规律的可持续发展、遵循社会规律的包容性发展）的本质要求。在新常态下，通过重温、践行和创新"义乌发展经验"，可为全省各地向党中央、省委看齐提供重要参考和借鉴，以"八八战略"为总纲，在尊重经济社会客观发展规律、尊重人民群众首创精神的基础上，开拓新思路、谋划新举措、迸发新动力、铸就新格局；而十年来义乌在培育新市场、新产业、新业态等方面的创新实践，将为全省各地加快区域经济尤其是专业市场、中小企业转型升级等方面提供新经验、新启示，从而促进浙江更好地完成习近平总书记赋予的"干在实处永无止境、走在前列要谋新篇"的新使命。

（三）贯彻落实党中央关于"四个全面"战略布局和"五大发展理念"的要求，引领和助推全国区域经济转型发展。"四个全面"战略布局和"五大发展理念"是马克思主义唯物辩证法和社会主义政治经济学在当代中国的具体实践。"义乌发展经验"作为习近平同志主政浙江时推动地方尤其是县域全面协调可持续发展的典型代表，与"四个全面"战略布局和"五大发展理念"是一脉相通、高度契合的，均蕴含着系统性、整体性、协同性相统一的发展和治理导向。事实上，十年前习近平同志亲自决策、精心指导和总结推广"义乌发展经验"，既为党的十八大以来提出的一系列治国理政新理念、新思想、新战略提供了重要实践基础，也为全党树立了运用马克思主义哲学和政治经济学等立场、观点、方法指导中国特色社会主义区域尤其是县域经济改革发展的光辉典范。重温、践行和创新"义乌发展经验"，将为全国其他地方创造性地贯彻落实党中央的战略决策部署，加快区域经济转型发展，创新发展步伐提供重要启示。

二　十年来"义乌发展经验"的深化与拓展

（一）坚持兴商建市，与时俱进赋予其符合时代要求的新内涵。十年来，义乌坚持"兴商建市"总体发展战略，大力推动全球最大的小商品市场与电子商务、现代物流、会展经济等新商业形态相融发展，在全国率先建成线上线下融合化、业态结构多元化、交易手段电子化、服务功能复合化的现代新型专业市场，并形成了出口、进口、转口相统一，内贸、外贸协同并进，"买全球，卖全球"的大格局。目前，义乌实体市场已成为全国最大的网络商品供应基地，全市内贸、外贸网商密度分别位居全国各城市第 1 位、第 2 位，成为全国首批国际陆港城市，全国最大的内陆港和零担货物配载中心，"义新欧"班列和"义乌·德黑兰"国际货运班列的开行更使义乌成为实施"一带一路"国家战略的开放大平台。2015 年，义乌小商品市场成交额达 3461.8 亿元，约为 2005 年的 9 倍。

（二）促进产业联动，现代服务业与先进制造业协同共进。十年来，义乌正确处理了市场"命根子"与产业"腰杆子"之间的关系，大力推进市场与产业协同发展，着力构建现代服务业与先进制造业双轮驱动的大格局。全市建立了 13 个国家级产业基地和世界第二大无缝内衣产业基地，通过实施"四换三名"工程，大力发展日用时尚消费品、信息网络经济、先进装备制造、食品医药健康四大战略产业，产业的层次和水平得到显著提升。义乌着力发扬精益求精的工匠精神，培育了一大批行业"单打冠军"，并与国内外知名高校、企业合作，建立了一大批创新平台，创新发展能力和水平显著提高，规模以上工业企业新产品产值率由 2005 年的 4.2% 上升至 2015 年的 32.1%。

（三）注重城乡统筹，建设全球闻名的世界"小商品之都"。十年来，义乌以促进人的城市化为核心，大力开展农村产权制度改革、城乡新社区集聚建设、美丽乡村建设等工程，力求农业现代化与新型工业化、新农村建设与新型城镇化协调共进，着力建设享誉海内外的世界"小商品之都"。2008年义乌成为省级统筹城乡综合配套改革试点城市，2014年入选国家新型城镇化综合试点，并被列入第二批国家级农村改革试验区。目前，义乌城市建成区面积已达103平方公里，总人口超过200万（其中城镇常住人口超过126万），均居全国县市首位。近年来，义乌每年用于新农村建设、支农惠农和改善民生方面的投入占全市财政总支出的40%左右。城乡居民对改革发展的获得感显著提升，城镇居民人均可支配收入和农村居民人均纯收入分别从2005年的19010元、7735元提高至2015年的56586元、28433元，分别增长了197.7%和267.6%，年均增速分别为11.5%和13.9%。

（四）推进和谐发展，力促新老中外义乌人共建美丽家园。十年来，义乌采取了一系列推动外来人口本地化的举措，使其在住房、医疗、子女就学等方面逐步享有与本地市民同等的待遇，开展了一系列生态环境治理工作，力促人与自然和谐发展，形成了新老中外义乌人共建美丽家园的良好局面。目前，有来自100多个国家和地区的1.3万名外商常住义乌，国内48个民族的130多万外来建设者在义乌经商、创业和生活。义乌已连续8年获得浙江省平安建设"优秀县（市）"，并成功创建了国家级环保模范城市、生态城市、园林城市、森林城市等，至2015年底，城市建成区绿化覆盖率达40.7%。义乌坚持以习近平总书记关于"绿水青山就是金山银山"的科学论断为指导，系统开展环境治理，2015年全市环境空气质量优良天数比率较2013年提高了14个百分点，空气PM2.5年平均浓度较2013年下降了22.7%。

（五）丰厚文化底蕴，以与时俱进的浙江精神助圆"中国梦"。十年来，义乌广大干部群众、企业家传承吃苦耐劳、敢闯敢冒的"鸡毛换糖"文化，坚持从无到有、从小到大、从弱到强的艰苦奋斗道路，结合自身实际大力弘扬"求真务实、诚信和谐、开放图强"的与时俱进的浙江精神，凝聚共识、聚力发展。2014年3月义乌启动"摇响拨浪鼓·同圆中国梦"和"我诚信，我吉祥"两项工程，开创了社会主义核心价值观传播的新途径，目前已累计销售主题商品4500多万件，远销美国、法国、俄罗斯、意大利等世界30多个国家和地区。2015年义乌再次聚焦提升文化软实力，大力实施文化引领、文化印记等"八大工程"，深入挖掘和释放与时俱进的"浙江精神"和义乌优良文化传统所蕴含的强大发展动力，在大众创业、万众创新的道路上大跨步前进。

（六）力求党政有为，以全球视野不断开辟改革发展新路。十年来，义乌市历届党委政府坚持使市场在资源配置中起决定性作用与更好地发挥政府作用相结合，着力打造现代服务型政府，当好市场主体的"店小二"，使政府"有形之手"与市场"无形之手"完美配合、相得益彰。为了破解义乌小商品出口特点与现行贸易监管体制机制不相适应这一关键问题，历届党委政府以钉钉子的精神，全力推进国家级国际贸易综合改革试点各项改革任务一一落地，相继在多个领域取得重大突破，尤其是试点的核心成果"市场采购贸易方式"已在江苏海门和浙江海宁的市场得到复制推广，2010—2015 年全市进出口总额年均增速高达 61.4%，占全省进出口总额的 12.5%。通过开展以"四单一网"为重点的简政放权等商事制度改革和外贸主体快速设立审批试点，新增市场主体呈"井喷"之势，至 2015 年底，全市市场主体总量约占全省的 1/6。义乌还成立了全国首家行政复议局、全省首个不动产统一登记中心，在全国率先开展出租车行业改革。

十年来，义乌的上述新实践与"五大发展理念"高度契合，尤其是始终坚定中国特色社会主义道路自信、理论自信、制度自信，不断创新发展理念和思路，着力培育新业态、新产业，规划建设丝路新区、陆港新区、科创新区，以城乡一体化协调发展为导向推进新型城镇化，正确处理经济发展与生态文明建设的关系，通过积极融入"一带一路"国家战略，努力提升市场、产业、城市的国际化水平，使多国文化在此交融，向着全球闻名的世界"小商品之都"大步迈进。

三　义乌的发展前景与思考

（一）努力建设世界闻名的"小商品之都"。2015 年 12 月 4 日习近平总书记在出席中非领导人与工商界代表高层对话会暨第五届中非企业家大会闭幕式上发表的重要讲话中，称义乌是世界"小商品之都"，这是对义乌发展的新期望。要建设更高水平的世界"小商品之都"，就必须按照创新发展、开放发展的理念和要求，依靠市场业态创新、新兴产业发展、国际贸易提升、城市功能升级等手段，开创义乌经济社会发展的新境界。要发挥中外客商云集的独特优势，力促中外多元文化、思想观念的碰撞与交流，为创新发展、开放发展提供强大精神动力。当前，尤其要千方百计吸引、集聚一批国内外站在行业前沿、具有国际视野和能力的科技领军人才、企业家人才、高技能人才和社会管理等领域的高端人才，这是义乌建设世界"小商品之都"最根本、最关键的要素资源。要以多种形式的"人才驿站"为载体，引进和利用欧美、日本等发达国家和国内北上广深等地的高层次专家、高级工程师、高级技师、高级管理人才等来义乌全职、兼职或短期工作。

（二）围绕供给侧结构性改革加快产业升级步伐。改革开放以来，义乌依托全球最大的小商品市场，为全国 20 多万家中小微企业提供了高效率、低成本、国际化、共享型的展销大平台，为全国 31 个省（市、区）的 350 多万农村剩余劳动力（多为留守妇女和老人）提供来料加工业务。在不同时期，义乌均适应了当时国内外需求侧的特点，通过高效率地满足需求侧的要求实现了自身的高速发展。在未来的发展过程中，应发挥业已形成的"义乌商圈"的独特优势，通过供给侧结构性改革提升义乌以及与之相联系的全国其他地区特色产业、区域经济发展质量。可重点在"精、快、新"上做文章：精，就是聚焦产品精致化、精细化、时尚化，大力支持和鼓励与义乌市场紧密相连的数十万家企业将产品做到极致；快，就是聚焦快速制造、快速供应，推动生产企业的信息化、自动化、智能化，并与物流商、批发商、零售商等构建上下游一体化的快速协同供应链体系；新，就是要聚焦新技术、新业态、新产业，推动义乌市场、产业、外贸与移动互联网、大数据、云计算等跨界融合，培育出新的业态和产业。

（三）以"义新欧"班列和"义甬舟"开放大通道推进陆上与海上"丝绸之路"建设。在习近平总书记亲自倡议、指导下开通的"义新欧"班列，是我国加强与"丝绸之路经济带"沿线国家经贸合作、推动高水平双向开放的重要平台和载体。为了更好地发挥这一班列的独特作用，应着力促进其增点、拓线、加密、提效；应进一步扩展、提升其口岸功能，如在义乌设立肉类、水果等进境商品指定口岸；将其与国家鼓励支持进口贸易的政策导向相统一，在义乌市场探索设立"义新欧"指定商品免税区，集中展示销售"义新欧"沿线国家的特色日用消费类商品，以促进我国与"丝绸之路经济带"沿线国家陆路贸易结构的优化，逐步改变由我国向其出口为主的状况，推动双向贸易平衡发展。当前，全省还要通力合作，加强已列入省"十三五"发展规划的"义甬舟"开放大通道的建设，尤其要着力推进义乌国际陆港与宁波·舟山海港的无缝对接，重点加强在市场采购贸易方式运行和监管方面的跨区域合作，并可积极研究探索将宁波、舟山、义乌等相关保税功能区进行整合，打造国家级自由贸易试验区。通过上述努力，力促陆上与海上"丝绸之路"紧密连接，为"一带一路"建设作出特殊贡献。

（四）将义乌打造成全国县市全面深化改革的新标杆。党的十八届三中全会通过的《中共中央关于全面深化改革若干重大问题的决定》提出，优化行政区划设置，有条件的地方探索推进省直接管理县（市）体制改革。义乌全程参与了浙江前四轮"强县扩权"和第五轮"扩权强县"改革，尤其是浙委办〔2006〕114号文件将义乌作为第四轮"强县扩权"改革的唯一试点城市，明确规定除规划管理、重要资源配置、重大社会事务管理等经济社会管理事项外，赋予义乌市与设区市同等的经济社会管理权限，这对义乌十年来的新发展发挥了巨大的推动作用。下一步，应当依据马克思主义唯物辩证法关于经济基础决定上层建筑、上层建筑反作用于经济基础的理论和党的十八届三中全会通过的《决定》要求，在系统总结过去十年成效、经验和不足的基础上，继续推进义乌的"扩权强县"改革，以进一步释放其发展潜力，并为全省、全国县域行政管理体制改革创造新的经验。目前，义乌还承担着国际贸易综合改革试点、国内贸易流通体制改革发展综合试点、新型城镇化综合试点等十个国家级改革试点重任。许多改革成果、创新举措已在全省、全国复制推广，较好地体现了中央全面深化改革领导小组第二十一次会议关于改革试点要做到可复制可推广的要求。然而，在我国进入改革攻坚期和深水区的大背景下，义乌许多改革事项的推进亟须省级、国家部委层面进一步对现行某些规章制度、管理习惯加以必要的调整，以达到多级联动、共促改革之效。例如，义乌率先探索建立并开始向全国推广的市场采购贸易方式成效显著，但仍需国家相关部委群策群力、共同优化和完善相关操作规程和配套监管办法，尤其是交易信息确认方式迫切需要调整，应允许外贸公司作为交易信息确认主体，对外贸公司录入交易信息视同确认，并以此为依据对市场采购贸易货物予以免税认定。再如，由于我国内外贸税制存在较大差异，全国许多批发市场的经营户开展内外贸一体化经营面临着税制难题，为此可考虑率先在义乌开展批发市场税收体制改革，对市场集聚区内增值税一般纳税人采取核定毛利率方式简易征收增值税办法。

中国特色社会主义的成功实践：义乌例证

陆立军　陈丹波

改革开放 40 年来，义乌从一个地瘠民贫、资源匮乏、"一穷二白"，的农业小县迅速成长为世界知名的国际小商品贸易中心，在纪念改革开放 30 周年之时被作为全国 18 个典型地区之一。1978—2017 年，义乌地区生产总值、人均 GDP、财政收入分别增长了 904 倍、622 倍、788 倍，远高于同期浙江省（417 倍、277 倍、374 倍）和全国（224 倍、154 倍、151 倍）的增幅①。义乌是习近平总书记长期关注的一个"观测点"和"试验田"，他曾十多次到义乌调研指导，盛赞"义乌的发展简直是'莫名其妙'的发展、'无中生有'的发展、'点石成金'的发展"，[2]党的十八大以来，习近平总书记先后 8 次在重要国际交流场合点赞义乌，尤其是 2015 年 12 月出席中非领导人活动时推介义乌号称世界"小商品之都"，这既是对义乌过去发展成果的充分肯定，更是对义乌未来发展的殷切期望。义乌正在以时不我待、只争朝夕的精神真抓实干，努力在 2020 年奠定坚实基础，到 2030 年基本建成世界"小商品之都"，到 2050 年高水平在全球亮相。

改革开放 40 年来义乌的发展历程，充分体现了以人民为中心的理念、改革创新的理念、开放共享的理念，等等，这些自觉的价值追求与习近平新时代中国特色社会主义思想高度一致，既是义乌成功的要诀，又是义乌

---

① 根据《中国统计年鉴（2017）》，《浙江统计年鉴（2017）》，《义乌统计年鉴（2017）》，《中华人民共和国国民经济和社会发展统计公报（2017 年）》、《浙江省国民经济和社会发展统计公报（2017 年）》、《义乌市国民经济和社会发展统计公报（2017 年）》相关数据整理计算得出。

在新时代实现新发展、新跨越的重要指引，对于全国其他地区的改革发展也具有重要借鉴参考价值。

一　市场义乌：从"鸡毛换糖"到国际商贸

市场是义乌的命脉所在，也是改革开放40年来义乌发展成就的集中体现。自清乾隆年间开始，义乌人便逐渐形成了"鸡毛换糖"的经商传统，在肩挑货郎担、手摇拨浪鼓、翻山越岭、长途跋涉的艰辛磨砺过程中，铸就了义乌人吃苦耐劳的精神，形成了不以利小而不为和善于发现、挖掘、把握商业机会的品格，为此后小商品市场的萌芽、诞生和发展奠定了重要基础。改革开放使义乌人的创业创新激情得到了充分释放。从1978年底开始，义乌稠城、廿三里镇的农民自发在马路两侧摆地摊，形成了"马路市场"。

1982年9月，在时任县委书记谢高华同志的主持和推动下，义乌县委、县政府做出开放小商品市场的决定，仅702个露天摊位的第一代小商品市场——稠城镇湖清门小百货市场应运而生，紧接着县委又提出"四个允许"①，极大地激发了市场活力。1984年10月，义乌县委、县政府确立了"兴商建县"总体发展战略，把市场放在义乌经济社会发展的龙头地位，并于同年12月建成第二代小商品市场——稠城镇新马路市场，实现了由"马路市场""草帽市场"向"以场为市"的转变，商品流通范围也逐渐跨出本县范围，向周边及外省辐射。1986年9月，第三代小商品市场——城中路市场建成，商品门类日趋齐全，场内立体型管理服务体系初步形成。

1988年义乌"撤县建市"后更加重视培育市场，至1991年，市场年成交额达10.25亿元，居全国同类市场首位。1992年2月，第四代小商品市场——草园市场——期工程建成，真正实现了由"露天市场"向"室内市场"的转变。同年8月，义乌小商品市场被国家工商总局命名为

---

① 1982年11月，义乌县委、县政府发布了"四个允许"（即允许转包责任田、允许带几个学徒、允许议价销售、允许长途运销）的决定，1986年以后重新归纳提炼为：允许农民经商，允许从事长途贩运，允许开放城乡市场，允许多渠道竞争。参见陆立军等：《市场商圈》，浙江人民出版社2006年版，第109页。

"中国小商品城"；1994 年 10 月，草园市场二期建成开业；1995 年 11 月，同属第四代市场的宾王市场建成开业。

随着义乌市场辐射范围的不断扩大尤其是向境外延伸，陆续有外企、外商人驻义乌建立采购点，国际贸易在市场交易中的占比日益上升，促使义乌市场迈入了国际化发展的新阶段。义乌市委、市政府审时度势抓住这一新趋势，于 2002 年提出了建设国际性商贸城市的目标，当年 9 月，具有鲜明国际化特色的第五代市场——国际商贸城一期市场建成开业；2004 年 10 月，国际商贸城二期市场建成役用。2006 年 4 月 30 日，时任浙江省委书记的习近平同志亲自决策、精心指导并提出总结推广"义乌发展经验"，同年 6 月 8 日又亲赴义乌调研并就如何学习"义乌发展经验"做出重要指示，这给予了义乌及周边地区广大干部、群众，尤其是企业家和经商户以极大的鼓舞和激励，促使义乌形成并爆发出巨大的改革红利和发展潜力。2002—2007 年，浙江确立并大力实施"八八战略"①，明晰的奋斗目标、完整的战略框架、完善的制度设计为浙江省各地的快速发展创造了良好环境。这一时期，义乌市场国际化拓展突飞猛进，全市集贸市场年成交总额从 265.1 亿元增加至 460.1 亿元，年入境外商数从 2 万人次增加至 20 万人次，常驻外商从 3400 人增加至 1 万人，分别增长了 73.6%，900%，194.1%。自 2006 年 10 月开始，由国家商务部主持编制的"义乌·中国小商品指数"定期向全球发布，成为全球小商品贸易行情的"风向标"和"晴雨表"。在"八八战略"的指引和市场国际化拓展的带动下，义乌经济社会发展实现了大跨越，尤其是开放水平大幅提升。

2002—2007 年，义乌地区生产总值从 156.1 亿元增加至 422.11 亿元，人均 GDP 从 23148 元增加至 59326 元，一般公共预算收入从 16.62 亿元增加至 58.88 亿元，工业增加值从 69.1 亿元增加至 171.53 亿元，社会消费品零售总额从 46.27 亿元增加至 176.03 亿元，货物进出口总额从 4.54 亿美元增加至 18.28 亿美元，实际利用外资额从 2000 万美元提高至 13749 万美元，城镇居民人均可支配收入从 12741 元增加至 25007 元，农村居民人均纯收入从 5688 元增加至 10255 元，分别增长了 170.4%，156.3%，

---

① "八八战略"是指 2003 年 7 月浙江省委十一届四次全会提出的进一步发挥八个方面的优势、推进八个方面的举措。

254.3%，148.2%，280.4%，302.6%，569.1%，96.3%、80.3%，绝大部分指标的增幅远高于同期全省、全国的相应增幅。2008 年 10 月，凸显数字化、国际化、标准化、人性化以及绿色、环保、节能等理念的第六代市场—国际商贸城三期市场一阶段正式开业；2011 年 5 月，国际商贸城三期市场二阶段正式营业。

随着越来越多的外企、外商人驻义乌建立采购点，逐渐形成了独特的"市场采购"型贸易方式，这一贸易方式与传统的由外贸公司从厂家采购货物出口模式的显著区别，是外商直接人驻义乌市场从流通环节采购商品出口。[3] 然而，相关的外贸管理体制机制越来越难以满足义乌作为"世界超市"，对国际贸易环境和服务所提出的要求，尤其是独特的"市场采购"型贸易方式具有交易过程内贸化（经营户在境内完成交货过程、由外商委托境内贸易公司向经营户支付人民币货款）的特点，且贸易货物品种多、批次多、主体多、小批量拼箱组货，传统的针对大批量出口的监管服务体系与这一贸易模式不相适应，因而迫切需要建立一整套适应上述贸易特点的政策体系、监管办法和运行平台。鉴于此，自 2009 年开始，义乌市委、市政府在浙江省委、省政府的精心指导和大力支持下，积极酝酿、报批国家级国际贸易综合改革试点。2011 年 3 月 4 日，国务院发文批复开展"浙江省义乌市国际贸易综合改革试点"（以下简称"义乌试点"），开启了义乌新一轮大发展的新高潮，笔者有幸参与了"义乌试点"从研究、报批到实施的全过程。7 年来，"义乌试点"高歌猛进，在多个领域取得重大突破，尤其是试点的核心成果"市场采购"贸易方式得到了商务部等的高度肯定，经国务院批准，已在国内多个城市复制推广，2017 年"市场采购"，贸易方式出口额占义乌市出口额的比重达 85%。

在"义乌试点"的引领和带动下，党的十八大以来，义乌遵循我国经济迈入新常态阶段的新要求，着力推动市场转型发展、创新发展，尤其是适应现代信息技术大爆发、商业模式大变革的内在要求，大力发展电子商务和现代物流，市场功能进一步向商品展销、信息集散、价格形成、旅游服务、产品创新、技术交流、标准制定、规则输出等复合型方向拓展，交易方式由传统的现金、现货、现场交易向洽谈订单、电子商务、物流配送等现代交易方式转变，在全国率先建成线上线下融合化、业态结构多元化、交易手段电子化、服务功能复合化的现代新型专业市场。[4] 2012—

2017 年，全市集贸市场年成交总额从 758.8 亿元增加至 1493.2 亿元，电子商务交易额从 520 亿元增加至 2220 亿元，义乌海关监管集装箱数从 65.4 万个标箱增加至 92.7 万个标箱，国内快递日均出货量从 45 万票增加至 493 万票，跨境快递日均出货量从 2 万件增加至 29.4 万件，年入境外商数从 41.7 万人次增加至 54.8 万人次，分别增长了 96.8%，326.9%，41.7%，995.6%，1370.0%，31.4%。目前，义乌市场经营总面积达 640 余万平方米，经营商位 7.5 万余个，注册地在义乌的电子商务账户数超过 25 万家，内贸网商密度位居全国首位，外贸网商密度仅次于深圳，位居全国第二位，连续四年位列"中国电商百佳县"榜首，成为唯一获批创建国家电子商务示范城市的县级市，义乌实体市场已成为全国最大的网络商品供应基地和微商货源中心。在市场转型发展、创新发展的引领下，全市经济社会也跃上了新台阶。2012—2017 年，义乌地区生产总值从 802.9 亿元增加至 1158 亿元，人均 GDP 从 107009 元增加至 146381 元，一般公共预算收入从 101.5 亿元增加至 142.1 亿元，工业增加值从 283.83 亿元增加至 329.1 亿元，社会消费品零售总额从 398.7 亿元增加至 653.8 亿元，货物进出口总额从 590 亿元增加至 2339 亿元，实际利用外资额从 11261 万美元增加至 20834 万美元，城镇居民人均可支配收入从 44509 元增加至 66081 元，农村居民人均可支配收入从 19147 元增加至 33393 元，分别增长了 44.2%，36.8%，40.0%，15.9%，64.0%，296.4%，85.0%，48.5%，74.4%。尤为可喜的是，外贸突飞猛进，在"义乌试点"的带动下，义乌外贸出口占全省的比重从 2011 年的 1.7% 提高至 2017 年的 11.9%。

　　纵观改革开放 40 年来义乌市场从"鸡毛换糖"到国际商贸的发展历程，它通过为全球关联的中小微企业提供低成本、开放型、共享式的展销平台，使原本无力自建出口渠道、参与国际分工的中小微企业（包括许多家庭手工作坊、个体手工艺者等）只要对接义乌，就能接轨世界市场或进入中国市场，从而分享中国改革开放和经济全球化的红利。尤其值得重视的是，义乌市场在向外延伸和拓展的过程中，通过提供来料加工业务、共建产业基地、开展劳务合作等多种方式，显著带动了全国许多欠发达地区人民收入水平的上升，成为推进精准扶贫、精准脱贫的一支重要力量。以来料加工业务为例，目前义乌市场为全国 31 个省（区、市）的

400 万人提供来料加工业务，年支付加工业务费 70 多亿元。重点面向来自欠发达地区的农村富余劳动力（多为留守妇女和有劳动能力的老人），为他们提供了增收致富的机会，有效解决了农村留守妇女和有劳动能力老人的生产、生活问题，促进了社会整体的稳定与和谐，同时也满足了义乌企业的用工需求，且未增加厂房、机器等投入[5]，形成了互利共赢格局。可见，义乌市场不仅为中国，而且为世界许多国家和地区的人民实现发展权、分享经济全球化、现代化的成果提供了一个重要平合。

二 "义乌商圈"：市场"聚爆"是义乌成为国际小商品贸易中心的核心竞争力

义乌市场作为改革开放以来与我国生产力和生产关系发展变化相适应的经济组织方式，在自身不断迭代升级的过程中，依靠开放、共享、高效、低成本的内生优势，吸引国内外越来越多的关联经济主体和区域参与其所构建的商贸流通网络之中。这一网络随着义乌市场的对外扩展而延伸，从区域性转向全国性直至全球性，从商品供销向产业协作、要素配置等功能拓展，形成了以义乌小商品市场为核心、联通国内外相关区域和经济主体的跨区域分工协作网络——"义乌商圈"。"义乌商圈"展现出了强大的生命力，其联通全球的展销网络有效带动全国 20 多万家中小微企业对接国际市场、参与国际贸易，吸纳 2000 万以上人口就业，每年有 50 多万人次的境外客商到义乌采购商品，来自 100 多个国家和地区的 1.3 万多名境外客商常驻义乌，180 多万种小商品借力这一网络销往世界 210 多个国家和地区，义乌国际商贸城进口商品馆累计引进 100 多个国家和地区的 10 余万种特色商品，2017 年实现成交额 18.1 亿元，被中国商业联合会授予"中国进口商品城"称号，义乌日益成为海外日用消费品进入中国的"桥头堡"。

在"义乌商圈"的核心——义乌小商品市场诞生之初，其分工协作网络主要辐射周边地区，它由区域性向全国性直至全球性拓展的内在机制主要体现在以下两个方面：一是增加分工协作网络参与者的数量。义乌市场所提供的低成本、开放型、共享式展销平台，吸引国内外大量市场主体参与其中。随着参与者数量的增长和市场交易规模的扩大，产生了日益显著的规模报酬递增效应，尤其是与市场发展相配套的仓储、物流、金融、信息、广告等服务日趋完善，为交易活动提供了极为便利的环境和条件，从而吸引更多市场主体进入这一分工协作网络，并进一步深化分工协作关系，促使"义乌商圈"不断向外扩展。二是降低分工协作网络参与各方的交易成本。在义乌市场及其构建的展销网络中，由于商品价格信息集中、交易主体数量众多，买卖双方可以在较短时间内寻找到交易对象，从而降低搜寻成本和时间成本；各方交易次数增多后，重复博弈使得相互之间的了解和信任度提高，从而使跨区域乃至跨国界分工协作网络的参与各方原先用于维系企业间商务关系的风险保障支出大为降低，越来越多的国内外经济主体和区域参与到这一分工协作网络中来，"义乌商圈"由此实现从区域向全国、全球的扩展。综上所述，随着义乌市场规模的扩大和向外辐射范围的扩展，区域经济趋向于向外"聚爆"，逐步构建起跨区域乃至跨国界的分工协作网络。

党的十八大以来，义乌市场引领和推动区域经济向外"聚爆"、促使"义乌商圈"国际化拓展的一个鲜明特点是深度参与"一带一路"建设，日益成为"一带一路"的重要支点之一。2013 年习近平总书记提出"一带一路"倡议以来，义乌依托"义乌商圈"这一跨国界的分工协作网络，大力推进丝路新区、陆港新区、浙江捷克小镇、中欧（义乌）智造园等的规划建设，培育和做大做强非洲产品展销中心、东盟产品展销中心等面向"一带一路"沿线国家和地区的重要经贸交流平合，开通"义新欧"中欧班列并稳步推进其增点、拓线、提效，积极参与"义雨舟"开放大通道建设，致力于打造东西双向融入"一带一路"的桥头堡。2014 年 9 月 26 日，国家主席习近平在会见西班牙首相拉霍伊时提道："'义新欧铁路计划从浙江义乌出发，抵达终点马德里，中方欢迎西方积极参与建设和运营。"11 月 18 日，从义乌出发经新疆阿拉山口直达西班牙首都马德里的"义新欧"中欧班列正式开通，逐步构建起了一条安全、高效、便捷的中欧国际贸易大通道，使"义乌商圈"对"一带一路"沿线国家和地区的集聚辐射能力增强。至 2017 年底，"义新欧"中欧班列由义乌至西班牙这一条线路增加至 9 条，成为全国运行线路最多、到达境外城市最多、市场化程度最高、运行效率领先的中欧班列。2017 年，义乌与"一带一路"沿线国家和地区货物贸易额约占浙江省的 1/5。

回顾"义乌商圈"的发展历程,在其形成之初,相关主体主要围绕义乌小商品市场构建起了商品的产供销价值链。此后,随着义乌市场辐射范围的延伸、影响力的增长和渠道控制力的提高,逐渐形成了由义乌小商品市场这一"恒星"吸引其他星系成员共同组成的"价值星系"。且现代信息技术的迅猛发展,使"义乌商圈"内部许多区域之间、经济主体之间建立起了无形化的虚拟价值链,并与有形价值链共同构成了价值网[8],促使"义乌商圈"由供应链、产业链协作向价值链协同、价值创造体系方向迈进。在上述过程中,国内外相关区域和经济主体主要通过以义乌小商品市场为纽带的商品贸易、产业协作、信息交互等方式进行价值交换、传递和创造,"义乌商圈"各组成部分和主体相互依存、合作共生,形成了一个有序运行的生态系统。未来,"义乌商圈"内部相关区域和经济主体将进一步围绕终端消费者、整个社会乃至全人类的需求进行价值交换、传递和创造,且价值创造的地位不断上升,形成以价值创造为内生驱动力的全球共建共享价值生态系统。这一生态系统将全球相关联地区的土地、资源、能源、劳动、资本、技术、制度、管理等价值财富的创造源泉联结在一起,进行重新组合、优化配置,尤其是引导和推动技术创新、制度创新、管理创新等更好地与资源、能源、劳动、资本等要素相融合,形成新供给,创造新需求。这表明,"义乌商圈"增强了并将进一步提升参与其中的国内外相关区域和经济主体的价值财富创造能力。

综上所述,"义乌商圈"内部国内外相关经济主体在重复博弈的过程中(包括面对面的洽谈、跨时空的沟通、非正式场合的交流等),逐渐建立起了一种以价值关联为基础、以价值创造为内生驱动力、以价值认同为精神保障的新型关系,它显著区别于古典经济学所假设的理性经济人之间的利益关系,是一种拥有热度、充满人情、富含信任的互利共生关系;同时,国内外相关地区的政府及其部门也积极参与其中,通过沟通协调政策、搭建合作平台、提供服务支持等,为"义乌商圈"内相关经济主体的合作提供保障,并对违反公认价值创造、分配、交换原则的行为进行规制、惩戒,这也显著有别于以跨国型大企业为核心所主导形成的纯市场化的产业链、供应链合作关系。未来,"义乌商圈"不仅将进行价值资源的配置(高效运行的经济体系),也将构建起得到普遍认同的价值资源配置规则(合作共赢的政治文明),还将凝聚形成开放包容的价值资源配置规则的规则（求同存异的文化生态），从而冲破地域国界、种族民族、宗教文化等的束缚，由空间层面的跨区域分工协作体系升华为精神层面的跨价值观联合体，成为一个价值共同体，并为人类命运共同体的建设作出积极贡献。

三　世界"小商品之都"：义乌未来更可期

随着"义乌商圈"的对外拓展和辐射功能的不断增强，义乌市场由"买全国、卖全国"向"买全球、卖全球"转变，它不仅是义乌、浙江、中国的市场，而且成为全球共享的市场，在全球小商品贸易网络中日益发挥中枢作用，从而使义乌市场、城市发展具有了世界意义。[9] 建设世界"小商品之都"，是习近平在肯定改革开放以来义乌市场、产业、城市发展成就的基础上，在新时代为义乌锚定的发展坐标和宏伟方向，是推进新时代中国特色社会主义在义乌生动实践的核心主题，并将为全球关联地区和人民共享中国改革开放红利、更好地实现发展权提供一个更优的平台。

党的十八大以来，习近平总书记以全球化的视野和凝重的历史责任感，提出了构建"人类命运共同体"的重要思想，义乌作为一座享誉海内外的国际性商贸城市，其基于"世界超市"的"义乌商圈"的形成和发展为此作出了特殊贡献，证明了习近平总书记这一新概括的科学性。世界"小商品之都"，可定位为在以日用工业品为主的小商品的研发、设计、生产、贸易、流通和品牌运营、标准制定等方面居全球引领地位，开放共享，对全球小商品供应链、产业链、价值链有重大影响力和重塑力的国际性城市。建设世界"小商品之都"，就是要为党的十九大提出的"发展更高层次的开放型经济"，"推动建设开放型世界经济"作出新贡献，成为构建"人类命运共同体"的一支重要力量。

义乌建设世界"小商品之都"，必须以习近平新时代中国特色社会主义思想为指引，遵照党的十九大报告关于坚持新发展理念、建立现代化经济体系、建设贸易强国的要求，着力塑强以小商品为主的贸易特色、提升国际化的都市能级、拓展世界性的影响力。随着科技进步和人民对美好生活需要的增长以及发展的日趋充分与平衡，小商品的内涵、外延和功能正在发生并将继续发生时尚化、品牌化、个性化等重大变革，这对其生产者、销售者和需求者的影响巨大而深远。为此，必须以全新的视角认识世界"小商品之都"的含义。一要践行创新发展、绿色发展理念，进一步增强贸易特色。围绕市场创新提升、产业转型升级，着力完善线上线下有机相融的"买全球、卖全球"商贸流通网络，以构建现代产业体系为导向，做精、做强、做优小商品的研发、设计、品牌、标准等高附加值、低能耗、低排放环节，并与全球各地的小商品生产、流通基地及中小微企业无缝对接。二要践行协调发展、开放发展理念，进一步提升国际化的都市能级。着力提升国际化的城市功能和服务水平，思想理念、政策环境、人才交流、企业管理等与国际相接轨，力促新老中外义乌人和谐相处、共建美丽家园，打造宜商宜游宜居的国际商贸名城。三要践行开放发展、共享发展理念，进一步拓展世界性的影响力。不仅自身要全面提高开放水平、大幅提升商贸能级、深度对接和融入世界主流经济形态，而且要遵循构建"人类命运共同体"重要思想所强调的"互利共赢的开放战略"，助力贸易强国建设，努力成为一个全球关联经济主体和区域共商共建共享的商流、物流、资金流、信息流大平台，形成世界性的影响力和知名度。具体而言，要着力建设四个中心。

一是世界领先的国际小商品贸易中心。服务于建设贸易强国目标，着力培育贸易新业态新模式，努力形成新时代背景下参与国际经济合作和竞争新优势。重点是将互联网、移动互联网、物联网、云计算、大数据、人工智能，3D 打印、智能穿戴，VR 技术等最新科技成果引入小商品交易全流程之中，构建世界领先的现代化展示交易系统、智慧化仓储物流系统、集成化大数据系统、一体化贸易管服系统，使义乌成为交易成本低、信用好、信息灵、手段新、服务佳的国际小商品展贸中心、流通中心、信息中心、价格中心。[10]为此，要通过智能传感设备将实体市场设施物联成网，将市场、商铺、商家、商品进行网络化、智能化和数字化，实现"网络化数字贸易"，着力打造"智慧商城"；推进全市传统仓储物流设施的系统化、数字化、互联化、自动化、智能化改造升级，建设智慧化的公共仓储物流设施，着力打造"智慧物流"；对实体市场、仓储设施、物流中心、货运场站、运输车辆以及相关电商平台的交易数据进行大规模采集、存储、统计、挖掘和转化利用，着力打造"智慧信息"；整合市场监管、海关、检验检疫、外汇、公安、税务、司法、科技等部门以及第三方信用评价机构、网上交易平台、金融机构、中介机构等的相关信息，着力打造"智慧监管"。

二是国际著名的小商品研发设计中心。围绕推进供给侧结构性改革的内在要求，把大幅提高小商品研发设计能力和水平作为主攻方向，以优化"义乌商圈"所构建的联通全球的供给体系。重点是通过集聚全球小商品研发设计人才、企业、机构等，建设小商品研发设计的展示交流平台、产权交易平台、公共服务平台等，以及与国内外的小商品研发设计力量进行产业链上下游协作和跨时空合作，把义乌打造成国际著名、开放共享的小商品研发设计展示交流中心、成果转化中心、产业协作中心等。为此，要努力引聚、培育更多的小商品研发设计人才、企业、机构等，促进为中小企业服务的公共技术平台、小商品研发中心、工业设计中心、质量检测中心、重点实验室等各类公共服务平台的建设和发展，使义乌成为在全球具有领先优势的小商品研发设计资源、要素、成果的集聚高地；大力支持和推进义乌工商企业、市场经营户等采取业务外包、定向委托、成果转让等多种方式，通过线下渠道和网络平台与国内外其他地区的研发设计力量开展合作，实现在全球范围内优化配置研发设计资源；聚焦于小商品研发设计的新材料、新工艺、新款式、新功能等环节，尤其要赋予产品更多的时尚元素、文化元素和创意元素，着力发展日用时尚消费品和文化创意产业，将义乌的中外人文交融优势融入产品研发设计之中，开发出更多兼容中西传统文化、消费习惯、时尚潮流的名特优新产品。

三是引领全球的小商品品牌标准中心。遵循我国经济由高速增长阶段转向高质量发展阶段的大背景，以及党的十九大关于"推动经济发展质量变革、效率变革、动力变革"的要求，从产品品牌、企业品牌、市场品牌、产业品牌、城市品牌等不同角度人手，全面提升义乌整个品牌体系的国际影响力和美誉度，依托全球最大的小商品市场和"义乌试点"优势，引领全球小商品生产制造、贸易监管标准的制定、推广和协调，使义乌成为国际小商品品牌集聚中心、培育中心和生产贸易标准制订中心、输出中心。重点是发挥全球最大小商品市场的展贸平台优势，引聚更多、影响力更大的国内外小商品品牌产品和企业，尤其是吸引更多全球知名采购商和国内外大型企业集团的品牌运营总部、营销总部、采购总部、物流总部等落户义乌，把义乌打造成全球小商品生产贸易企业和产品的品牌运营、展示中心；依托"义乌试点"所推动建立的外贸商品质量监管体系，进一步构建和完善独具义乌特色的小商品生产贸易标准体系，尤其是推进市场采购贸易方式下的产品质量标准和贸易监管标准在国内外小商品生产加工、网上贸易、仓储物流、国际运输、海关商检等领域获得一致认同和应用，建立内外贸接轨的"义乌标准"。

四是陆上海上网上"丝绸之路"，交汇的联动发展中心。积极全面参与"一带一路"国际合作，为实现"五通"、打造国际合作新平台贡献新动力。重点是充分发挥义乌对外经贸发达、海外客商云集、中外文化交融的独特优势以及"义新欧"和"义雨舟"东西双向两个开放大通道、跨境电商优势鲜明的独特作用，着力把义乌打造成"一带一路"，的战略支点和陆上海上网上"丝绸之路"交汇联动发展中心。为此，一方面要进一步促进"义新欧"班列增点、拓线、加密、提效，开展国际中转集拼、国际邮件（快件）运输和国际商务服务等，努力将"义新欧"班列打造成"一带一路"建设的示范性项目，并进一步加强与"一带一路"沿线国家和地区的沟通协调，签订更加紧密的合作协议，着力构建"义新欧"中欧国际贸易大通道。另一方面，要进一步推进与宁波舟山港、上海港以及国内外其他重要港口、边境口岸的无缝对接，尤其是强化与舟山自由贸易港区和宁波梅山新区的耦合联动，推动宁波舟山港港口功能和口岸监管功能向义乌国际陆港全面延伸，促进双核港口管理运营一体化和口岸监管无缝对接，共同拓展海港和陆港货源腹地，从而加快"义雨舟"开放大通道的建设。此外，探索创建"跨境电商市场采购保税出口"新模式，即将"市场采购"贸易方式的相关便利化报关、报检、结汇、退税等优惠政策延伸至跨境电子商务监管政策和流程之中，同时利用跨境电子商务的信息化平合和工具，推动两者业务对接、信息共享，并以保税物流中心为监管园区，利用其保税功能开展跨境电商保税出口业务，出口业务主体将商品整批或分批申报存入保税物流中心（符合退税资格的主体可享受退税政策，其余主体享受"不征不退"政策），当境外企业、个人等通过电商平合购买时，以市场采购贸易方式的相关监管办法核放出口，出口业务主体定期归并"商品清单"，向海关申报。

参考文献：

［1］［10］陆立军、杨志文：《新发展理念的义乌探索与实践》，《浙江日报》2018 年 1 月 12 日。

［2］习近平：《干在实处走在前列：推进浙江新发展的思考与实践》，中共中央党校出版社 2006 年版，第 519 页。

［3］［9］陆立军杨志文郑小碧：《义乌试点》，人民出版社 2014 年版，第 130、12 页。

［4］陆立军：《新常态下重温践行创新"义乌发展经验"的思考》，《决策咨询》2016 年第 3 期，第 16—19 页。

［5］陆立军、王祖强、杨志文：《义乌模式》，人民出版社 2008 年版，第 11 页。

［6］陆立军等：《义乌商圈》，浙江人民出版社 2006 年版。

［7］Richard Norman and Rafael Ramirez. *From Value Chain Value Constellation*：*DesigningInteractive Strategy*. Harvard Business Review，1993，71（7/8）.

［8］Adrian J. Slywotzky and David J. Morrison. *The Profit Zone*：*How Strategic Business Design Will Lead You*. Tomorrows Profits. Times Busi－ness Press，1998.

关于继续践行和创新"义乌发展经验"的思考与建议

2006 年 4 月 30 日，时任省委书记习近平同志亲自决策、精心指导并以省委文件形式总结推广"义乌发展经验"，同年 6 月 8 日又亲赴义乌主持召开座谈会，就深入学习推广"义乌发展经验"发表重要讲话。习近平同志在浙江工作期间曾先后 11 次到义乌考察、调研，到中央工作后又先后 6 次在国际重要场合为义乌"点赞"，对义乌的改革发展寄予了厚望；李克强总理也盛赞义乌是中国名片，义乌国际商贸城堪称当代"义乌上河图"。在新的发展阶段和形势下，必须继续践行和创新"义乌发展经验"，为我省加快"两个高水平"建设、谱写实现"两个一百年"奋斗目标的浙江篇章注入新动力。

一 继续践行和创新"义乌发展经验"意义重大

"义乌发展经验"既是对改革开放以来义乌成功实践的总结，也是指导义乌长远改革发展的纲领，对全省、全国不同区域，尤其是县域经济社会改革发展具有重大借鉴意义。

(一)"义乌发展经验"是"八八战略"精神实质和内核的生动体现

浙江省委、省政府〔2006〕34 号文件将"义乌发展经验"归纳为坚持兴商建市、促进产业联动、注重城乡统筹、推进和谐发展、丰厚文化底蕴、力求党政有为这六个方面，并肯定："义乌的发展是浙江发展的一个生动缩影"。习近平同志横塘村重要讲话指出：义乌发展经验"是结合实际落实省委实施'八八战略'和建设'平安浙江'、'文化大省'、'法治浙江'等决策部署的经验"。上述六条生动经验凸显出鲜明的人文内涵、整体协调、持久永续等特征,充分体现了"八八战略"所内含的全局意识、辩证思维、和谐理念、统筹思想等发展要义。省第十四次党代会提出要"坚定不移沿着'八八战略'指引的路子走下去",因此继续践行和创新"义乌发展经验"自是题中应有之义。

(二)"义乌发展经验"是我国县域改革创新的典范之一

"义乌发展经验"的灵魂就是联系自身实际,坚持改革创新,创造性地贯彻党中央、国务院精神和省委、省政府的决策部署;力促市场主体自发的内源性创业创新与政府自觉的主动性改革创新有机结合、相得益彰。它是中国特色社会主义在县域层面改革创新实践的早期经验总结,是我国县域经济社会转型发展、创新发展的典范之一。正如习近平同志 2006 年 6 月 8 日在义乌横塘村召开的座谈会上发表的重要讲话所指出的:"义乌发展的经验中既有独到的方面,也有许多具有普遍借鉴意义的方面"。

(三)"义乌发展经验"是指引义乌长远改革发展的纲领

习近平同志横塘村重要讲话指出:学习"义乌发展经验",必须把贯彻中央精神、落实省委决策部署同本地实际紧密结合起来,必须把继承前人同推进创新紧密结合起来,必须把推进经济发展同促进社会全面进步紧密结合起来,必须把发挥政府这只"有形的手"的作用与发挥市场这只"无形的手"的作用有机结合起来,必须把推进改革发展同实现社会和谐稳定紧密结合起来。上述五个"必须"充分体现了辩证法、两点论的理念和精神,与习近平总书记系列重要讲话和治国理政新理念新思想新战略一脉相承、高度契合,是指引义乌长远改革发展的纲领,必须根据时代的变化和发展赋予"义乌发展经验"以新的时代生命力和活力。

二 践行"义乌发展经验"成果辉煌

省委、省政府总结、推广"义乌发展经验"11 年来,义乌广大干部群众以习近平同志横塘村重要讲话为指引,在诸多领域取得了丰硕成果。

（一）"兴商建市"战略迈入新阶段

在全国率先建成线上线下融合化、业态结构多元化、交易手段电子化、服务功能复合化的现代新型专业市场，为全省、全国专业市场的创新发展、转型发展提供了经验。2016 年全市集贸市场总成交额为 2006 年的 3.31 倍，电子商务成交额为 2009 年（该年开始统计）的 10.29 倍。目前，义乌实体市场已成为全国最大的网络商品供应基地和微商货源中心。2008 年起开设的进口商品馆引进了 100 多个国家和地区的 10 万余种特色商品。

（二）产业转型升级取得重大突破

企业发展逐步由投资拉动向创新驱动转变，初步构建起了现代服务业与先进制造业双轮驱动的产业发展格局。通过深入推进"四换三名"工程，引进了韩国 SK、泰国正大、普洛斯等一批世界 500 强企业和国内著名企业。引进、建设了国家日用小商品质量监督检验中心、国家小商品质量安全检测重点实验室、国家旅游商品研发中心等国家级机构，建立了中国（义乌）工业设计中心、北京中关村异地孵化器等一大批创新创意平台。

（三）城市能级和国际影响力大幅提升

义乌将自身发展置于国家新一轮扩大开放大格局之中，城市规模、品味、国际影响力和美誉度等均大幅提升。被联合国亚太经社会确定为全国首批 17 个国际陆港城市之一。2016 年，全市快递业务量约占全省的五分之一。2006—2016 年，外贸进出口额占全省的比例从 1.05% 上升至 10.04%，出口额占比由 1.33% 上升至 12.46%。2012—2016 年，义乌外贸出口对全省外贸出口增长的贡献度均超过 20%。

（四）国际贸易综合改革等国家级试点高歌猛进

"浙江省义乌市国际贸易综合改革试点"（以下简称"义乌试点"）获批以来，在诸多领域取得了重大突破，尤其是"市场采购"贸易方式在 2016 年全市外贸出口额中占比已达 84.1%，并开始在全国复制推广。

义乌还搭建了多个开放发展大平台，如获批设立保税物流中心（B型）、国际邮件互换局和交换站、航空口岸正式对外开放等。"义乌试点"也带动了义乌承担的其他国家级、省级改革试点的实施，在土地和金融专项改革、内外贸一体化、城乡协调发展等领域取得了丰硕的成果。

（五）日益成为"一带一路"的重要支点

2016年，义乌与"一带一路"沿线国家和地区进出口额约占全省的1/5。"义新欧"中欧班列从义乌至西班牙这一条线路增加到9条线路，成为运行里程最长、到达境外城市最多、市场化程度最高的中欧班列，习近平总书记赞其为"亚欧大陆互联互通的重要桥梁和'一带一路'建设的早期成果"。义乌还按照省委、省政府统一部署，积极参与义甬舟开放大通道建设，目前"义乌—北仑港"铁海联运班列业务量已占宁波舟山港海铁联运年业务量的10%左右，义乌也日益成为联通海上与路上"丝绸之路"的重要节点。

三　继续践行和创新"义乌发展经验"的两点建议

作为践行和创新"义乌发展经验"的主体，义乌干部群众遵照省第十四次党代会精神，努力在"两个高水平"建设中勇立潮头、勇扛旗帜、勇当标兵，但由于行政级别等原因，其改革发展中仍面临许多难题，亟须省委、省政府和国家部委的重视、指导和支持。为此，特提出以下两点建议：

（一）进一步加强省委、省政府的领导

义乌的发展成就，是在党中央、国务院重视支持下，历届省委、省政府坚强领导的结果。尤其是习近平同志亲自决策并精心指导"义乌发展经验"的总结、学习、推广工作，2006年11月14日，省委、省政府又发布《关于开展扩大义乌市经济社会管理权限改革试点工作的若干意见》，将义乌作为第四轮"强县扩权"改革的唯一试点城市，明确规定：除规划管理、重要资源配置、重大社会事务管理等经济社会管理事项外，赋予义乌市与设区市同等的经济社会管理权限。1998年9月，张德江书

记在到任后首次召开的领导干部大会上讲话中就明确肯定了义乌的"兴商建市"道路，2000年11月到义乌调研城市化课题时又指出：义乌"能发展多大就发展多大，能发展多快就发展多快，不能在桌子底下放风筝"。赵洪祝书记和吕祖善省长亲自给中央领导写信、汇报争取"义乌试点"。夏宝龙书记指出，义乌是全省乃至全国改革发展的一面旗帜，并指导出台了《关于深化义乌市国际贸易综合改革试点若干意见》。车俊书记到浙江工作后不久就几次到义乌调研，充分肯定了义乌改革发展的方向，并对如何发扬优势、克服短板，继续深化"义乌试点"提出了明确要求。袁家军省长也多次到义乌调研、指导工作。尤其是在省第十四次党代会前后，车书记和袁省长又果断决策、精心指导义乌国际贸易综合配套改革试验区（以下简称"试验区"）谋划、报批工作，从而为圆满完成"义乌试点"今后几年的工作与2020年收官后借助"试验区"大平台落地生根推动全省改革发展无缝衔接，进行了超前谋划和部署。省第十四次党委会秉承"八八战略"和习近平同志横塘村重要讲话精神，对继续践行和创新"义乌发展经验"提出了更高的新要求，因而亟须省委、省政府给予更多的重视、指导和支持，建议将事关义乌长远发展和全省改革创新的"义乌试点"和"试验区"、打造"一带一路"战略支点、建设世界"小商品之都"等重大事项，列为省委、省政府领导亲自主抓的重点工作。建议按照省第十四次党代会、省政府工作报告提出的要求，推动"试验区"更快启动、运行，并成立由省委或省政府主要领导任组长，分管副省长任副组长，相关省级部门和地方主要领导任成员的"试验区"领导小组，与"义乌试点"领导小组合署办公，下辖管委会，行使省级经济社会管理权限，从而以更加高效便利的管理体制推动"义乌试点"与"试验区"无缝衔接，并轨运行。

（二）报请国家相关部委给予更多支持

继续践行和创新"义乌发展经验"，需要精心谋划、加快实施相关的载体和举措，以进一步发挥义乌现有优势、激发潜在优势、再创引领全省改革发展的新优势。当前的重点有四：一是报请国家相关部委在"义乌试点"总体方案框架下，更好支持和赋予义乌"先行先试"权，将目前改革方案的推进模式由"审批制"转变为"备案制"。二是报请国家相关部委大力支持和推动"义新欧"班列、义甬舟开放大通道的建设、发展，支持义乌设立国际陆港综合保税区、快件监管中心等对外开放平台，在"义新欧"回程货源组织、海外仓布局、运价补贴等方面给予资金支持。三是报请国家相关部委支持义乌发展境外集中采购、市场集中销售的小额小批日用消费品进口贸易模式，以及保税贸易、离岸贸易等，支持义乌申报进口商品"全牌照"口岸。四是报请司法部在义乌设立仲裁委员会，以满足义乌国际化进程中对涉外仲裁的迫切需求；报请央行设立人民银行义乌中心支行、银监会设立义乌银监分局，以提升机构定位与能力，解决目前全市 700 多家金融及类金融机构监管中存在的"孩子大、衣服小"问题。

东西部联动与西部大开发[*]

陆立军　　白小虎　　郑燕伟

我国已开始启动旨在把发展重点从东部沿海地区转向西部内陆地区的"西部大开发"战略[1]。西部大开发作为"十五"计划的中心内容之一，实质上就是欠发达地区的经济发展战略。本文拟就贯彻实施"西部大开发"战略中的东西部联动发展问题，提出一些初步构想。

一　东西部发展差距和东部的比较优势

"一五"计划起至改革开放前夕，西部地区一直是国家投资的重点。西部地区以重工业为主的工业在全国的地位不断提高，经济结构的调整速度快于全国平均水平。但是，20世纪70年代末以后，随着西部地区重工业在全国的地位持续提高，其经济结构调整的速度逐渐慢于全国平均水平。1979年到1988年，全国工业发展模式发生了重大变化。但西部地区产业结构仍以重工业为主；第一产业劳动力份额下降幅度和第二产业劳动力份额上升幅度都低于全国平均水平，西部地区工业产值在全国的地位开始下滑。不难发现，东西部的发展差距，主要是在东部沿海地区率先实施开放战略后日益凸现出来的。改革开放以来，东西部的差距有所拉大，其原因是多方面的。我们认为，任何因素都不可能单方面起作用，关键还在于找准造成这一差距的根源，那就是发展战略及其资源配置效率问题[2]。

结构主义发展经济学家建议发展中国家优先发展工业，这就为一些发展中国家在国家强有力的推动下优先发展工业尤其是重工业，提供了理论

---

* 与白小虎、郑燕伟共同完成。

依据。重工业是一项建设周期长、资本品积累存量大、投资规模大的资本密集型产业，然而我国资金、外汇短缺，经济剩余缺乏，各方面还不具备大规模发展重工业的条件。在资本稀缺的经济中推行重工业优先发展的赶超战略[3]，就必然造成扭曲的产品和要素价格。同时一经选择了排斥市场体制的重工业优先发展战略，就在逻辑上生走出了与这一战略相适应的集中的资源计划配置制度和毫无自主权的微观经营机制，以维持低效率配置结构。这一发展战略导致了工业两重互为因果、循环恶化的低效率：首先，高度集中的计划经济体制可以保障资本以极低的价格供应给生产企业，在其他投入保持不变的前提下，增加低价格资本品的供给，必然会造成重工业的低效率；其次，计划经济体制缺乏对经济主体的有效激励，工业产品严重供不应求，因此，不以市场而以生产计划来进行资源配置、考核企业业绩，经济主体总有进一步加大稀缺资本投入的冲动。总之，低成本投入导致了低效率配置，低效率配置扩张了低成本投入。

西部地区本来就是我国经济较为落后的地区，尤其是大部分农村人口集中于瘠薄的土地上，生产力尤为低下。加之实施优先发展重工业战略必然压低农产品价格，从而使农业基本丧失了比较优势，只能通过加大劳动投入和对土地资源的过度开发以增加产量，弥补农业经济效益的下滑。所以，在农业生产中，也同样存在着压低稀缺资源价格而导致配置效率甚低的问题。在一个封闭的经济中，对重工业的超前投入和对农业经济的抑制，是以牺牲资源配置效率为代价的。一味提高资本的有机构成，发展重工业，无助于缩小二元经济的差别，反而会使农业剩余劳动力滞留在农村。低效益农业很难为工业提供市场，优先发展重工业的战略由于损失了农业的利益，最终也抑制了工业自身的发展。可见，重工业优先发展的战略造成了两重低效率的封闭经济。

改革开放以来，东西部经济的发展差距再次拉大。学术界对此有多种解释，例如"区域差异说""数策强化"和"林制因素"等。但是所有这些观点的解释都不够有力，与改革开放这一全国性、全方位的改革不太吻合。其实，国际经验和事实为发展战略做出了最好的证明，一些发展中国家充分利用了市场的作用，发展具有比较优势的劳动力密集型产业，取得了快速的经济增长。这些国有所采取的正是资源比较优势战略。[3]

在我国，二元经济结构和高度集中的计划经济体制一直是经济发展所必须正视的外生约束,改革开放则是一项双向战略,打破国际和国内、城市和农村、计划体制和市场体制之间的封闭,并由市场来统一协调打破封闭后的要素流动。只有当经济主体清楚地知道比较优势,并能进行产业和技术(劳动和资本组合)的选择时,比较优势战略才能真正实现。所以,比较优势发展战略的实施离不开相应的宏观政策环境—充分竞争的市场体系的支撑,从而要求政府从要素流动和价格形成机制中退出。为此,首先从农村和国有企业两方面的微观经营机制改革入手,在农村推行家庭联产承包责任制,在城市调整国家、部门和企业的利益关系,赋予企业更大的经营自主权,构造适应市场经济体制的企业制度。其次从物资、外贸、金融管理体制等方面入手进行资源配置制度的改革,逐步打破内向型和外向型部门之间、农村和城市之间、计划内和计划外之间要素流动的障碍[4]。

随着宏观政策环境的日益完善,微观经营机制及资源配置机制改革的逐步推进,比较优势战略也逐步显示出在资源配置、消减二元经济等方面的效率优势。这主要表现在以下几个方面:

1. 乡镇企业的崛起提高了资本、劳动的配置效率。乡镇企业构建了农村和城市、计划体制和市场体制间要素流动的通道,扭转了传统体制在农业和工业两部门的资源配置低效益。

2. 开放经济。随着改革开放的深入,国外的技术、资本在我国东部沿海地区集中。与此同时,国内要素在东部沿海的流动性也大为增强,这些都极大地提高了东部地区的生产效率,这是改革开放以来最为显著的变化之一。

3. 加快了产业结构调整。被计划经济体制束缚在重工业之中的资源被吸引到了边际产出较高、要素需求较大的轻工业领域,轻工业显示出了比较优势。经济体制一经放开,资源就表现出明显的边际生产力和价格的落差。资源从重工业领域流向乡镇企业、个体私营企业等计划经济体制外的轻工业企业中不会影响重工业的产出,这些体制外稀缺的资源和丰富的劳动力资源相结合,资本、技术的配置效率就有很大的提高。

通过比较东西部在经济增长的不同模式,我们不难发现,东部地区集中了乡镇企业、个体私营经济开放经济和体制外产业结构转换等比较优势,使东部经济发展的资源配置效率高于西部,因而,东西部经济发展的地区差距在一定意义上可以归结为不同的区域经济发展战略。

二　东西部联动发展的战略构想

尽管东西部是两个差异性较大的地区，但差异性恰恰是优势互补、联动发展的条件。就我国经济整体而言，不能将东西部这两个经济发展水平差距较大的地区截然分开，西部经济发展问题绝不可能单靠西部一个地区来解决，否则，就很难提高整体经济的资源配置效率。实行东西部联动，其实质就是将我国经济看成一个资源配置的有机整体，使要素在国际和国内的流动，能最大限度地提高东西部经济发展的效率，进而缩小两地区间的发展差距。

实行东西部联动的首要前提是敞开西部"大门"，促进商品和要素的地区转移。资源或要素的禀赋先于国际商品和要素流动，是在短期内无法改变的外生条件。但是，发挥比较优势还需要其他多种要素的搭配，才能真正完成商品和要素的流动。首先要具有一定的市场规模，市场需求的大小、价格的高低能反映出一种产品的稀缺性和比较优势的大小；其次，要保证产品的低成本优势，必须将相对丰富的资源投入到稀缺的产品中，或者使资源要素从相对富足的地区流向相对稀缺的地区。只有当多种相互匹配的要素能从低价格的地区流向高价格的地区，要素的配置才能达到最优化的效率。西部地区虽有丰富的土地、劳动力，以及不可再生和可再生的资源，但其中任何一种要素及其组合都难以形成对经济增长的推动力。在西部地区这样一个相对封闭的经济中，要素缺乏流动，低收入水平也决定了市场的有限规模。因此，西部一定要敞开大门，大力发展国际的要素流动。为此，西部既可以学习珠江三角洲等地发展外向型经济方面的经验，从国外引进技术、资金，也可以跨出国门，将劳动力低成本的优势与资源要素低成本的优势，最终转换为在国际、国内市场上商品低价格的优势。

西部地区发展国际商品和要素流动也有一些有利的条件。因为，东部经过多年的对外开放后，土地、劳动力、能源价格、环境等方面的低成本优势正逐步削弱，而西部地区在这方面的优势将逐步显现出来。因此，西部可以借鉴东部发展外向型经济的经验，放开眼界，从周边国家寻找比较优势。应当说，对于具有不同资源比较优势和处于不同发展阶段的国家，西部地区的比较优势是多方面的。例如，对于经济发达、劳动力成本高昂、资源贫乏的国家，如东北亚的日本、韩国，西部地区应该与这些国家发展劳动密集型产品的贸易；对于资源丰富，但是劳动力、技术缺乏的国家，如西亚的一些伊斯兰教国家，西部地区则可以发挥劳动力资源丰富、技术人员密集的优势，与这些周边国家发展劳务和技术的合作；而对一些以重工业为主导产业的国家和地区，如俄罗斯远东地区，西亚的一些重工业发达、而轻工业产品缺乏的地区，西部地区则可以通过用劳动密集型产品交换资本密集型的重工业产品，从而可以发挥劳动力丰富的优势，等等。

在大力开展国际经济、技术交流与合作的过程中，西部地区一定要把东西部联动发展当作一项重要的指导思想和战略举措。在短期里技术水平不变的情况下，东西部处于不同的要素收入水平和经济发展阶段，资本和劳动力要素必然会向两个相反的方向流动，区域间的产品贸易也会发生对流。一个地区的经济可以看作是由区际贸易部门和非贸易部门的相对独立的区域经济，区外对低成本商品和要素的需求形成了区际贸易部门的要素收入，并派生出区内的消费需求，而区内需求又会派生出其他的需求。假如把区内的需求看成是区外需求的函数，并给以一定比例，这就类似于宏观经济学中的乘数模型。因此，区际贸易和要素流动都会在促进区域收入和就业增长方面发挥重要的作用。

乘数对区域经济增长的推动作用，受外向经济部门和非外向经济部门之间相关性的影响很大。如果这两个部门之间的关联度较大，那么，外向部门的收入（包括要素外流的收入）对地区的消费（包括对要素需求）的派生性就较大，从而，地区的经济实力（以区内两部门的产量计算）在较大的乘数的作用下会有明显提高。例如，劳动力流动对于流出地区而言，也相当于一个外向部门。这部分剩余劳动力离开了农业生产并无损于当地的生产，而且将工资汇回家乡，还改善了当地人们的生活水平。更为重要的是这部分收入注入了当地的经济，促进了市场的发育，使得各种资源能通过交换来发挥自己优势，从而进一步促进经济繁荣。乘数效应的大小是由市场需求的作用引起的，因此，部门间资源配置的市场机制尤为重要。如果市场机制能在两个部门之间正确地传导资源稀缺性的信号，那么这两个部门所引致的商品和要素的需求就是有效的需求。否是，简单地利用资源低成本的比较优势，也不可能对经济发展有较大的推动作用。在传统体制下，尽管西部地区得到了不少国家投资，但由于排斥了市场机制，这些企业对地区的经济增长的贡献却很小。

一个区域的经济发展，关键还要看在长期中能否持续地在比较优势的原则下提高要素的总收入。所以制定区域经济发展战略，必须考虑到长期中要素稀缺性的变化。比较优势在短期里是经济发展的外生变量，也是经济发展战略的出发点；在长期中，比较优势本身也会受到经济发展的影响，成为经济发展战略的系统的内生变量。因而，能否以长期的区域间比较优势来发展区域经济，关系到未来地区间经济增长的速度和经济发展的差距。

在全国经济一体化的条件下，在二元经济消解之前，东部地区资本输出或西部地区劳动力流入，是两条可供选择的途径。在短期里，二元经济结构的差异，使得两地区具有不同的比较优势。但在长期中，技术进步提高了资本的密集度和人均产量，从而使东部地区流向西部地区的资本和对西部地区劳动力的需求都将大大减少。如果西部地区不能在东部地区新一轮技术进步结束之前完成剩余劳动力的转移和二元经济结构的转变，两地区处于不同的技术水平上东西部就很难有资源比较优势的可比性，再地区的发展差距也很难缩小。所以，从长期来看，西部地区不仅要自身积累资本来吸收剩余劳动力，还要加快劳动力的流动，在东部地区技术进步之前，使西部地区劳动力素质有较大的提升，在短期中，一个重要的任务是要在迅速转移西部地区农村的剩余劳动力，这样才不致使东西部在技术上的差距再被拉大，进而缩小两地区的经济差距。

我国是一个发展中大国，东西部的经济结构和发展水平存在较大的差异，地区间要素的丰富程度和需求的差异也较大。但这两个地区不能分割成两个独立的部分，更不能使一方的发展以另一方的不发展为代价，因为，这样的结局将严重损害区域经济整体发展。在一个已存在差距的经济整体中，既要推动西部地区发展以逐渐缩小差距，又不能牺牲先发地区的经济效率，唯一的出路就是提高经济整体各部门的素质。西部和东部地区都必须发挥自身的比较优势，在此基础上将各自的优势整合成整体的优势，这样才能保证两地区的持久发展。要素的比较优势要通过要素的流动和组合才能有所体现，因而，促进东西部地区要素和商品的流动是东西部联动，进而推动西部地区发展的基础。而要实现东西部联动发展，首先就要实现东西部的大开放，即通过建立和完善各类市场体制、加强基础设施建设、加大要素的集聚和流动能力等方面的努力，降低要素和商品流动的成本，促进东西部联动发展。其次，西部地区在短期要积极创造条件，充分利用外生的比较优势。例如，在资源开采和运输等技术水平不变的情况下，西部地区的矿产资源是有低成本的禀赋优势的。在长期中，要素的优势可能因为经济发展而有所变化。东部地区在产业提升的过程中，高产出的人力资本更为稀缺，西部地区劳动力资源、矿产资源的低成本优势就无法发挥出来了。为此，必须兼顾短期和长期中比较优势的变化，东部地区要帮助西部地区加快剩余劳动力的转移，西部地区则要积极建立市场机制，大力培育要素市场，吸引外部资源进入，这样才能做到东西部优势互补、联动发展！[5]

大国的外贸依存度一般都比小国要小，也就是说，国内市场比国际市场大国经济发展具有更重要的意义。同理，对一个地区而言，本地市场的繁荣也是很重要的。所以，在资源配置的市场机制下，双重开放应各有侧重。如果过分强调对外开放，那么国际要素流动的高成本必然要有所转移，势必削弱国内经济部门对我国整体经济的推动作用。因此，就其重要性而言，更多要考虑的是国内区际要素的流动，并为其创造条件，鼓励西部地区的劳动力等资源向东部地区流动，鼓励东部地区的资本、技术向西部地区流动。这两者的双向流动有利于西部地区尽快解决剩余劳动力的出路，也有助于加速东部地区经济竞争力的提升。只有当国内资源不具有比较优势时，才可考虑吸引更多的国际要素流入我国。所以，在培育国内市场，在实行要素和商品流动基础上，推行东西部联动战略，更具有十分重大的现实意义。[6]

三　东西部联动发展的条件

现实经济中，要在商品和要素流动的基础上提高资源配置效率，推行东西部联动的西部大开发战略，还必须具备其他条件。

1. 开发主体。商品、要素流动之前，首先要发现资源相对稀缺的信息及其所蕴含的获利机会。东部的许多地区在经济发展之初缺乏各种资源，但由于市场机制在改革开放之前就有所发育，因而及时地发现并利用了短缺经济下巨大的市场空白，并逐步健全了具有比较优势战略的市场经济体制。所以，要素互动的东西部联动战略必须依赖于市场经济体制，只有让企业成为真正的市场主体，在要素流动和优化资源配置的潜在利益的驱动下，主动参与西部大开发，才能避免在计划经济的时代政府指导下的投资开发行为的低效率。为此，政府一定要转变观念，因为政府干预市场不可能造就具有市场意识的个体和能参与市场竞争的企业。

2. 区际贸易。随着社会主义市场经济体制的建立和逐步完善，东部地区的市场及其运作方式有助于加强西部地区群众的市场经济和风险意识。更重要的是，东部地区目前正处于经济结构的转型时期，原有的依托于专业市场发展起来的产业正在建立排他性的销售渠道。所以，东部的市场体制向西部移植，将促进产业向具有低成本优势的西部地区转移，从而加快东西部要素的流动。东部地区市场经济发育的比较早，市场体制的落差在相当大程度上造成了东西部的差距。随着西部大开发的日益推进，西部人市场经济意识日渐浓厚，市场信息也逐步在西部地区集聚。目前，西部地区已经具有了低成本的优势，只要能从东部借鉴经验，积极地向东部招商引资，那么，依托东部地区在市场信息集聚上的优势，实现低成本生产要素和稀缺的市场信息要素的结合，西部地区成为国际和区际的产品生产基地，直接在区内消化剩余劳动力。西部地区将在这一基础上同东部地区发展区际贸易，这将使西部地区能发现和利用更多的比较优势。[7]

3. 企业产权制度。我国农村和城市、国内和国际、计划体制和市场体制之间的开放通道正在改革开放中逐步建立起来，但是在西部地区，一种经济、一个部门、一种体制的封闭性还很严重，因此，西部地区的经济发展需要有一大批能在双重开放和市场机制中寻找和实现比较优势的企业来实现东西部联动发展。东部地区乡镇集体企业近几年增长的势头正在消解，愈来愈暴露产权制度对资本积累和企业竞争力提升的低效率。从长期来看，如果西部地区在产权制度上沿袭东部乡镇集体企业的做法，企业就将失去资本积累和吸收剩余劳动力的潜在能力。因此，要保证短期内市场竞争的激励和长期内产权的激励对西部地区经济发展的促进作用，必须在微观经营机制和产权制度两方而有所创新，其根本途径就是企业产权的明晰化、多元化，尤其要大力发展个体私营经济。只要有良好的双重开放的经济环境，个体私营经济就能从小到大，由弱到强地发展起来。个体私营经济能发挥比较优势，比较优势战略又能促进个体私营经济的发展，两者是相辅相成的[8]。

4. 要素集聚的规模效应。要素的流动不是一个个孤立行为，要素的流动集聚在一起就构成了一系列相互影响的行为，并使要素的流动具有规模效应，降低要素的流动成本，因此，形成要素的流动和集聚的行为就有正的外部效应。例如，个人可能自发地、无组织地将要素转移到了要素稀缺地，但是一个完善的商品和要素集聚、流动渠道的建设肯定不是个人所能承担的。因此，为给商品和要素的流动创造低成本的条件，首先要使商品和要素有一个集聚规模。劳动力脱离分散的农村并在城市部门集聚，资本从分散的闲置状态在某一个所有者、某一个地区集聚，这就需要有一个能完整地发挥功能的劳动力、资本等要素市场。如果没有良好的交通条件、投资环境，东部剩余资本的预期收益低于机会成本，西部就根本无法集聚、吸引东部的资本。要素集聚的机制是多方面的，交通等基础设施的建设、劳动力市场制度、劳动者社会保障制度、城镇化建设等等，都有助于在规模效应的作用下降低要素流动的成本[9]。

四　东西部联动的政策建议

比较优势下东西部联动是一项切实可行的发展战略。这一战略必须依赖于市场经济体制，其运行成本直接关系到东西部联动发展的效率。要素流动的私人成本与收益相抵，要素就能流动，比较优势是有利可图的。政府虽不是比较优势战略的经济主体，但并不等于政府就是无所作为的。恰恰相反，在市场机制很不发达，商品和要素的流动的成本极其高昂，要素集聚机制的规模效应很小的情况下，尤其需要政府在缩小东西部联动发展战略的私人成本和收益的差距上发挥不可替代的作用。强调政府不是经济主体，是指政府必须依据市场经济规律，不能随意干预商品和要素的流动，否则就是与民争利。政府对市场的干预一旦转变为对市场机制的横加干涉，无形中拉大了私人成本与社会成本的差距，就会造成资源配置的低效率。政府在比较优势战略中最重要的功能，就是促使要素在经济主体成本和收益均衡的前提下，按照市场经济规律流动，它所要做的就是大力培育市场体系，健全要素市场，使之发挥出集聚要素的规模经济效应，降低其流动成本[10]。

　　为了实现东西部联动发展，政府可以在建立健全以下几个方面的政策上发挥重要作用：(1)市场培育政策。这类政策旨在加快西部地区经济体制改革步伐，推动经济市场化进程，发挥市场机制在开发中的作用。(2)投融资政策。投融资是区域开发的关键要素之一。这方面的政策将探讨如何依靠市场化的方式引导民间资本投向和政府的直接投入，解决西部地区大规模开发所需的资金问题，提高资金的使用效率。(3)产业政策。西部地区已经进入了产业结构调整的重要时期。这类政策意在建立产业结构的调整机制，加大政府对东部产业西移的支持等问题。(4)科技和教育发展政策。这类政策将在很大程度上把科技教育作为产业来发展，通过科技和教育的发展来改善西部地区的技术和人力资源供给条件，为其他产业的发展提供有力的支撑。(5)基础设施建设政策。这方面的政策主要是解决跨区域的基础设施的建设规划与建设方式问题，同时，在投入和经营两方面采取有效措施，以吸引民间力量进入基础设施建设和经营。(6)要素集聚培育政策。西部地区的开发必须要有强有力的集聚中心来组织、带动。这类政策就是要在市场集聚要素的基础上，选择一定数量区际贸易中心作为区域增长极，进行重点培育，使之成为进行东西部联动和西部地区大开发的支点和基地。

参考文献:

　　[1] 魏后凯:《21世纪中西部工业化增长战略》，河南人民出版社2000年版。

　　[2] 魏后凯等:《中国地区发展——经济增长、制度变迁与地区差异》，经济管理出版社1999年版。

　　[3] 林毅夫、蔡昉、李周:《中国的奇迹：发展战略与经济改革》，上海人民出版社1994年版。

　　[4] 赵伟:《十预市场——当代发达市场经济政府主要经济政策理论分析与实证分析》，经济科学出版社1999年版。

　　[5] 杨敬年主编:《西方发展经济学文献选读》，南开大学出版社1995年版。

　　[6] V. N. 巴拉舒伯拉曼雅姆、桑加亚·拉尔:《发展经济学前沿问题》，中国税务出版社2000年版。

　　[7] J. 彼特·尼亚里:《国际贸易前沿问题》，中国税务出版社2000年版。

　　[8] 张克让、程麓生:《我国西北欠发达地区技术——经济追赶中"后发优势"

的若干解析》,《宁夏社会科学》2000 年第 1 期, 第 15 页。

　[9] 张濒瀚、张龙平:《"输血经济"的形成及"西南现象"破解》,《南京经济学院学报》1999 年第 4 期, 第 70 页。

　[10] 董藩:《民营经济与中西部发展》, 上海社会科学院出版社 1999 年版。

基于科技型中小企业群的
区域经济竞争力研究[*]

按"自筹资金、自愿结合、自主经营、自负盈亏"原则兴起并迅速发展壮大的科技型中小企业，是一种知识、技术和人才密集型、并以追求创新为其核心的企业实体，它两个最为明显的特征是科技与民营。科技型中小企业已经成为我国技术创新和发展高新技术产业的重要力量，对于深化科技体制改革，加速科技成果转化，建立富有活力的区域创新体系都具有极其重要的意义。

1 科技型中小企业群与区域经济竞争力

1.1 传统区域经济发展理论的局限与困惑

传统的区域经济理论认为，地区经济发展是通过区域经济发展的要素实现的。区域经济发展要素，根据它们的形态、特征及其对地区经济发展的作用和功能，一般可分为四种类型：A 型要素，即自生性要素，主要是自然资源和历史基础；B 型要素，即再生性要素，主要有技术、劳动者和资金；C 型要素，即牵动性要素，作为这种类型要素唯有市场；D 型要素，即制动性要素，包括组织、管理及其机制[1]。传统区域经济理论主要以自生性要素为立足点，很少考虑其他要素对地区宏观产业布局结构、功能变迁的影响。因此，在 20 世纪中叶以来的传统区域经济理论中，从 50 年代以前的强调"运费"到"成本"的工业区位论、50—70 年代的区域经济发展和区域政策研究，直到 80 年代后对区域经济的计量化研究，

---

* 与周国红、孙家良共同完成。

都是建立在工业化经济基础之上的，其基本特征是强调区域资源禀赋的重要性，默认区域内自然资源的难以移动性。

20 世纪 60 年代以来，科学技术的迅速发展，尤其是高新技术及其产业的兴起，对传统的区域经济发展理论带来了巨大的冲击。一些以自生性要素为主发展起来的工业城市和区域的地位不断下降，取而代之的是以再生性要素为主而发展起来的"阳光地带"，如美国的硅谷、128 号公路、德国的巴伐利亚硅谷、英国的苏格兰硅谷、日本的九州硅岛、中国台湾省的新竹。从自生性要素看，这些"阳光地带"无论是其自然资源、工业基础、经济条件，还是历史基础，都比那些传统工业中心落后，但由于科学技术的先导作用，特别是高新技术及其产业的作用，打破了原有的地区经济发展格局和模式。一些原本落后的地区，依靠创新，尤其是科技创新，实现跳跃式发展而不必受梯度转移发展模式的限制。区域经济的发展也从资源主导的模式向创新主导的模式转变，知识资源和知识资产成为比有形的土地、资本等更为重要的生产要素，而知识资源的特点是越用越多。正是这种易于移动的"越用越多"的知识资源和知识资产作用的凸现，极大地动摇了传统区域经济理论的根基。

而且随着现代信息技术的发展，使科学技术合作进入无国界的网络化时代。现代计算机信息处理和远程通信系统，将各国的大学、研究机构和技术开发机构的信息交流联成网络。市场交换方式的电子化、信息化、符号化使国际市场的规模空间扩大，交换的频率迅速提高，各个国家、地区的经济活动已紧紧地连接在世界市场网上，呈现出生产国际化和经济全球化趋势。

但是全球化并不意味着所有地区的区域特征与差异的消失，它对区域发展的影响是多方面的。在全球化的经济中，理想地看，每个区域可以按照国际分工，发展其优势产业。各个区域可在全球化中做出可以做出的贡献，同时获取可以获取的回报份额。大家优势互补，各得其所。但是，不同类型的区域，由于其在开放程度、经济基础、社会文化等方面的差异以及全球化力量与地方化力量的不均等性，受到全球化影响的程度明显不同[2,3]。新的世界分工不再以国家，而是按照区域的竞争力来进行。全球的要素、资源和分工在不同层次上迅速变化着，并越来越集聚于那些富有个性和特色的地区。如新的国际劳动分工，一方面，知识密集型的工业需要高技能劳动力，所以，跨国公司将其关键的 R&D 机构和企业的总部决策机构会集中在具有高技能劳动力的区域，如美国的硅谷。另一方面，当前任何产业的发展，即使是在高技术的计算机或通信技术行业，其部分价值活动都需要在低成本、低技能的劳动力市场存在和发展，并且会集聚起来，如全球品牌的计算机制造集中在少数地区，包括我国的台湾北部和广东东莞等地。因此，全球化是一种视野，它改变了对工业地理和区域经济的理解，地区与地区之间的竞争，已经从依赖自然资源所赋予的比较优势转换到依赖社会所创造的竞争优势，同时使衡量一个区域经济竞争优势的因素也发生了很大的变化。

1.2 区位优势内涵的转变

区位优势，即某一地区在发展经济方面客观存在的有利条件或优越地位。其构成因素主要包括：自然资源、地理位置以及社会、经济、科技、管理、政治、文化、教育、旅游等方面。区位优势是个综合性概念，即综合优势；单项优势往往难于形成区位优势，同时区位优势也是一个发展着的概念，其内涵会随着有关条件的变化而变化（见表1）[4,5]。

表 1　　　　　　　　　　　　　区位优势内涵的演变

社会类型	农业经济社会	工业经济社会	知识经济社会
生产要素	土地、劳力	资本、自然资源、劳力	知识、智力资源
支柱产业	种植业	制造业	高技术产业
生产形式	手工劳动	机器生产	知识服务
生产条件	季节、天气	资本、劳力	网络、智能
区位选择	田野	城镇	任何地方
流动性	较小	部分移动	固定或移动均可

经典的比较优势理论认为，生产的分布取决于天赋的自然资源和生产要素的占有率，因此，愈是难转移的区位因素，愈有可能对地区经济发展做出贡献。然而在经济全球化和知识经济加速发展的时代里，传统的生产要素如自然资源、资本、劳力等，因在知识经济时代下生产要素地位的下降，将隐退为区域环境的一部分。而知识、技能与创新才是知识经济时代

经济活动分布的决定性因素。"硅谷之所以在那儿，是因为那里是智能集中之地。"这充分显示了地区的技术创新能力和技术吸收能力就是最积极的区位优势，而且，技术本身的极化功能，在资金、劳力等要素的可移动性较强时，对地区经济的发展推动力越强。

1.3 科技型中小企业群：区域经济竞争力的微观主体

面对大量的非传统区域经济理论所能解释的区域经济发展实践，以及在现代区域经济发展中区位优势内涵的转变，众多学者和经济政策专家，从多角度、多层次对现代区域经济发展做出解释，出现了一些新的理论，如三螺旋理论、企业群理论、区域创新网络理论，等等。

1996 年 1 月在荷兰阿姆斯特丹召开的"大学与全球知识经济"国际研讨会上，与会专家认为，在崇尚创新的知识经济社会里，创新制度环境的各要素——政府、企业与大学，会以市场需求为纽带而联结起来，形成一种三种力量交叉影响的"三螺旋"关系。"三螺旋"理论的核心在于，随着知识经济的出现，它第一次把大学和科研机构视为区域发展的主要知识资产，具有了更高的价值。在成熟的创新区域内，科研机构与大学通过其组织结构最下层的研究中心、科研小组以及个人等建立起与市场经济活动的良好接口，在区域内发挥强大的技术创新辐射作用[6]。

区域创新网络，是指在一定区域内，在政府提供并维持的经济发展环境中，企业与科研机构之间、企业与企业之间通过长期合作形成的，以增强创新能力为主要目的的稳定的联系网络[7]。区域创新网络理论认为，传统的产业组织形式分为两大类：其一是等级形式，即大企业的垂直组织；其二是市场形式。网络是在市场和等级组织以外，也可以说是介于市场和企业内部等级组织之间的一种新的组织形式，它比市场稳定，比等级制度灵活。它可以激活资源和信息，增加灵活性，减少不确定性，使企业更好地控制环境，更主要的是网络可以增加创新的能力。美国硅谷、意大利艾米利亚、罗马格纳（Emilia – Romagna）、德国巴登、符腾堡（Baden – Wurttem – berg）等实证研究表明，世界上最发达区域的重要特点是形成了根植于本地社会文化的复杂的区域创新网络，区域经济摒弃了福特制式的"刚性生产"，进入后福特主义时代，形成"柔性生产综合体"[8,9]。

不管是强调大学在区域创新中所起巨大作用的三螺旋理论、企业群理论，还是强调网络这种新的产业组织形式巨大作用的区域创新网络理论，都有一个共同点，那就是同时也强调了中小企业尤其是科技型中小企业群在区域经济竞争力提升中的作用。实际上，"三螺旋"理论中的大学和区域创新网络理论中的网络都不是区域创新的主体，真正的区域创新主体应是一种知识、技术和人才密集型、并以追求创新为其核心的企业实体，即科技型中小企业群。这些科技型中小企业群是以某一个（或一组）核心技术为平台，以各种生产技术要素和经营要素的相互渗透为条件，由从事同一产业内部相同、相近、相关或互补产品的生产的小企业集群构成，集群内部企业之间既相互竞争又相互合作，产生范围经济效应和产业规模效应。在区域创新过程中，大学和科研机构是区域创新环境的一部分，它为创新主体完成创新活动提供了技术支撑作用。网络是发展企业和区域经济的一种制度性手段，网络化活动可以调动众多主体参与，激发更多主体进行创新，从而达到提升区域经济竞争力的目的。

2　基于科技型中小企业群的区域经济竞争力提升理论与实践

2.1　产业发展的需要

产业自我淘汰、自我发展的良性循环是与产业竞争力的内生更替密切相关的，而产业竞争力是由比较优势和竞争优势两方面因素所决定的。比较优势最终归结为一国或地区的资源禀赋；而竞争优势涉及的是各国（地区）同一产业之间的关系。比较优势更多地强调各个地区优势的潜在可能性，而竞争优势则更多地强调各地区优势的现实态势；比较优势所涉及的主要是各地区间不同产业、产品之间的区际交换关系，体现各个地区间不同产业之间劳动生产率的比较和相对优势，主要强调地区间产业分工与产业互补的合理性；而竞争优势涉及的是各地区间同一产业内的市场交换关系，它体现的是各地区相同产业生产率的绝对优势，主要强调地区产业竞争和产业替代的因果关系。二者的本质都是生产力水平的相互比较，先天有利的资源禀赋条件是决定交易的共同基础。

各国和各地区经济发展的历史表明，充分利用要素比较优势虽然也可能摆脱经济贫困，但经济现代化的实现则必须依赖于竞争优势的形成。按比较优势所确立的交易形式也并非一定转变为现实的交易形式。

只有在比较优势产品转化成了竞争优势产品之后，这种转变才能实现，否则，比较优势所确定的贸易形式永远是一种理想和可能。因此，在现实中，比较优势并不等同于竞争优势，它只有通过竞争优势才能体现和发挥出来，而竞争优势可以突破比较优势的限制。在完全竞争的市场结构中，竞争优势表现为比较优势；在不完全竞争的市场结构中，则表现为规模经济和产品差异。规模经济和产品差异，都是技术创新和制度创新的结果。创新更可能从一开始就与比较优势脱节而以非价格竞争优势的形式出现，从而使实际交易模式完全建立在竞争优势基础上。发挥比较优势只是被动地适应资源禀赋特点，而创造竞争优势则是主动地催生新的比较优势或获得动态比较优势[10]。因此，区域产业发展应当依据产业竞争和产业替代的因果关系，在充分发挥比较优势的同时，将比较优势转化为竞争优势，并通过创新不断创造新的竞争优势，以此加快推动产业升级，提高产业竞争力。

从当今国内外产业发展的现实看，世界范围内正在进行经济结构的调整，高新技术产业迅猛发展，新产品层出不穷，新市场的广阔空间不断展现。面对世界经济发展的新环境，虽然我国面临着经济发展的巨大机遇，但从另一方面看，也面临巨大的危机。从发达国家看，以知识经济为基础的新的经济形式和生产方式正在崛起，技术、知识创新所具有的绝对优势正在改变着传统的贸易结构，而且产业结构也在发生急剧的变化，但并没有像过去那样，急剧转移其传统的产业，相反的而是利用其垄断的知识和技术优势，不断改造这些传统产业，使之更具有相对的竞争力。而目前我国经济发展面临着产业升级、经济结构调整的巨大外部压力。这一方面是发达国家和地区产业转移不足，导致世界范围内的产业梯次转移缓慢，产业结构的梯次开始变得模糊，趋同性增加，互补性减少；另一方面是与许多发展中的国家、特别是东南亚国家和地区的产业结构趋同，加上自身的知识与技术创新能力不足，因而导致产业竞争加剧，竞争力下降。这样，以出口导向的东南沿海外向型经济的高速发展由于外部市场相对缩小的挤压而被迫放慢增长速度。这一方面造成东部对西部的带动作用缩小；另一方面则使国内产业同构情况下具有技术规模优势的东部对中西部许多产业的市场大量挤占，造成中西部这些产业在竞争中纷纷破产，职工下岗失业，有效需求市场进一步缩小。因此，伴随着科学技术的进步与产业发展的现实需要，发展科技型中小企业是我国经济运行步入良性循环，克服产业结构性障碍的有效途径。

2.2 科技型中小企业技术创新优势与产业结构调整

有效需求不足引起的增长和就业等方面的问题近几年开始困扰着我们，并将成为一种长期制约因素。解困的根本之道，在于增加有效供给，在于通过企业的技术进步和技术创新，开拓出新的市场。而渗透到各行各业、具有灵活机制的科技型中小企业，在技术创新方面比起大企业来毫不逊色，而且随着知识经济的到来，其优势的发挥将如虎添翼。科技型中小企业的技术创新优势表现在：其领导层比较精干，更有利于根据市场的变化较快做出创新的决策；而大企业有复杂的管理结构，在一般情况下决策层更趋于保守，大企业的官僚体制不利于创新的风险投入，而且大企业的行政等级制度常常窒息研究人员的创新激情。科技型中小企业把创新作为竞争战略的核心，其宽松的管理环境也有利于创新活动的开展。正由于这些原因，小企业的技术创新无论是在量上还是在质上都体现出很高的水平。以美国为例，其科技型中小企业创造了相当数量的技术创新成果，而且水平高、成本低、时间间隔短、转化率高，为美国保持在世界上的技术领先地位做出了贡献。据资料统计，美国中小企业的技术创新成果和技术数量占全国总数的55%以上，中小企业每个雇员（包括不从事技术创新活动的雇员在内）技术创新成果为大公司的两倍，这表明中小企业的技术创新活动具有充分的活力。特别地，科技型中小企业的技术创新不仅限于一般影响较小的产品创新，而且也包括具有重大意义的技术创新。20世纪由美国中小企业创造的重大技术创新成果包括：飞机、DNA 指纹技术、人造生物胰岛素、录音机、心脏起搏器、光学扫描仪、个人电脑等。美国最具权威的国家科学理事会的"1993 年科学和工程指标"指出，很多对国家经济发展具有关键作用的技术和产品来自科技型中小企业占主导地位的产业，这些产业包括：自动化、生物技术、先进材料、计算机软件、电子元器件等，基本上都是新兴产业[11,12]。

科技型中小企业的技术创新优势和成果在产业结构调整和升级中具有十分巨大的作用。在发达国家，较少组织实施产业结构政策，更多的是实施产业组织政策[13]。在一个受需求制约的经济环境中，人们对未来社会的需求是难以预测的，"人算不如天算"，或者说政府的这种预测风险很大，曾经为日本产业结构调整起到过巨大作用的产业政策，到 20 世纪 90年代已日趋衰微就是一个明证[14]。因此，人们只能寄希望通过制度安排把资源引向最有效率的地方，而不是依靠实施产业结构政策。这样，结构调整和升级的任务历史地落在了富有开拓和冒险精神的企业特别是科技型中小企业身上。同样以美国为例，科技型中小企业是美国充满活力、成长最快的企业，全球闻名的微软公司当年就是由两个人的小企业起家的。随着新企业进入市场，伴随的是新技术、新产品和新的服务，老企业必将在竞争中逐步被淘汰，在这一过程中，经济结构和企业结构、产品和服务的地区分布等都将得到优化。

　　相比之下，我国对产业结构调整和升级，习惯上更多地寄希望于产业政策，因为在整个 20 世纪 80—90 年代上半期，这方面我们有过成功的经验。但是，在过去那种卖方占主导的市场中，需求一目了然，"短缺"便是产业政策的路标。然而在一个买方占主导的市场中，不仅未来需求难以预测，即便是当下需求也在变化，这就大大削弱了产业政策的功效。我国"九五"计划刚刚确定支柱产业不到半年，便引发了一场寻找新的经济增长点的热烈讨论，也就是说原定的支柱产业受到了动摇。这意味着原有的结构性产业政策已经过时，需要寻找新的方式和途径来解决产业结构的调整和升级问题。

3　科技型中小企业群提升区域经济竞争力的机制

　　法国经济学家 F#佩鲁提出的增长极理论认为，主导产业部门和有创新能力的企业，在某些地区或城市聚集发展而形成增长极。这种主导产业（或称领头产业），佩鲁称之为推进型产业。这些作为增长极的推进型产业，通过其吸引力及扩散力不断地增大自身的规模，并对所在部门和地区发生支配性影响，使所在地区迅速发展壮大，进而带动其他部门和地区发展。那些被带动发展的产业，佩鲁称之为被推进型产业；推进型产业和被推进型产业通过经济联系建立起非竞争性的联合机制，并在一定地域上聚集。增长极的形成过程不仅是一个自组织过程，而且是一个可控过程。前者是增长极的理论基础，后者是增长极的应用基础。所谓自组织过程，是指由市场机制的自发调节引导企业和行业在某些地区或城市聚集发展而自动建立增长极，所谓可控过程是指由政府或某些机制来主动建立增长极。正因为如此，许多国家都把增长极理论运用于区域经济发展战略之中。

为了促进增长极的形成，应致力于发展推进型企业和以推进型企业为主导的产业综合体，或者具有前向联系和后向联系、关联度较强的主导产业。但问题在于：在经济全球化和知识经济加速发展的时代里，如何促成区域增长极的形成，它需要什么样的条件，为什么这样的主导产业和企业能促使增长极的形成。

佩鲁指出，增长极的形成有三个条件：①必须有具有创新能力的企业和企业家群体；②必须有规模经济效益；③需要有适当的周围环境。因此，一般认为，大企业通过与区外关联，能促进增长极的形成与扩散效应（见图1），从而提升区域经济的竞争力。

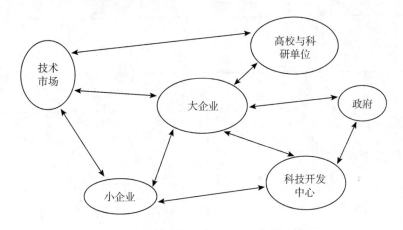

图1 大企业通过区外关联而形成增长极

但是，大量最新研究表明，美国硅谷的区域竞争力不仅仅表现在有惠普、网景、雅虎、英特尔等几十个成功的大企业，更为重要的是那些成千上万的中小企业。

这些中小企业在诞生后，无论是茁壮成长，还是走向破产、死亡，在其存在和发展的过程中都相互影响，或结成联盟，或达成契约，共同在协作与竞争的过程中，推动着硅谷的不断创新，使硅谷获得了强劲的区域经济竞争力。相比之下，美国的128公路主要是由大型公司组成的。正是由于结构上的区别，在 20 世纪 80 年代末 90 年代初的经济衰退时，硅谷挺过了，但 128 公路却失去了优势[2]。因此，尽管中小企业在资金来源、销售与 R&D 中心建立、经营环境不稳定等方面存在一些困难。

但是，中小企业与大企业相比，在创新激励、制度与文化约束、创新适应性、学习型组织形成等方面具有明显的优势。而且，在经济全球化和知识经济加速发展的时代里，科技型中小企业创新的特点和优势以及群集化的趋势，决定了它可以成为形成区域增长极的推进型企业，也决定了它是区域空间极化发展的推动力。

科技型中小企业及其集聚对区域经济发展的影响主要表现在（见图 2）：

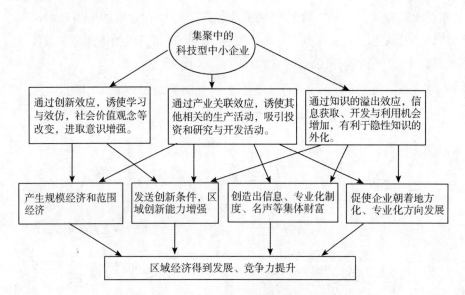

图 2　科技型中小企业提升区域经济竞争力理论机制

首先，科技型中小企业通过技术创新活动，不仅使单个企业获得生产效率的提高，而且还通过创新效应对当地和周边地区产生重要影响：从技术上看，增长极内的科技型中小企业的技术创新活动，使其产出增长率、投资回报率大大高于区域内其他企业，从而引起周围和其他企业的学习和效仿，这不仅可以促进利用高新技术及其产业来带动区域经济发展，而且可以促进区域经济结构的不断优化；从社会结构方面看，通过创新使现有的社会价值观念、行为方式和组织结构更容易朝着变革方向转变，使之适应创新结果，并成为下一轮创新活动的基础；从社会心理方面看，创新强化了社会群体的进取意识，同时推动了周边地区劳动力为改变他们自己进入增长中心的比较劣势而努力提高自己的素质。

其次，科技型中小企业通过产业联系（包括前向联系和后向联系）诱使其他相关的生产活动。一方面，促使企业间在经济、技术等方面形成较为稳定的合作关系，并通过市场竞争激发企业的内在活力，促进社会分工与技术开发，使区域内企业向着地方化、专业化方向发展，从而提升地方区域产业优势。另一方面会使本地区人才聚集，引起总人口和工资的增加，以致地方消费需求增加，使本地的第三产业获得较快的发展，从而发展城市化经济，即建立城市的各类基础设施，进一步吸引投资和研究与开发活动。更重要的是，产业关联能够改善创新的条件，创造出信息、专业化制度、名声等集体财富。

最后，伴随着科技型中小企业的集聚，增加了企业获取信息和开发利用信息的机会，这不仅有利于企业学习型组织的形成和创新，而且也有利于隐含经验类知识能够在区域内逐步转化为编码型知识。技术、管理人员通过各种正式的和非正式的场合，可以彼此对等地交换信息。由于人际交往范围广泛，谈话组织不停变化，技术信息就在行业和区域内传播开来，达到知识资源共享。对于中小企业来说，就相当于随时随地都在组织集体研究，这种互相交流、学习、借鉴和合作的无形纽带无疑是促进技术创新的无价之宝。而且，区域内工程师、经理人员、维修服务人员、设计人员等专业技术人才的流动性一般也较大，企业可以按专业需求在本地录用人员，可以随时解决生产中出现的问题。

参考文献：

［1］赫寿义、安虎森：《区域经济学》，经济科学出版社 1999 年版。

［2］盖文启、王缉慈：《全球化浪潮中的区域发展问题》，《北京大学学报》（哲学社会科学版）2000 年第 6 期。

［3］李小建、张晓平、彭宝玉：《经济活动全球化对中国区域经济发展的影响》，《地理研究》2000 年第 3 期。

［4］张芸：《知识经济时代的区位优势分析》，《经济地理》2001 年第 1 期。

［5］王缉慈：《现代工业地理学》，中国科技出版社 1994 年版。

［6］王德禄、张丰超：《关于区域创新问题的若干思考》，《经济研究参考》2000

年第 49 期。

[7] Freeman. C, Networks of innovators：Asynthesis of research issues. *Research Policy* 1991, (20)：499 – 514.

[8] Mothe&Paquet. *Local and Regional Systems of Innovation*. Kluwer Academic Publishers, 1998.

[9] Park S O, Markusen J K. Generalizing new industrial districts：a theo – retical agenda and an application from a non – westrn economy. *Environment and Planning A*, 1995, (27)：84 – 104.

[10] 吴群刚、冯其器：《从比较优势到竞争优势：建构西部地区可持续的产业发展能力》,《管理世界》2001 年第 4 期。

[11] 刘东、杜占元：《中小企业技术创新》,社会科学文献出版社 1998 年版。

[12] F. M. 谢勒：《技术创新——经济增长的原动力》,新华出版社 2001 年版。

[13] 宋磊：《论日本型产业政策的本质与制度安排》,《现代日本经济》2002 年第 4 期。

[14] 包小忠：《20 世纪 90 年代日本产业政策衰微的原因分析——关于日本产业政策的最新回顾》,《世界经济研究》2001 年第 4 期。

海洋经济强省：浙江的发展选择

——对浙江"十一五"海洋经济发展的几点建议

加快"海洋经济强省"建设极其必要21世纪是海洋的世纪。随着经济的发展和人口的增长，陆域资源所能够承受的对经济增量的承载率越来越小，通过开发陆域资源以保持经济发展的成本越来越大党的十六大作出了"实施海洋开发"的重大战略部署，绘就了在新世纪将我国建设成为海洋强国的宏伟蓝图中共浙江省委提出的"八八战略"，把发展海洋经济作为一项重要内容；2003年8月，省委、省政府召开的全省海洋经济工作会议，提出了建设"海洋经济强省"的目标一　加快浙江海洋经济发展，是落实国家重大战略部署的体现2003年5月16日，国务院印发《全国海洋经济发展规划纲要》，成为我国第一份规划期限至2010年的海洋区域经济发展宏观指导性文件《规划纲要》明确要求，到2010年，沿海地区的海洋经济有新的发展，海洋产业增加值占国内生产总值的比重达到10%以上，形成若干个海洋经济强省（自治区、直辖市）浙江作为东部沿海CDP总量和人均GDP均居全国第4位的经济大省，理应率先实现建设"海洋经济强省"。目标二　截至2004年度，浙江海洋经济增加值占全省GDP的比重为8.1%左右。2003年10月，省委、省政府发布《关于建设海洋经济强省的若干意见》、提出到2007年海洋经济总产出达到3600亿元比2002年翻一番，海洋经济增加值占全省GDP的比重接近9%，到2010年，海洋经济总产出超过5400亿元，比2002年增加2倍，海洋经济增加值占全省GDP的比重达到10%，海洋生态环境质量得到改善，近岸海域水质达标率达到55%，成为海洋经济强省，笔者认为，上述目标是完全可以提前实现的建议在制定"十一五"海洋经济发展规划时，将上述指标适当调高，例如海洋经济占 GDP 的比重至 2010 年可达 14% 左右。

（二）加快海洋经济发展，是发挥浙江资源优势的必然选择浙江是个陆域资源小省，但是海岸线漫长，海洋资源十分丰富：（1）港口航道资源浙汀沿海共有可建万吨以上泊位的岸线 253 公里，其中可建 10 万吨级以上泊位的岸线资源为 105.8 公里，各处的深水岸线均有深水航道与外海相连，可以使浙江沿海形成综合性、多功能的现代化港口群体。（2）渔业资源。浙江海域由于具有多种水流交汇、岛屿众多、营养盐丰富等环境特点，成为我国海洋渔业资源蕴藏量较为丰富、渔业生产力较高的渔场。（3）滨海及海岛旅游资源。浙江沿海地区分布着普陀山、嵊泗列岛、雁荡山、岱山、洞头等国家级、省级风景名胜区，拥有宁波、临海等全国历史文化名城，以及为数众多的国家级和省级重点文物保护单位，具有自然、人文、海域和陆域、古代、现代等多种旅游资源类型，组成了杭、绍、甬人文自然综合旅游资源带、浙南沿海旅游资源区和舟山海岛旅游资源区。（4）滩涂湿地资源。全省现有理论深度基准面以上的海涂资源 23.94 万公顷，主要为淤涨型堆涂，分布于杭州湾南岸、三门湾口附近、瓯江口外两侧、椒江口外两侧和瓯江口至琵琶门之间，具有多宜性特点。（5）东海油气资源。东海陆架盆地具有生油岩厚度大、分布面积广、有机质丰度高、储集层发育好、圈闭条件优越等特点。（6）海洋能源。浙江沿海平均潮差为 4.29 米，潮汐能理论装机容量为 2896 万千瓦，可开发的潮汐能装机容量为 880 万千瓦，约占全国总量的 40%；浙江沿海平均波高为 1.3 米，理论波浪能密度为 53 千瓦/米，可装机容量为 250 万千瓦，波浪能占全国总量的 16.5%。沿海还有丰富的潮流能和风能等资源。上述丰富的海洋资源是浙江建设"海洋经济强省"的可靠保证。

（三）加快海洋经济发展，是解决要素制约的根本举措。浙江经济发展和要素供给之间的矛盾日益突出，在陆域经济发展中缺地、缺水、缺电、缺能等问题已经逐渐显现。借鉴发达国家的经验，开发海洋经济，可以在很大程度上缓解以上矛盾，是浙江经济社会发展新阶段的现实需要和根本举措。

对浙江"十一五"海洋经济发展的几点建议：

（一）推动"集成创新"。从浙江海洋产业的行业发展来看，不管是临港工业还是港口服务业、滨海旅游业、海洋渔业等，总体上基本处于粗放经营、以量的打张为主的发展阶段。为了使浙江海洋经济发展迈上一个更高的台阶，必须实现管理体制、支撑平台、经营机制、增长方式等的全方位创新，即集成创新。推动集成创新，既是加快海洋经济发展、全面提高海洋经济质量的必然选择，更是贯彻科学发展观和"八八战略"的内在要求。

（二）突出两个重点。浙江在加快发展海洋过程中，必须依托资源优势与区位优势，突出以下两个重点：其一，加快海洋科技的引进与创新步伐。加快海洋科技对海洋产业的渗透，促使海洋产业向高端攀升。基于浙江目前缺乏综合性海洋科研机构的现实，近期应该加大海洋科技的引进力度，为海洋科技水平的全面提升打下基础。其二，立足海洋资源优势，确立海洋产业体系的主导产业，浙江的海洋资源优势突出表现为深水岸线资源。为了充分利用好这一优势，一要大力发展港口服务业。港口服务业不仅是对海洋经济发展的有力支撑，而且所带来的原材料、能源等大进大出，将有力地拉动整个国民经济的发展。二要大力发展临港工业。依托深水港口而发展的临港工业，一直是世界海洋经济发达国家（地区）的发展重点，临港工业的发展也是浙江资源优势的直接体现；在临港工业中，应该优先扶持浙江现阶段发展不足的船舶修造业。

（三）坚持三条原则。一是陆海一体原则：陆域和海域都是国土，陆域经济和海洋经济必须联动发展、融为一体；以陆域经济支撑海洋经济发展，以海洋经济拓展提升陆域经济。二是"两个并重"原则：利用与保护并重、开发与治理并重。三是科技兴海原则：突出科技在开发、利用海洋中的突出地位，在更高层次上开发利用海洋。

（四）实现四个转变。鉴于海洋的整体性与综合性，海洋经济发展、资源利用、环境保护三者必须在一种平衡状态下运行。为此，应充分考虑经济效益、社会效益、环境效益的最大化，尽快实现以下"四个转变"：

1. 从海洋资源无偿使用向有偿使用转变。（1）海洋资源产权制度创新。改变目前不同经济主体用海权限不一的现象，使用海主体处于同一地位，由市场来配置海洋资源的生产性用途，提高海洋资源的利用效率。（2）完善海洋资源价格制度。让用海成本进入海洋开发主体的核算体系，确立海洋资源有价原则，防止海洋资源开发中无序、无度和大量浪费资源的现象。

2. 从滨海县域经济分别规划向统一规划转变。海洋统一管理要求对海洋功能区划进行统筹安排。要在海洋资源开发统一规划的前提下，改变现有政绩考核体系，改变单一考核经济发展指标的现状，建立多指标体系。例如，在调整后的浙江海洋功能区划中，杭州湾的王盘山海洋特别保护区、马鞍列岛海洋特别保护区、三门湾的湿地保护项目，在对这些海区的行政领导进行政绩考核时，应减少对工业、经济发展指标的考核，增加对与功能定位相一致的资源与环境保护指标的考核。

3. 从部门管理向综合管理转变。浙江现行海洋资源管理办法基本上是根据海洋的自然资源属性及其开发产业，按行业、部门进行区块分割的管理。各部门主要从自身利益考虑开发与规划，导致海洋资源的综合优势和潜力难以有效发挥。要改变这种状况，首先，建立相对集中且功能专门化的管理机构。在海洋资源管理领域要适度集权，进行综合管理。强化海洋经济领导小组对海洋开发管理的全局性、基础性、综合性管理功能。其次，建立海洋经济的协调与合作机制，改变"群龙闹海"的局面。要以海洋经济领导小组为主体，海洋经济领导小组的成员应包含各涉海相关部门的主要领导，以便对海洋的空间、资源、环境和权益等进行全面规划、统筹管理。

4. 从线性资源开发方式向立体、空间资源统一开发转变。海洋资源的综合性，决定了海洋资源在空间上的相互联系。在海洋资源开发、管理上，应该充分考虑资源的综合性，进行立体式开发。要通过严格、科学的综合论证，做到各种资源协同开发，防止在开发某种资源时造成对其他资源的破坏。

（五）加快海洋经济发展的五项举措。

1. 加强海洋意识的宣传、教育。浙江各级政府以及参与海洋开发的微观主体，必须进一步树立建设"海洋经济强省"和发展"高层次海洋"产业的理念，并达成共识。应该加强对发展海洋经济的宣传教育工作，防止低水平开发海洋以至对海洋生态带来严重后果。尤其是各级领导干部都应该了解海洋，了解海洋经济，掌握海洋规律，搞好海洋管理与开发。

2. 拓宽投融资渠道，确立企业的投资主体地位。首先，要在财政税收上，给予海洋资源开发企业以优惠政策。其次，要积极引进外资，同时引进国外先进的海洋科技和管理模式。尤其是发展大型临港工业（造船、钢铁、重化工、造纸等），更要加大引进外资的力度。再次，重视民间资金的作用。在海洋资源的开发中，尽可能给民资以同等的市场地位，除了对国家安全有重大影响的资源外，不人为设置进入壁垒。最后，给参与海洋开发的企业以金融支持。

3. 加大海洋环境保护投入，建设防灾减灾预警系统。建立健全全省海洋环境监测网络体系。进行近岸海域环境质量趋势性监测、海洋环境生物质量监测、重点陆源排污口临近海域监督监测、重点养殖区监测、海水浴场以及海洋污染事故应急监测等工作，及时掌握并控制浙江近岸海域的生态环境质量。要依据监测的结果，定期向社会发布海洋环境质量公报，为各级政府、社会公众和涉海经济主体了解海洋环境，做出理性决策提供依据。同时，要加大对海洋环境的监督检查力度。要建设防灾减灾预警系统，降低海洋灾害带来的损失。要充分利用现代高科技，加大预警系统建设的投入。

4. 加大海洋科技引进力度，促进海洋科技创新。(1)设立专门的海洋科技园区。面向国内外市场，借用一切可能利用的外资和国外先进技术，最大限度地发展海洋科技生产力；建立比较完整的海洋高新技术产业体系，改造传统的海洋产业，最终实现海洋高新技术成果的商品化、产业化和国际化。(2)加强国内、国际合作，加快海洋科技引进步伐，赶超世界先进水平 (3)确立海洋科技引进发展和创新的重点。目前急需引进海洋环境监测技术、海洋生物资源开发工程技术、海水资源利用技术、海洋矿产资源勘探开发技术和海洋可再生能源的研究开发等。(4)加快海洋科技开发，增加经费投入。

5. 加快人才引进与培养步伐，增加高层次海洋人才供给。要鼓励浙江有关高校增设涉海专业，为海洋经济发展持续提供梯次人才鼓励高校建立重点涉海实验室，进行重点海洋技术攻关，为海洋开发提供顶尖人才。

技术密集型行业对制造业竞争力影响程度研究[*]

——以浙江省为例

1 技术密集型行业的统计界定

技术密集型行业的统计是从高科技产业统计开始的。尽管高科技产业在一国或地区发展地位的重要性已有了普遍的共识，但由于不同国家和地区经济发展进程，科技发展状况与技术开发能力，以及相应产业发展条件的不同，所界定和选择的高技术产业也不全相同。如 1986 年，OECD 根据联合国制定的国际标准产业分类（ISIC），选择 22 个制造业行业，依据 13 个比较典型的成员国 1979—1981 年间有关 R&D 经费数据，把航空航天制造业等六类产业定义为高技术产业。1994 年 OECD 将 R&D 强度的数据和计算方法做了进一步调整，对高技术产业重新进行了划分。美国在定义高科技产业时，以研发强度（R&D）经费占销售额的比重和科技人员占劳动力比重两项指标超过 10% 的产业界定为高技术产业；台湾则根据市场潜力大、产业关联性大，技术层次高、附加价值高，污染程度低、能源依存度低等六大原则，选出通讯、消费性电子、精密机械与自动化等十大工业定义为新兴工业。总的来说，各国各地在定义高科技产业时，大多以当地产业中有较多研究开发资金及人员投入，以知识、技术进步为标志的，能有效拉动当地经济发展的产业定义为高技术产业。

我国有关专家学者从 20 世纪 80 年代开始对国外高技术产业发展动态进行了研究，"863 计划"中提及的"高技术产业"与发达国家高技术产

---

* 与周国红合作完成。

业的一般概念相近，也是我国高技术产业的初始概念。近些年来，国家科技部组织专家学者对我国制造业各小类行业技术密集度进行了测算，发现没有国外那种高技术产业按照技术密集度聚类的现象，也无法依据技术密集度在"高技术产业"与"非高技术产业"之间划出一条清晰的界线。从实际情况看，我国的计算机制造业、电子与通信产业中外合资企业多，外国公司多，生产技术水平与国际水平较为接近，是人们理念中的高技术产业，但其技术密集度在国内并不高；相比之下，国内的专用仪器设备制造业、机械制造业、金属冶炼和压延制造业等小行业技术密集度普遍较高，但这些行业不论在国外和国内都未被人们看作是高技术产业。

像我国的资本密集型行业金属冶炼和压延制造业，通过以喷煤、连铸和连轧等为重点的技术改造，主要技术经济指标得到明显的提高，有的已接近国际先进水平[1]。从我国高技术产业发展现状来看，这种计算结果从一个侧面说明我国与发达国家分属于不同发展阶段，我国高技术产业尚处于发展初期，还不具备"明显高"的技术密集度这个典型特征。

因此，在高技术产业全球化的条件下，仅根据一国的产业结构来界定高技术产业是不科学的。

界定我国高技术产业的工作，只能借助于国际规范，采用定性为主，定量与定性相结合、多途径和多方案综合比较的方法，才能比较真实地反映中国的实际。本文借用 OECD 界定的高技术产业范围，在我国现行国民经济行业分类中找出与之相同或相近的制造业行业，并且结合我国的实际情况，确定了以下七个行业为技术密集型行业，即：医药制造业、黑色金属冶炼及压延加工业、有色金属冶炼及压延加工业、专用设备制造业、电气机械及器材制造业、电子及通信设备制造业、仪器仪表及文化办公机械制造业。

2 技术密集型行业对制造业产业结构调整的影响分析

2.1 技术密集型行业发展较快，并呈现出加速发展趋势

据浙江省的 1985 年到 2005 年统计年鉴，可以测算出历年的上述统计界定范围内的技术密集型行业总产值和相应的增加值，其变化趋势见图 1 和图 2。从总体上看，改革开放以来，浙江省的技术密集型行业得到了较

快的发展，保持了比制造业更为强劲的增长。到 2004 年底，浙江省的技术密集型行业总产值达 4420.19 亿元，是 1985 年的 70.5 倍，年均增长速度达到 25.1%，而同期制造业年均增长速度为 21.6%。按增加值论，2004 年底技术密集型行业达 913.14 亿元，是 1986 年的 78.7 倍，占全部制造业增加值的 24.6%。根据统计测算的结果，可以进一步得到技术密集型行业总产值和增加值的拟合趋势曲线（图中虚线表示），即：

$$Y = 5E - 178e^{0.2078x} \quad R^2 = 0.9842^{**} \quad （注：^*P < 0.05, ^{**}P < 0.01）$$

其中，Y^{aaa}技术密集型行业总产值，X^{aaa}年份以及：

$$Y = 2.8721X^2 - 11424X + 1E + 07, \quad R^2 = 0.9467^{**} \quad （注：^*P < 0.05,$$
$$^{**}P < 0.01）$$

其中，Y^{aaa}技术密集型行业总产值增加值，X^{aaa}年份

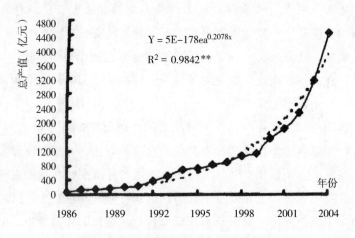

图 1 历年技术密集型行业总产值变化趋势

2.2 技术密集型行业扩张明显，产业结构变动加快

伴随着技术密集型行业的快速发展，制造业产业结构发生了明显的变化。首先，技术密集型行业总产值对全部制造业总产值的直接贡献，以及总产值增加值对制造业增加值的直接贡献度呈稳步提高趋势（见图 3、图 4）。技术密集型行业总产值对全部制造业总产值的直接贡献度，已从 1985 年的 15.3% 增加到 2004 年的 25.6%，提高了 10.3% 个百分点；技术密集型行业总产值增加值对全部制造业增加值的直接贡献度，已从

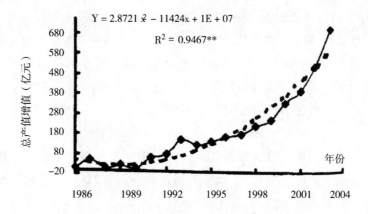

$$Y = 2.8721 x^2 - 11424x + 1E + 07$$
$$R^2 = 0.9467**$$

图2　历年技术密集型行业总产值增值变化趋势

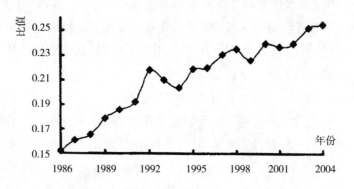

图3　技术密集型行业对制造业产值的直接贡献

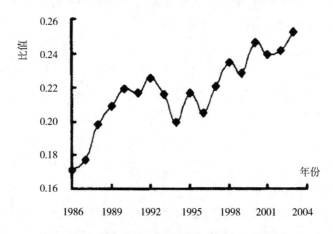

图4　技术密集型行业对制造业增加值的直接贡献

1986 年的 17.1% 增加到 2004 年的 25.3%，提高了 8.2% 个百分点。在浙江的一些发达区域，如杭州，技术密集型行业正逐渐成为推动地方经济增长的主要产业。2004 年，杭州市技术密集型行业对全部制造业总产值的贡献度达 29.7%，比全省高出 4.1 个百分点；2002 年技术密集型行业增加值对制造业增加值的直接贡献度达到 32.88%，高出全省 7.58 个百分点。而且，史晋川等（2000 年）以浙江省区域经济为背景，测算了浙江高速增长市县的区位商，结果表明，杭州市主要行业区位商前十位依次为：烟草加工业（6.9813）、电子及通信设备（5.2852）、黑色金属冶炼及压延（4.4275）、橡胶制品（3.6862）、食品制造（2.8734）、交通运输设备（2.3211）、电气机械器材（1.9499）、普通机械（1.9081）、医药制造（1.6437）、仪器仪表及文化办公用品（1.6353）[2]。这表明，杭州市的技术密集型行业具有明显的产业比较优势，能够凭借较强的竞争力对外提供技术密集型行业的产品与服务，杭州市经济增长的速度和质量在很大程度上将依赖于技术密集型行业发展的状况。

其次，从制造业具体的行业结构变动情况看，电气机械及器材制造业、电子及通信设备制造业、医药制造业等技术密集型行业，在制造业总产值中的比重上升明显，反映了制造业结构的技术集约化态势。表 1 显示了在 1994—2004 年期间制造业各主要行业占总产值的比重变化情况，其中，电气机械及器材制造业由 1994 年的 6.48% 上升到 2004 年的 8.88%，提高了 2.40 个百分点；电子及通信设备制造业由 1994 年的 3.24% 上升到 2004 年的 5.39%，提高了 2.15 个百分点。

2.3　传统产业高新技术改造力度加大，技术含量上升较明显

表 1 还显示，作为传统产业代表的纺织业，其产值比重已由 1994 年的 22.55% 下降到 2004 年的 14.64%，下降的幅度最大，达 7.91%，但纺织业仍然是浙江制造业中最主要的行业。从浙江经济发展的现实看，在相当长一个时期，传统产业仍将是浙江经济的主体。由于传统产业产品质量档次低，高附加值产品比重小，产品结构性矛盾突出。因此，传统产业要由大变强，从比较优势到竞争优势，仅靠劳动和资本等生产要素的投入已难以使其进一步发展，必须依靠技术创新，大力用高新技术改造传统产业，提高传统产业的技术创新能力。1998 年，根据国家拉动投资、扩大

内需的基本方针和浙江省工业经济结构调整的总体要求，省委、省政府进一步加强了对企业技术改造工作的领导和支持，下发了《关于加强企业技术改造工作的通知》（浙政〔1998〕5 号）和《关于加快运用高新技术和先进适用技术改造传统产业的若干意见》（浙政发〔2001〕29 号），出台了一系列扶持企业技术改造的政策措施，并连续加大省级财政支持技术改造的力度。仅 2004 年，浙江省全社会技术改造投资就超过 1600 亿元，而整个"九五"时期，全社会技术改造总投资仅为 2356 亿元。

由于运用高新技术和先进适用技术改造传统产业的力度加大，浙江省的一些传统优势产业仍能保持在全国的领先地位。例如纺织业，代表纺织工业制造水平的涤纶熔体直接纺、新型气流纺纱、新型无梭织机、电脑高速经编机和印染后整理等先进技术，在浙江省得到广泛应用，整个纺织业的科技含量也得到了明显的提高。

表 1　浙江省 2004 年制造业各主要行业产业比重与 1994 年比较　　单位：万元;%

行业部门	1994 年产值	占 1994 年产值%	2004 年产值	占 2004 年产值%	比例增减
食品加工业	109.66	3.38	355.95	2.11	-1.27
饮料制造业	61.39	1.89	176.26	1.04	-0.85
纺织业	732.25	22.55	2470.11	14.64	-7.91
服装及其他纤维制品制造业	201.32	6.20	706.38	4.19	-2.01
皮革、皮毛、羽绒及其制品业	112.77	3.47	687.03	4.07	0.60
石油加工及炼焦业	71.23	2.19	503.19	2.98	0.79
化学原料及化学制品制造业	153.00	4.71	1038.36	6.16	1.45
医药制造业	50.03	1.54	299.98	1.78	0.24
化学纤维制造业	56.56	1.74	731.04	4.33	2.59
塑料制品业	121.07	3.73	703.42	4.17	0.44
非金属矿物制品业	183.97	5.66	557.60	3.30	-2.36

行业部门	1994 年产值	占 1994 年产值%	2004 年产值	占 2004 年产值%	比例增减
黑色金属冶炼及压延加工业	83.80	2.58	530.44	3.14	0.56
有色金属冶炼及压延加工业	71.07	2.19	561.00	3.32	1.13
金属制品业	117.84	3.63	658.59	3.90	0.27
普通机械制造业	183.24	5.64	1363.00	8.08	2.44
专用设备制造业	109.21	3.36	414.15	2.46	− 0.90
交通运输设备制造业	129.03	3.97	926.10	5.49	1.52
电气机械及器材制造业	210.58	6.48	1497.73	8.88	2.40
电子及通信设备制造业	105.49	3.24	909.18	5.39	2.15

资料来源：根据 1995 年及 2005 年《浙江统计年鉴》整理

由此可见，产业结构的调整与升级离不开传统产业的高新技术改造，表 1 显示的纺织业、非金属矿物制品业，其在制造业中占的份额下降最多，但是作为浙江省技术改造的重点行业，它们增长质量有了较为明显的提高。因此，浙江制造业的结构调整主要是通过技术密集型行业扩张、传统产业高新技术改造完成的。

3　技术密集型行业对制造业产业绩效的影响分析

3.1　技术密集型行业对制造业产业绩效的提升

由上述分析可知，纺织业是浙江传统产业中最主要的行业，电气机械与器材是浙江省技术密集型行业中的最主要行业。本文就选取纺织业和电气机械与器材制造业作为传统产业和技术密集型产业的代表，利用历年浙江省统计年鉴相关数据，比较分析技术密集型行业对制造业产业绩效提升的影响。

（1）技术密集型行业对制造业所有者权益利润率的上拉作用

所有者权益利润率（R）是反映工业行业竞争优势的主要指标，由公式 R＝利润总额／所有者权益计算得到。由图5、图6可知，电气机械与器材业的所有者权益利润率明显高于纺织业和整个制造业平均水平，显示了技术密集型行业具有较强的竞争优势，对整个制造业所有者权益利润率的提升有明显的上拉作用。尤其是在1995年及前后的十年时间里，纺织业在浙江省制造业产值比重很大，占据近1/4的产值比重，但是所有者权益利润率却很低，在1995年只有0.27%，而同期技术密集型行业的代表电气机械与器材行业达10.34%。

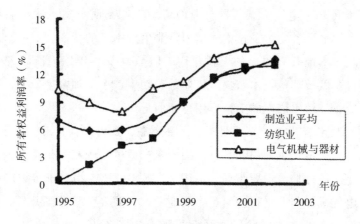

图5　技术密集型行业对制造业所有者权益利润率

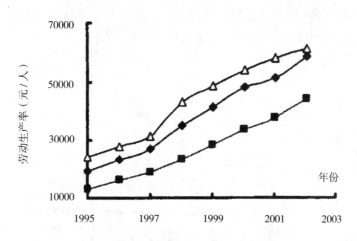

图6　技术密集型行业对制造业所有者劳动生产率的上拉作用

　　图 5、图 6 还显示，1998 年以来，浙江省的纺织业所有者权益利润率提升很快，这与浙江省"九五"期间加大传统产业高新技术改造，产品技术含量提高有关，本文前面已有分析。不容忽视的事实是，1995 年以来浙江省电气机械与器材业以及其他技术密集型行业的所有者权益利润率增加幅度相对趋缓，随之对整个制造业的所有者权益利润率上拉作用有减弱迹象。

　　（2）技术密集型行业对制造业劳动生产率的上拉作用

　　劳动生产率是评价一国或一产业增长潜力或竞争力的重要指标。图 5、图 6 可知，电气机械与器材业的劳动生产率明显高于纺织业和整个制造业平均水平，显示了技术密集型行业生产率高的特征，对整个制造业的劳动生产率提升有明显的上拉作用。但是，1999 年以来浙江省电气机械与器材业以及其他技术密集型行业的劳动生产率增加幅度趋缓，随之对整个制造业劳动生产率的上拉作用也减弱。

　　（3）技术密集型行业对制造业主要经济效益的上拉作用

　　每百元资金实现利税和每百元固定资产原值实现利税是反映工业行业主要经济效益好坏的主要指标。由图 7、图 8 可知，相对于传统产业的纺织业，电气机械与器材行业对整个制造业的主要经济效益提升具有明显的上拉作用。由于电气机械与器材行业属于新兴产业，固定资产积累时间短，每百元固定资产原值实现利税相比于传统行业的纺织业要高出 2 倍以上，尤其在 1995 年前后高出 3 倍以上。因此，对整个制造业的每百元固定资产原值实现利税上拉作用非常明显。

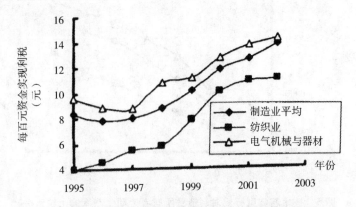

图 7　技术密集型行业对制造业主要经济效益的上拉作用

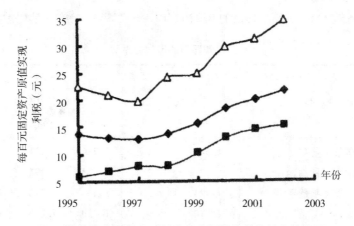

图 8　技术密集型行业对制造业主要经济效益的上拉作用

3.2　技术密集型行业对制造业的产业关联效应与资源配置效应

（1）技术密集型行业的产业关联效应

某产业在生产过程中的变化，将通过产业间的关联对其他产业产生波及作用。通常把该产业影响其他产业的波及作用叫影响度，把一产业受其他产业的波及作用叫感应度，具体以影响力系数和感应度系数来衡量。当影响力系数大于 1 时，表示该部门的生产对其他部门所产生的波及作用程度超过全社会平均影响力水平（即各部门产生波及影响的平均值）。影响力系数越大，表明对国民经济各部门生产的需求作用越大，即表明该部门对其他部门的拉动作用越大，同时也表明了该部门与其他行业部门的后向经济联系越强。当感应系数大于 1 时，表示该部门所受到的感应程度高于全社会平均感应水平，感应度系数越大，表明对国民经济各部门生产的供给作用越大，同时也表明了该部门与其他行业部门的前向联系越强。

表 2 显示，我国 1999 年电子及通信设备、电气机械与器材等技术密集型行业的影响力系数都很大。其中，电子及通信设备制造业的影响力系数为 1. 5411，高居各部门之首，表明电子及通信设备制造业对其他产业有极强的带动作用。王延中等（2002）的研究也表明，电子及通信设备制造业与国民经济 30 个部门和制造业 18 个部门之间的直接后向联系效应很强，1987 年的效应值分别达到 0. 7736 和 0. 6297，即电子及通信设备制造业的总产出增加一个单位时，会拉动国民经济 0. 7736 个单位及制造业

0.6297 个单位的投入，其余的 0.2264（1 - 0.7736）个单位是增加值[3]。

表2　　　　　　　　　　　　制造业各部门的影响力系数

行 业 部 门	全 国		浙江省		
	影响力系数	位次	影响力系数		
	1999		1987	1992	1997
电子及通信设备制造业	1.5411	1	1.286	1.111	1.256
电气机械及器材制造业	1.4792	2	1.303	1.294	1.353
交通运输设备制造业	1.4249	3	1.265	1.226	1.273
金属制品业	1.3702	4	1.239	1.256	1.312
仪器仪表办公机械制造业	1.3605	5	1.161	1.067	1.233
金属冶炼及压延加工业	1.3587	6	1.324	1.320	1.372
机械工业	1.2796	7	1.186	1.158	1.302
化学工业	1.2491	8	1.196	1.169	1.211
纺织业	1.2268	9	1.255	1.315	1.288
木材加工及家具制造业	1.2245	10	1.192	1.181	1.230
服装皮革羽绒及其制造业	1.2081	11	1.215	1.345	1.467
造纸印刷文教用品制造业	1.1809	12	1.130	1.210	1.175
非金属矿物制品业	1.1486	13	1.013	1.021	1.064
其他制造业	1.1480	14	1.198	1.223	1.163
石油加工及炼焦业	1.0460	15	0.761	0.839	0.731
机械设备修理业	1.0300	16	1.146	1.167	1.188
食品制造及烟草加工业	0.9542	17	1.038	1.057	1.000

资料来源：全国的数据根据《2001 年中国投入产出理论与实践》（中国统计出版社，2002.8）整理所得；浙江省的数据根据"浙江省投入产出模型应用研究课题组"研究报告整理所得。从感应度系数看，表3显示，电子及通信设备、电气机械与器材等技术密集型行业的感应度系数及位次都不如影响力系数大，如 1999 年我国电子及通信设备制造业感应度系数为 1.4744，排在第 5 位，电气机械与器材制造业感应度系数为 1.2778，排在第 7 位，说明电子及通信设备、电气机械与器材等技术密集型行业对其他行业的后向联系强于前向联系。

就浙江省而言，表2显示，电子及通信设备、电气机械与器材等技术密集型行业的影响力系数也很大，其中，1987 年电气机械与器材行业的影响力系数为 1.303，表示电气机械与器材行业对其他部门所产生的波及作用程度超过全社会平均影响力水平的30.3%。但是，浙江省的技术密集型行业对浙江国民经济与制造业各部门的拉动作用低于全国平均水平，而且，据1992年、1997年的投入产出表测算[4]，技术密集型行业的影响力系数并没有明显变大；相反，一些传统行业如服装皮革羽绒、纺织业等的影响力系数上升更快，而且超过了技术密集型行业，这说明以纺织业、服装皮革羽绒等为代表的传统行业的比较优势近年来得到了较为充分的发挥，仍然是浙江经济的主要支柱，并依然有其发展的市场空间。但是，随着产业链的不断延伸和社会资源流动性进一步加强，电子及通信设备、电气机械与器材等技术密集型行业将更加处于产业发展的前端，对其他产业的带动作用会越来越强。

表3　　　　　　　　　　制造业各部门的感应度系数

行　业　部　门	全　国		浙江省		
	影响力系数	位次	影响力系数		
	1999		1987	1992	1997
电子及通信设备制造业	1.4744	5	1.201	0.727	0.863
电气机械及器材制造业	1.2778	7	0.932	1.120	0.934
交通运输设备制造业	1.1255	11	0.922	0.766	0.915
金属制品业	1.2421	9	0.754	0.969	1.121
仪器仪表办公机械制造业	0.3086	16	0.554	0.575	0.501
金属冶炼及压延加工业	3.1806	2	3.982	2.213	3.460
机械工业	2.1172	4	1.227	1.526	1.409
化学工业	5.0912	1	3.475	3.361	4.216
纺织业	2.4185	3	1.907	2.860	1.849
木材加工及家具制造业	0.4815	14	0.674	0.667	0.744
服装皮革羽绒及其制造业	0.3932	15	0.556	0.760	1.233
造纸印刷文教用品制造业	1.2484	8	1.392	1.337	1.300
非金属矿物制品业	1.2947	6	0.896	0.917	0.872
其他制造业	0.6297	13	0.618	0.883	0.666
石油加工及炼焦业	1.1402	10	1.150	0.989	1.130
机械设备修理业	0.2607	17	0.516	0.532	0.573
食品制造及烟草加工业	0.9869	12	1.035	1.088	0.872

资料来源：同上。

从制造业各部门看，化学工业、金属冶炼及压延加工业、纺织业等基础重工业部门的感应度系数很大，超过电子及通信设备、电气机械与器材等技术密集型行业的感应度系数，这是由产业部门的性质决定的。一方面，化学工业等基础重工业部门的产品用途广，市场需求大，既可以作为工业原材料，又可以作为生活消费材料。它在产业链中属于中间需求率大、中间投入率大的中间产品型行业。因此，随着国民经济的快速发展及产业的不断升级，对重工业部门的需求和拉动力度会保持在较高水平，重工业部门所产生的影响力也会逐步增强。另一方面，由于我国以前一直是粗放型发展，技术密集型的电子及通信设备、电气机械与器材和传统产业未能很好地结合起来，国民经济发展对电子及通信设备、电气机械与器材等的需求尚未充分显示出来，今后随着经济发展走上集约化道路，技术进步在经济增长中的作用增强，电子及通信设备、电气机械与器材等的感应度系数必将提高。王延中等（2002）的研究证实了这一点，1987 年，电子及通信设备制造业与国民经济 30 个部门和制造业 18 个部门之间的直接前向联系效应分别为 0.3929 和 0.3394，1995 年这两个数字分别上升到 0.4261 和 0.3615。从浙江情况看，制造业各部门的感应度系数在位次上和全国差不多。由表 3 可以看出，电子及通信设备制造业的感应度系数由 1987 年的 0.727 上升为 1997 年的 1.201，呈较为明显的上升趋势，说明电子及通信设备制造业对国民经济和制造业的制约作用有所增强，国民经济的大多数产业和制造业中的大多数部门对电子及通信设备制造业的依赖在增加。

（2）技术密集型行业的资源配置效应资源配置效应是指一个经济整体的总生产率增长率与部门生产率增长率加权平均数的差距。

对于制造业的不同行业，其对资源再配置效应的强弱是不同的，资源再配置效应强的行业可以提高全要素生产率，促进经济增长，加快这些行业的发展将有助于提高工业结构变动的集约增长效应。一般，我们可以采用以下指标来综合反映行业再配置效应的强弱[5]：

$$C_{TRE} = P_i \times G_i / G$$

其中，CTRE 为行业对资源再配置效应的贡献度，P_i 为 i 行业增加值比重，G_i 为 i 行业全要素生产率增长率，G 为加权平均的全要素生产率增长率。

表 4 显示，1996 年我国电子及通信设备、电气机械与器材等技术密集型行业的增加值在重点行业中所占的比重并不大，但是，它们的全要素生产率明显高于制造业其他重点行业，其中电子及通信设备制造业的全要素生产率年均增长率高达 15.09%，是纺织业的 2.56 倍，机械行业的 2.48 倍，因此，电子及通信设备、电气机械与器材等技术密集型行业对资源再配置效应的贡献度较大，在制造业 10 个重点行业中排在第三位和第四位。

表 4　　我国制造业 10 个重点行业资源再配置效应的贡献度排序

行业部门	1996 年行业增加值所占比重（%）	排序	1987—1995 年行业全要素生产率年平均增长率（%）	行业对资源再配置效应的贡献度（%）	贡献度排序
电子及通信设备制造业	7.04	9	15.09	14.30	3
电气机械及器材制造业	7.87	8	12.83	13.59	4
食品工业	10.64	5	8.11	11.61	5
纺织业	11.03	4	5.89	8.74	8
石油加工及炼焦业	5.94	10	−11.64	−9.31	10
化学原料及制品制造业	12.61	2	9.59	16.38	2
非金属矿物制品业	11.20	3	5.95	8.97	7
黑色金属冶炼及压延加工业	10.60	6	5.18	7.39	9
交通运输设备制造业	9.85	7	13.27	17.59	1
机械工业	13.24	1	6.08	10.83	6

注：表中的行业比重是指在 10 个制造业行业中所占的比重。

资料来源：吕铁、周叔莲《中国的产业结构升级与经济增长方式转变》，1999.1。其中，行业的全要素生产率增长率由钟学义教授根据《中国投入产出表》（1987）和（1995）中有关资料整理计算。

实际上，我国电子及通信设备制造业发展很快，1996 年行业的增加值只有 663.31 亿元，在 10 个重点行业中排名第九（见表 4），到 1998 年就跃居第二，年增加值达 1120.96 亿元，仅次于机械工业的 1182.34 亿元，1999 年后电子及通信设备制造业的年增加值就超过了机械工业，成为我国制造业的最大行业。而在一定时期内行业的全要素生产率年均增长率是相对稳定的，据此，2003 年电子及通信设备制造业对资源再配置效应的贡献度就达 30.26%，高居于制造业各行业之首，电气机械及器材制造业也达到 14.95%，对资源再配置效应的贡献度也上升为第三位。

由于在一定时期内行业的全要素生产率年均增长率（G_i）是相对稳定的，因此，根据 CTRE = P_i × G_i/G 可知，行业对资源再配置效应的贡献度（CTRE）成正比于行业增加值所占比重（P_i）。据此，我们可以通过浙江省制造业主要行业增加值所占比重变动情况，来考察制造业各行业对资源的配置效应贡献度及其变动。表 5 显示，电子及通信设备、电气机械与器材等技术密集型行业增加值所占比重上升幅度最大，其中，电子及通信设备从 1996 年的 5.14% 上升为 2004 年的 7.76%，电气机械与器材制造业则从 10.38% 上升为 12.91%，这说明电子及通信设备、电气机械与器材等技术密集型行业对资源的配置效应明显增强。

表 5　　浙江省制造业 10 个主要行业增加值所占比重变动情况（1996—2004）

行业部门 ＼ 行业增加值所占比重(%)	1996	1998	2000	2002	2004
电子及通信设备制造业	5.14	6.94	7.05	7.27	7.76
电气机械及器材制造业	10.38	13.41	13.86	13.73	12.91
食品工业	6.52	5.33	4.55	3.95	3.68
纺织业	21.24	21.55	19.42	18.99	20.18
服装及其他纤维制品制造业	8.99	8.81	10.37	10.18	7.44
皮革、皮毛、羽绒及其制品业	6.24	5.12	4.96	6.82	6.31
化学原料及制品制造业	9.39	10.57	9.84	8.77	8.68
非金属矿物制品业	10.55	7.17	6.57	5.93	6.31
交通运输设备制造业	6.75	6.84	7.75	7.79	8.82
机械工业	14.78	14.35	15.64	16.57	17.90

注：表中的行业比重是指在 10 个制造业行业中所占的比重。

资料来源：根据《浙江统计年鉴（1997—2005）》整理计算所得。

假设浙江省制造业各行业的全要素生产率年均增长率等同于全国的平均年增长率，则根据表 4 和表 5 有关数据，可以得到浙江省各主要行业对资源配置效应的贡献度（见表 6）。表 6 显示，1996 年电气机械及器材制造业对资源配置效应的贡献度排在第一位，达 17.92%，并在 2004 年继续上升为 22.31%；电子及通信设备制造业对资源配置效应的贡献度由 1996 年的 10.44% 上升为 2004 年的 15.76%，位次也由 1996 年的第六位上升为 2004 年的第三位。

表 6　　　　浙江省制造业主要行业资源再配置效应的贡献度排序

行业部门	1996 年行业对资源再配置效应的贡献度（%）	贡献度排序	2002 年行业对资源再配置效应的贡献度（%）	贡献度排序	2004 年行业对资源再配置效应的贡献度（%）	贡献度排序
电子及通信设备制造业	10.44	6	14.77	3	15.76	3
电气机械及器材制造业	17.92	1	23.71	1	22.31	1
食品工业	7.12	8	4.31	8	4.06	8
纺织业	16.84	2	15.05	2	15.99	2
化学原料及制品制造业	12.12	3	11.32	6	11.20	6
非金属矿物制品业	8.45	7	4.75	7	5.05	7
交通运输设备制造业	12.06	5	13.91	4	15.75	4
机械工业	12.09	4	13.56	5	14.65	5

注：根据表 4、表 5 有关数据计算所得。

4　结语

20 世纪下半叶以来，以信息化为代表的新的科技成就，把当代生产力的先进性提高到一个前所未有的高度，使得世界制造业的面貌发生了巨大的变化。目前，浙江省传统意义上的工业化已经达到了相当程度，从产业规模看，浙江省已经是国内重要的制造业基地，但从生产力发展水平看，还远不是先进制造业基地，特别是信息化步子不大、科技含量较低、可持续发展能力不强。

浙江省委"十五"计划建议明确要求："把我省建设成为全国重要的先进制造业基地"，"积极创建具有浙江特色的现代工业新格局"。省十一次党代会报告突出强调建设先进制造业基地，并明确指出了主要目标任务和发展重点。由于浙江的工业化进程是在资金短缺、技术落后等一系列特殊状况下开始的，发展的途径与发达国家甚至国内其他省市都有很大差异。相对发达国家来说，浙江省虽然目前的优势产业更多体现在劳动密集型的纺织、服装、皮革等传统产业上，但并不能以此为局限建设先进制造业基地。这主要于：一是由于传统产业资源依赖性和需求弹性低的特点，劳动生产率和附加值不高，单纯扩大这些产业的比重难以根本改变浙江在国际分工领域的地位；二是在浙江没有控制上述产业的零组件和机械工业技术前提下，优势地位并不牢固。2002 年江苏一些地区的纺织企业通过大规模装备，在无梭化程度、设备折旧的成本优势方面就已经超过绍兴的纺织企业。

　　通过技术密集型行业对浙江省制造业的影响分析，我们可以看到，在产业结构调整和升级过程中，技术密集型行业对浙江省制造业其他行业具有较强的拉动作用。从产业关联效应看，浙江省的电气机械与器材、电子及通信设备等技术密集型行业的影响力系数都很大，这表明技术密集型行业对其他产业有极强的带动作用；技术密集型行业的感应度系数也有较为明显的上升，说明技术密集型行业对国民经济和制造业的制约作用有所增强，国民经济的大多数产业和制造业中的大多数部门对技术密集型行业的依赖在增加。从资源配置效应看，电子及通信设备、电气机械与器材等技术密集型行业对资源的配置效应在制造业的重点行业中较强，而且呈明显的增强趋势。因此，技术密集型行业理应成为浙江省目前产业结构调整和竞争力提升的方向与重点所在，先进制造业基地的建设必须在加快工业化的同时，抓住技术现代化这一核心，大力推进工业现代化，以跟上新技术革命的浪潮。

参考文献：

　　[1] 辽宁省科技厅科技统计分析中心：《中国高技术统计现状及面临的主要问题》2002 年第 6 期。

　　[2] 史晋川、罗卫东：《浙江现代化道路研究（1978—1998）》，浙江人民出版社 2000 年版。

　　[3] 课题组：《基础设施与制造业发展关系研究》，《经济研究》2002 年第 2 期。

　　[4] 浙江省统计局:《浙江省投入产出模型应用研究课题组研究报告》12002—08。

　　[5] 吕铁、周叔莲:《中国的产业结构升级与经济增长方式转变》,《管理世界》1999 年第 1 期。

基于共享型市场的集群企业绩效评价[*]

——以浙江省绍兴、义乌万家企业为例

近年来，学术界对产业集群在推动区域经济发展上所发挥的作用，主要通过比较集群内外企业的经济绩效进行研究。在中国不少经济发达地区，由于大型专业市场①具有较强的嵌入性，致使产业集群与专业市场之间建立起紧密的互动发展关系[1-3]。本文将专业市场存在于产业集群的外部性定义为要素共享，即当与某一大型专业市场建立起紧密关系后，集群企业可以获取诸多外部共享资源，这类资源所具有的准公共性质主要由专业市场的准公共平台性质决定。对于任一集群企业而言，来自专业市场的共享资源不具有排他性，但集群企业在获取和利用共享资源的能力上存在差异。

现有文献就共享资源对集群企业的重要性已进行了较多研究，并指出集群内部形成的社会资本具有准契约性质，有助于合作关系的形成和共享要素的流动。集群企业之间合作关系的建立和出口市场信息的扩散会提升其出口绩效[4]。集群企业之间的经济活动与知识转移并非同时发生，即当两家集群企业发生商业往来时并不一定伴随着共享知识的扩散和转移，这与它们在资源获取能力上的差异有关[5]。有学者对新企业区位与经济绩效的关系进行了研究，发现由于获取外部资源的成本更低、速度更快，选址于某一集群的新企业具有更高的增长率和创新绩效，但集群内技术溢

---

   * 与俞航东合作完成。

   ① 本文研究的是诸如绍兴中国轻纺城市场、义乌中国小商品市场这样的大型专业市场，这类市场与相关产业集群的互动发展关系表现得较为明显，而小型专业市场或集贸市场由于存在分化、兼并等现象，与地方产业集群的互动并不显著，甚至存在相互制约现象。

出并不是引致较高经济绩效的最主要原因[6]。共享知识在集群企业之间的分布具有非匀质化特征，其流动范围仅限定于具有紧密连接关系的本地生产者和销售商[7]。嵌入集群网络关系将提升集群企业的知识获取效率，且组织间的信任会加快知识流动速度、提高嵌入程度[8]。虽然集群环境能增加企业获取互补性资源的可能性，但集群企业的经济绩效还取决于自身的资源和知识管理能力，即由于知识存量、技术水平、管理模式等方面的差异，集群企业吸收和消化共享资源的程度不尽相同[9]。可见，多数研究认为集群共享资源对外部企业具有排他性，而对内部企业却具有公共物品特性，已成为集群企业相对于集群外部企业获取竞争优势的重要源泉。集群企业与共享资源形成相互强化与促进的良性关系，并基于共享资源不断获取竞争优势[10,11]。需要指出的是，共享性资源并不能确保集群企业相对于外部企业具有竞争优势，即共享性资源只是集群企业获取并维持竞争优势的必要而非充分条件。集群企业作为集群内部的竞争单体，其对共享资源有效利用的程度，以及将自身资源与共享资源有效整合的能力各有不同，这是导致同一集群内部不同企业绩效差异的主要原因。集群企业并不是单方面获取共享资源的，后者的产生与演化最终要通过集群企业和相关本地组织的共同作用来实现。

然而，已有研究成果大多只关注集群内部的资源共享对提高集群企业绩效和创新能力等方面所发挥的正效应，而未对来自集群外部的资源的影响进行分析。事实上，笔者从对专业市场和产业集群互动发展关系较为明显的地区（如浙江的绍兴、义乌等）所进行的调查发现，来自集群外部（如专业市场）的共享资源对提高集群企业生产效率和竞争力同样具有重要意义。来自于专业市场的有关消费者偏好、生产工艺、产品设计等方面的信息，能迅速传播到与之相关的产业集群，从而对集群企业的生产经营产生积极影响。因此，本文将来自集群外部的共享资源分为共享信息、共享经验、组织参与三种，就外部共享资源如何影响集群企业绩效进行理论分析，并结合专业市场的特性揭示上述三类资源各自的作用机制。在此基础上，本文建立了一个简单的经济地理模型，认为共享信息、共享经验、组织参与三个变量分别通过影响集群企业的技术水平、劳动力知识存量、获取共享资源的难易程度，最终影响集群企业的经济绩效。

1　理论命题

1.1　外部共享信息与企业绩效

集群内信息可视为一种有关生产工序、生产技术、产品设计、客户服务、管理模式等方面的量化和非量化数据。对于单个集群企业而言，这些信息构成了它的无形资产。产业集群内部密度高、联系紧的社会网络给予企业高质量、低成本的信息交换渠道，这是集群内企业相对于集群外企业拥有较高经济绩效的主要原因。而处于集群之外的大型专业市场具有经营规模优势和市场网络优势，其内部存在储量巨大的各类产品信息和市场信息。与之相关的集群企业可以低成本地获取此类信息，但在获取能力上却存在差异，因为受到企业自身人力资本储备、技术和管理水平、内部组织特征等因素的影响。同时，企业使用这些信息的方式也多种多样，有的倾向于同时保持若干个外部网络作为信息来源。完整的专业市场和产业集群互动网络必须包括一个运行有效的信息流动子网络，使其内部企业在获取有关产品、工艺、技术、创新、市场等方面的信息上拥有同等机会。来自专业市场的共享信息之所以能提升集群企业的绩效，其机理在于包括技术溢出在内的各类要素外部性会对集群企业的生产技术产生影响，如生产工艺的扩散、消费者偏好信息的传播、管理模式的效仿等，都可直接提升集群企业的生产效率。当然，这还取决于其能在多大程度上利用这些资源，进而提升自身竞争力。

H1　集群企业获取的来自专业市场的共享信息越多，其绩效越高。

1.2　外部共享经验与企业绩效

共享经验是指为生产经营者所拥有的有关生产和交易的非正式知识，它的形成有赖于经理人或雇员在工作经历中建立的长期稳定、高度密集的社会网络联系。人力资本流动是这类知识的主要传播途径，如集群内部经理人、技术人员、职工等从一家企业转投另一家企业。有关产业集群的文献十分强调集群内知识及其流动的重要性。上述共享资源对于集群内企业不具有排他性，而集群外企业则难以获得。在实际工作中，雇员们积累了丰富的生产管理经验。如果他们带着这些经验离开企业，将提高整个劳动力市场的知识储量。当然，雇员拥有的隐性知识与其原有工作有关，这类知识的使用一般仅限于某一产业或某一特定工作，对其他企业只在一定程度上有用。虽然经理人、技术员、职工等在企业间频繁流动，但经常局限于某一区域内部。区域内之所以会积累起部门之间的信任关系和非正式社会资本，原因在于企业和本地社区之间业已存在的紧密联系。新企业的创立者在原有工作中积累了丰富经验和特定知识，而这些特定知识与集群企业现有的环境产品、技术紧密相关。因此，集群企业能在多大程度上获取来自共享型交易平台——专业市场的共享经验，直接影响它们所能获得的好处以及其竞争能力的提升程度。

H2 集群企业获取的来自专业市场的共享经验越多，其绩效越高。

1.3 公共组织参与与企业绩效

本地组织为区域内企业提供一系列共享的支持性服务。本地组织包括技术支持中心、大学、行业培训中心、行业政策咨询机构、贸易和专业协会、本地研究机构等。对于集群企业而言，专业市场并非单纯的商品交易平台，它还包括基于这一平台建立起来的各种组织机构，以保证其有效运行。我们对诸暨大唐袜业集群的分析佐证了这一观点[1]。一个完整的产业集群体系必须依托于完善的市场交易网络、技术创新网络、公共服务网络以及金融服务网络。这些网络及其内部组织是知识流的重要源泉，是促进本地产业集群发展的关键因素之一，它们为集群企业提供了"实质服务"。对于企业而言，空间集聚的好处不仅是可以获取更多的技术型工人，还有利于接触本地大学研究人员或研究项目。本地组织所提供的知识可以通过多种渠道进行传播。

外部联系是集群企业的一种潜在竞争优势。本文通过本地组织的中介作用，间接地研究这些外部联系，从这一角度切入有助于测度网络连接的多样性。事实上，集群企业也往往与外部网络直接联系。我们在浙江省绍兴、义乌等地的实证研究表明：①集群企业规模是影响其获取集群外部资源能力的重要因素，由于大部分集群企业并没有专门的研发和营销部门，难以独立承担研发和直销所需的巨大资金，借助专业市场及与之相关的本地组织，集群企业可以实现部分业务的隐性外包；②集群企业大多专业化程度很高，一家企业的创新活动往往需要其他企业参与，本地组织作为第三方，可以有效协调集群企业之间的信息交互、资源整合等活动；③本地组织降低了集群企业获取外部市场信息、专业化经验等的成本，虽然通过搜寻外部信息可以改进企业的创新绩效，但这也意味着较高的不确定性，企业可以为集群企业提供稳定的信息来源，且通过对外部信息的持续筛选保证信息流的质量和适用性。

同时，本地组织还担负着为集群企业储存显性知识和创新机会的功能。由于本地组织广泛接触集群企业，时常要想方设法解决后者所面临的生产、经营、研发等困难。但事实上，企业利用本地组织资源的行为和方式不尽相同，有些企业很少使用来自本地组织的共享信息，且与这些组织之间没有正式关系；有些企业则直接参与本地组织的管理和运作，是合作项目的积极参与者。

H3 企业参与本地组织的程度越高，其绩效越高。

2 经验研究

2.1 数据

我们分别于 2009 年 3 月和 4 月，对义乌市小商品制造企业、中国小商品市场经营户以及绍兴县纺织企业、中国轻纺城市场经营户进行了大规模问卷调查。结果表明，绍兴中国轻纺城与当地纺织业集群之间的关联性低于义乌中国小商品市场与义乌小商品制造业集群之间的关联性，这一差别为研究在不同紧密程度下专业市场对集群企业绩效的影响提供了研究样本。

绍兴在中国轻纺城市场建立之前，当地轻纺产业中的国有成分较高，市场集中度较高，产品流通以国有分销渠道为主。随着市场化进程的快速推进和市场进入壁垒的逐步取消，民营纺织企业在绍兴县逐步兴起，这些企业纷纷依靠传统的集贸市场作为产品销售渠道，经历了早期的快速发展阶段。随着集贸市场的日益壮大并最终发展成为全球最大纺织品专业市场，大量民营纺织企业与之形成的互动关系得到进一步强化。我们于2009 年 4 月对绍兴县纺织工业企业和相关流通企业发放问卷 8500 份，回收有效问卷 6085 份，其中工业企业 5134 份、流通企业 1086 份。绍兴县纺织行业实际增加值、产值、就业量、企业数量等方面的数据来自《绍

兴市统计年鉴（2009）》等报告资料。绍兴县工业总产值、纺织业总产值
及主要专业市场成交额见图1。

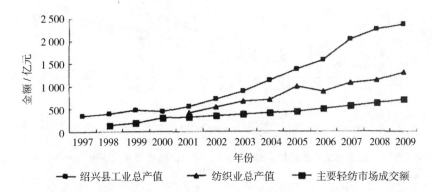

图1　绍兴县工业总产值、纺织业总产值及主要专业市场成交额（1997—2009）

数据来源：《绍兴县统计年鉴（1992—2009）》、《中国商品交易市场统计年鉴
（2001—2009）》、中国知网中国宏观数据挖掘分析系统，以及作者计算。

　　本文分析的重点是来自专业市场的共享资源能否以及如何影响集群企
业绩效，因此所选取的十大行业与义乌市几大专业市场的关联度较高。我
们对中国小商品市场经营户发放问卷10000份，回收有效问卷8229份；
对相关工业企业发放问卷2000份，回收有效问卷1745份。文中有关十大
行业的实际增加值、产值、就业量、企业数量等方面的数据主要来自于
《义乌统计年鉴（2009）》、义乌市统计局相关季度报告以及各行业协会文
件。有关专业市场的其他数据主要来自于《中国商品交易市场统计年鉴
（2009）》、中国知网中国宏观数据挖掘分析系统，以及本课题组于2002
年、2005年、2007年、2009年从义乌主要专业市场商户获取的近3万份
调查问卷数据。1997—2009年义乌市工业总产值、地区GDP、集贸市场
成交额见图2。

2.2　变量

　　共享信息变量（Inf）表示来自专业市场的集体信息，由不同主体
（企业、经理人、市场经营户、行业协会等）提供。本文调查了经理人对
这些信息在其企业资源禀赋中重要性的评价。共享经验变量（Exp）不单
是可编码化的知识和数据，而且包括集体学习的存在和重要性，这是由集

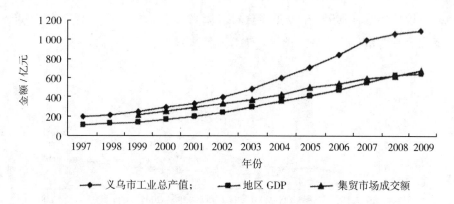

图2 义乌市工业总产值、地区 GDP、集贸市场成交额（1997—2009）

数据来源：《义乌市统计年鉴（1998—2009）》、《中国商品交易市场统计年鉴（2009）》、中国知网中国宏观数据挖掘分析系统，以及作者计算。

群企业基于共同经历而形成的隐性知识。组织参与变量（Org）主要表示本地组织在信息和知识交换中的作用。当然，影响集群企业绩效的因素还有很多，如企业规模、产业特征、市场结构等。基于数据的可得性，本文以规模变量（Size）控制企业水平的规模经济或规模不经济，以企业年龄（Age）控制代际演化对其绩效的影响。

对于组织绩效测度指标这一问题，学术界争论已久且至今未达成共识。有学者认为对于产业集群这样的组织间网络而言，采用组织绩效的主观评价较为合适。但我们认为，虽然社会资本和集体声誉对集群企业绩效具有一定的影响力，但以此进行主观绩效评价会影响样本数据的一致性。本文采用利润率与工资率衡量企业绩效（Perf）。基于财务指标的企业利润测度方法虽然受到诸多批评，但对于同质企业而言，这种方法有助于剔除企业管理质量因素的影响。以劳动力工资率衡量企业绩效能有效避免样本数据的虚假性问题。因为问卷调查对象可能在回答有关利润水平的问题时有所保留，因此单纯采用利润率作为绩效衡量指标有可能夸大外部共享信息对企业绩效的作用，而工资率高低则直接与企业绩效水平紧密相关，因此采用工资率作为衡量指标能有效规避上述问题。

2.3　模型

我们由一个简单的经济地理模型得到计量回归模型。假设企业 j 在区

域 r 从事行业 s 的生产经营，使用数量分别为 L_j、K_j 的劳动力和其他投入品，假设该企业的生产函数满足柯布－道格拉斯形式：$Y_j = A_j\ (s_j l_j)^\mu k_j^{1-\mu}$，其中，$A_j$ 为希克斯中性要素增进型技术水平，s_j 为劳动力的效率水平，二者都从属于该企业。由此可得，企业 j 的利润函数为

$$\pi_j = \sum_b P_{jb} y_{jb} - w_j l_j - r_j k_j \tag{1}$$

其中，Y_{jh} 为企业 j 出口到区域 b 的产品数量，P_{jb} 为减去中间产品边际成本后企业 j 的产品在区域 b 的价格，w_j 为工资率，r_j 为除劳动力和中间产品之外的其他投入品成本。利润函数可以简化表示为

$$\pi_j = P_j y_j - w_j l_j - r_j k_j \tag{2}$$

其中，$P_j = \sum_b P_{jb}(y_{jb}/y_j)$，为减去中间投入品后企业 j 所生产产品的平均价格，对式（2）求利润最大化一阶微分，可得

$$w_j = \mu p_j A_j s_j^\mu \left(\frac{k_j}{l_j}\right)^{1-\mu} \tag{3}$$

$$r_j = (1-\mu) p_j A_j s_j^\mu \left(\frac{k_j}{l_j}\right)^{-\mu} \tag{4}$$

将式（4）整理后代入式（3），可得

$$w_j = \mu(1-\mu)^{(1-\mu)/\mu} s_j \left(\frac{p_j A_j}{r_j^{1-\mu}}\right)^{1/\mu} \tag{5}$$

式（5）表明工资率（W_j）与劳动力效率（S_j）、进而与企业经济绩效直接相关，P_j 和 r_j 分别衡量要素的空间集聚和扩散程度。区域需求量越大（如专业市场规模扩大引起需求空间集聚效应），市场竞争程度越低，P_j 越大，引起区域内工资率（W_j）趋高；而这反过来又会吸引更多劳动力向区域内转移，进而提升区域产业的集聚程度。式（5）中的 r_j 反映了区域内其他要素成本（如贸易成本、资源获取成本等）的影响。区域内本地组织的服务功能越强，集群企业组织参与程度越高，其获取需求、工艺、制造等信息的成本越低，企业绩效水平越高，式（5）中的 A_j 衡量了各类知识外部性，这里以共享技术信息表示。如前所述，区域内共享信息的流动速度越快、流通范围越广，本地企业获取效率型生产技术的

渠道就越畅通，则劳动力的技术水平越高，工资率水平越高，以此表示的企业经济绩效就越好。

基于上述理论分析，本文利用 Losistic 回归模型分析了解释变量对企业经济绩效的影响。回归模型定义为

$$Perf = \alpha + \underset{(+/-)}{\beta_1 Size} + \underset{(-)}{\beta_2 Age} + \underset{(+)}{\beta_3 Inf} + \underset{(+)}{\beta_4 Exp} + \underset{(+)}{\beta_5 Org} + \varepsilon \qquad (6)$$

其中，$Perf$ 表示集群企业经济绩效，以利润率和工资率表示；α 为截距项，表示当所有外部正负效应不存在时集群企业的绩效水平；β_i（$i = 1，\cdots，5$）为各解释变量的系数，分别衡量解释变量的边际变动对集群企业绩效的影响程度；ε 为干扰项，用以控制诸如产业结构、市场容量等因素的影响。括号中的正负号表示解释变量与被解释变量之间的预期关系。本文分别以工资率为被解释变量进行了 Losit 回归分析，以利润率为被解释变量进行了普通最小二乘回归分析（OLS）。

2.4 回归分析及结果

首先，需要对样本数据的有效性即其分布状态和信度等进行分析。采用 SPSS 12.0 对样本数据进行相关分析，KMO 值为 0.914，Bartlett 球形检验的值为 8299.069（自由度为 903），统计水平显著，表明样本数据适合进行因子分析。表 1 给出了描述性统计、克隆巴赫系数及变量的 Peson 相关系数。由表 1 可知，共享信息、共享经验和组织参与是相关的，可能存在不同变量表示同一现象的情形，增加解释变量难以更好地表示被解释变量（企业绩效）。控制这三个解释变量之所以重要，原因在于拥有更多共享信息的企业获取的共享经验和本地组织的服务也更多。

表 2 给出了对每个解释变量进行的 Losit 检验结果，所有系数都有期望符号。Wald 统计值显示，当工资率（Wage）及其增长速度（Wage Growth）为被解释变量时，共享信息和组织参与变量对企业绩效的影响较为显著，共享经验和企业规模的影响并不显著。这表明绍兴、义乌两地集群企业获取来自大型专业市场的共享信息和本地组织服务较多，专业市场的存在对降低集群企业获取外部市场信息成本具有显著的作用。

表 1　　　　　　　所有变量的平均数、标准差、Cronbaeha 和 pearson 系数

变量	M	SD	Crombachα	1	2	3	4	5	6
1. *Inf*	3.65	0.72	0.71						
2. *Exp*	3.66	0.45	0.60	0.169*					
3. *Org*	3.65	0.75	0.85	0.454***	0.348***				
4. *Size*	1 446	1 686	—	0.084	0.156	0.178*			
5. *Age*	25.30	12.80	—	0.023	0.322**	−0.149			
6. *Wage*	3.33	0.47	0.70	0.502***	0.381***	0.506***	0.057	−0.033	
Profit	0.12	0.07	—	0.289***	0.235**	0.272***	0.055	−0.051	0.331***

注：* p < 0.10，** p < 0.05，*** p < 0.01

表 2　　　　　　　　　　Logit 回归结果

变量	系数预期符号	Wage	Wage Growth
常数项		1.917***	−3.042
		(0.5499)	(1.358)
Inf	(+)	0.413**	0.473**
		(0.054)	(0.194)
Exp	(+)	−0.088	−0.042
		(0.143)	(0.408)
Org	(+)	0.283***	0.384***
		(0.009)	(0.176)
Size	(+/−)	0.008	−0.003
		(0.004)	(0.009)
Age	(−)	29.958****	27.486***
χ^2		444.276	459.268

注：* p < 0.10；** p < 0.05；*** p < 0.01；**** p < 0.001

表 3 OLS 回归分析结果

变量	利润率	变量	利润率
常数项	-0.009	Org	0.047***
	(0.101)		(0.018)
Inf	0.033*	$Size$	-0.105E-09
	(0.019)		(0.000)
Exp	-0.015	Age	-1.519E-05
	(0.023)		(0.001)
R^2	0.217	Adj. R^2	0.128
F 统计值	2.433**		

注: *$p < 0.10$; **$p < 0.05$; ***$p < 0.01$; ****$p < 0.001$

表 3 给出了 OLS 回归模型检验结果（回归系数未标准化，误差项在括号内）。当利润率为被解释变量时，R^2 值不高，共享信息和组织参与分别在 $P < 0.10$ 和 $p < 0.01$ 水平上显著，回归结果未能很好地说明共享信息、共享经验和组织参与对企业绩效的影响程度。但由于企业绩效受到诸多未纳入回归分析的因素影响，因此我们认为相关解释变量的解释力较强，显著性水平是可以接受的。考虑到集群企业绩效受到市场结构、企业规模、宏观冲击等因素影响，本文经验研究结果支持了前述理论分析。

对比表 2 和表 3 结果发现：劳动工资率的解释力更强，利润率的解释力较弱，共享经验变量在回归模型中缺乏解释力。为了更准确地控制共享经验变量，可将其分为两类：来自于原有工作和来自集群内部社会网络（包括本地组织）。结果表明这些变量的解释力仍不显著，这是由于在我们所调查的绍兴、义乌两地，劳动力区域间流动性较强，经理人或员工在转投新职位之前所积累的本地化经验较少。本文还考察了控制变量对企业绩效的解释力，结果表明，这些变量难以充分解释集群企业之间绩效差异的原因。集群内规模经济的作用并不显著，原因可能是合作契约、本地组织、专业化供应商等因素弱化了规模经济效应。同时，企业寿命与绩效变量没有显著的相关性，这与绍兴纺织产业和义乌小商品制造产业的市场集中度较低，新老企业面临的外部条件差异较小有关①。

3　结论

已有的产业集群研究大多只关注集群内部的共享资源总量及其流动性对集群企业绩效的影响，而对来自于集群外部的共享信息则较少涉及。而本文研究了当专业市场和产业集群建立起不同紧密程度的互动关系时，来自专业市场的共享资源对集群企业绩效的影响。本文将专业市场视为集群企业重要的外部信息和经验来源，同时认为基于专业市场而建立的各种中介服务组织在提升集群企业竞争力方面也发挥了重要作用，研究结果表明，大型专业市场和产业集群之间已经形成了一系列难以复制的互动发展机制。这一机制对解释依托某一专业市场发展的集群企业绩效高于其他集群企业的原因具有重要意义。

集群企业的绩效差异不仅由其自身资源储量决定，还由其可获取的外部共享资源数量决定。来自专业市场的共享资源并非某一企业的专有资源，它能为与其相关的产业集群内部所有企业共享；它对集群企业的绩效具有正效应；企业获取外部性的能力是其综合能力的一部分，且这种能力对于集群企业尤为重要，而本地组织充当了中间媒介的角色，联系着集群外部网络和内部网络。

需要指出的是，与专业市场建立起紧密的互动发展关系并非产业集群成长过程中的常态，因此还需要研究来自专业市场的各种共享资源对集群企业的正外部效应是否受到产业特征、区域特性、历史事件、路径依赖等因素的影响，从而确定交易集聚对生产集聚产生正效应的制约因素和外部条件。

参考文献：

[1] 陆立军、王祖强：《专业市场：地方型市场的演进》，上海人民出版社 2008年版。

---

① 有学者认为企业年龄与其绩效负相关，但 Glasmeier[12] 指出集群企业的创新绩效与其年龄正相关。

［2］陆立军、俞航东：《论专业市场对产业集群的带动和提升：基于浙江省义乌市的调查与分析》，《华东经济管理》2009 年第 23（2）期，第 50—54 页。

［3］陆立军：《产业集聚、动态外部性与专业市场发展：来自浙江省义乌市的证据》，《开发研究》2009 年第 4 期，第 17—21 页。

［4］Beeehetti L, Rossis. The positive effelt of industrial distrilt on the export performane of Italian firms ［J］. Review of Indotrial Org anization, 2000, 16（1）: 53 – 68.

［5］Giuliani E. The strueture of cluster knowledge networks uneven, not pervasive and collective ［EB/OL］. www3. druid. dk/wp/200500ll. pdf, 2005 – 05 – 11.

［6］Gilbert B, McDougallp, Audretseh D. Clusters, knowledge spillovers and new venture performanee: An empirical examination ［J］. Journal of Business Venturig, 2008, 23（4）: 405 – 422.

［7］Morrison A, Rabellotti R. Knowledge and information networks in an Italian wine cluster ［J］. EuropeanPlannig studies, 2009, 17（7）: 983 – 1006.

［8］Niu K. Organizational trust and knowledge obtaining in industrial clusters ［J］. Journal of Knowledgce management, 2010, 14（1）: 141 – 155.

［9］Liao T. Cluster and performance in foreign firms: The role of resources, knowledge, and trust ［J］. Indutrial Marketing management. 2010, 39（1）: 161 – 169.

［10］吴晓波、耿帅、徐松屹：《基于共享性资源的集群企业竞争优势分析》，《研究与发展管理》2006 年第 16（4）期，第 1—7 页。

［11］刘巨钦：《论资源与企业集群的竞争优势》，《管理世界》2007 年第 1 期，第 164—165 页。

［12］Glasmeier A. Technologieal discontinuities and flexible prod uetion networks: The case of Switzerland and the world watch industy ［J］. Research Policy, 1991, 20（5）: 469 – 485.

产业集群共性技术供给机理研究*

——以绍兴纺织产业集群为例

1 引言

产业集群是学术界近年来关注的热点问题。从马歇尔的外部经济理论、韦伯的工业区位理论、克鲁格曼的新经济地理学一直到迈克尔·波特的新竞争优势理论，结果证明，产业集群以群体替代个体方式参与国内外市场竞争，存在显著规模效应（蔡宁和杨闩柱，2004）[1]。但是，随着传统产业集群向现代产业集群的转变，集群国际竞争的核心能力演变为科技竞争，并且已经从市场化阶段的技术竞争走向竞争前技术的竞争，即共性技术（generic technology）。为此，越来越多的学者开始关注产业集群内部共性技术的研究，其主要基于两方面的动因：一是共性技术作为竞争前技术（Timonthy and Bresnahan，1995）[2]，是一种应用于未来商业或为特殊商业服务的早期不确定性技术，它能提供大范围的潜在应用机会，并逐渐得到政府、行业、企业等相关部门的重视（王硕等，2002）[3]；二是产业集群已经成为区域经济发展的主流模式，成为地方政府重要的区域发展战略（汪少华和佳蕾，2003）[4]，研究、开发产业共性技术，成为集群企业在全球分工体系中获得某种领先的技术优势，促进其价值链地位不断向高端推进的必然趋势。当前，我国大多数产业集群仍然依靠模仿创新，以低成本、低价格获取利润和市场份额，导致在消费需求快速变化、市场竞争日益激烈及技术日新月异的情况下竞争优势难以为继。然而，共性技术固

---

* 与于斌斌合作完成。

有准公共产品属性，容易导致市场供给严重不足（操龙灿和杨善林，2005）[5]；同时具有缄默性和复杂性，多数中小集群企业无力识别、研发，导致产业集群内共性技术供给不足。

虽然已有很多文献对共性技术作了探索和研究，但仍存在以下不足：一是少有文献对产业集群共性技术做出明确的界定和筛选；二是产业集群共性技术的供给远不能满足产业集群升级的需求，迫切需要完善产业集群共性技术的研发供给模式；三是缺乏对典型产业集群的共性技术供给的个案分析。面对"十二五"新的发展阶段，如何从基于廉价劳动力的生产场所型简单集群向基于技术进步的报酬递增型创新集群转变，亟要研究产业集群共性技术的供给机理。因此，基于产业集群理论和技术经济理论，本文通过对产业集群共性技术的概念界定和特征梳理，尝试构建了共性技术研发供给的三种模式为分析框架，并以绍兴纺织产业集群为例，进行实证研究。

2 产业集群共性技术的内涵及主要特征

共性技术概念最早由美国国家标准与技术研究院（NIST）的 Gregory Tassey 和 Albbert Lin 于 1992 年提出。随后，Gregory Tassey 在 1997 年提出了一个用于科技政策研究的"以技术为基础的经济增长模型"[6]。该模型提出了共性技术的概念，并将技术分为基础技术、共性技术和专有技术（见图 1）。此后，虽然许多国家也将支持共性技术研究作为科技政策的一项重要内容，但国际上并没有一个统一的共性技术的定义。相对而言，我国对共性技术的研究较少。典型的观点有：李纪珍认为[7]，产业共性技术是指在很多领域内已经或未来可能被广泛应用，其研发成果可以共享并对整个产业或多个产业及其企业产生深度影响的一类技术，主要包括产业间共性技术、产业内共性技术、企业内共性技术；马名杰认为[8]，共性技术是一种能够在一个或多个行业中得到普遍应用的、处于竞争前阶段的技术，可以分为关键共性技术、一般共性技术和基础共性技术；王君[9]则根据研发阶段将共性技术分为基础性共性技术、先导性共性技术和行业共性技术。

对于共性技术概念的界定，可以从产业技术的供给源、技术的动态发

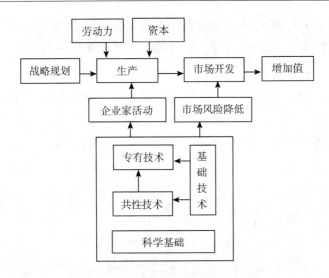

图1 以技术为基础的经济增长模型

展过程来识别、从产业技术的共性分析、产业技术的需求普查以及技术数据库的关联分析来判断。在此，笔者认为，产业集群共性技术是一种潜在的、未来可能在集群中广泛应用的竞争前阶段的技术，对整个产业集群的技术水平、产品质量和生产效率都会发挥带动作用，具有巨大的经济和社会效益；同时，它可以使集群企业根据自己的生产或产品需要进行后续商业化研发，形成企业间互相竞争的技术或产品。它的主要特征可以归纳以下几点：

（1）基础性。共性技术构成产业集群的技术基础设施（technology in-frastructure）[10]，是集群企业专有技术研发、商品化和市场化的基础。共性技术在产业集群所关联产业部门中处于比较基础和关键的位置，只有在共性技术得到成功研发、解决后，其他技术才能在它的推动下迅速实现新产品、新工艺、新技术的创新，例如，集群企业可以根据自己的生产及产品需要，进行后续的商业开发，最终形成具有自主知识产权的专有技术和产品，构建其核心竞争力。共性技术能够迅速提高整个产业集群的技术层次，推动集群企业之间形成合理的分工机制，促进集群企业创新能力的提升。

（2）外部性。共性技术的外部性是由其"非争夺性"和"非排他性"所决定的。共性技术的研发成果可以在一定范围和领域内通用和共享，并对产业集群内一个或多个产业、企业和用户的技术进步产生深度影响，例如信息技术、CAD 技术、新材料等可以广泛应用于服装、化工、机械等行业。因此，共性技术理应是某一个或多个行业内可以普遍采用，不管共性技术成果处于应用发展的哪一个阶段（待应用状态、刚开始应用状态或已应用状态），它都是集群内可以普遍采用的先进适用技术，是相关企业共同的技术平台。另外，产业集群共性技术作为"准公共产品"，其研究成果比应用成果更无形，容易被模仿，难以用专利或商业秘密等措施给予知识产权保护，表现为技术经济学的外溢性。

（3）超前性。从研发阶段看，共性技术研究跨越了应用研究和竞争前实验发展两个阶段。企业都要在共性技术这一"平台"上进行后续的商业开发，最终形成企业专有的技术、产品和工艺，可为区域产业集群的形成创造基础条件。从科技转化为生产力的过程看，技术商品化经历了基础研究、应用研究、开发研究和工业化等阶段，而共性技术是基础科学研究成果的最新应用和迈向市场的第一步，在产业集群技术体系中具有承上启下的作用，相对于企业专有技术属于"竞争前技术"。

（4）风险性。集群企业都是追求利益最大化的经济体，而共性技术研发对企业的回报往往小于对社会的回报，并且单个企业还不能控制与获得其研发投资的全部收益。同时，共性技术往往涉及多个技术领域，开发周期更长、资金规模更大、预期收益波动也更大，再加上共性技术具有超前性等多方面原因，被美国经济学家 Evans 称为科技投入的"死亡谷"（valley of death）[11]，其技术风险、投资风险和市场风险都很大。

（5）集成性。共性技术成果往往凝聚着多学科的知识，涉及多产业部门所包含的技术，尤其是关键共性技术突破，需要多学科研究人员的联合攻关，同时也受益于其他产业技术进步的扩散效应，所以共性技术具有集成性。另外，共性技术一般处于科学技术的前沿，往往隐藏在若干技术瓶颈的背后，多数集群中小企业尚未关注或无力研发，但它代表某一领域技术创新的方向，并且经常涉及多个产业部门所包含的关联技术，因此需要多学科科研人员的联合攻关才能成功。

3 共性技术的三种研发供给模式

产业集群共性技术的特征决定共性技术开发者容易被仿制的风险巨大因而可能放弃创新投入，导致共性技术的研发存在市场和组织的"双重失灵"，这也为政府介入产业集群共性技术的研发提供了理论和实践依据[12,13]。因此，本文借鉴国内外理论研究和实践经验，将产业集群共性技术的供给分为政府为载体、产学研为平台和企业间战略合作三种模式。

3.1 政府为载体的研发供给

从国际经验看，政府为载体供给产业集群共性技术的运作模式，主要有以下两类：一是以美国为代表的政府引导型产业共性技术供给体系，包括美国、欧盟、加拿大等国，这些国家市场经济非常发达，共性技术的研发主要依靠市场机制，政府只负责引导、鼓励；二是以日本为代表的政府主导型产业共性技术供给体系，包括日本、韩国等国，这些国家长期实施技术追赶型战略，在引进模仿的基础上实现自主创新。改革开放以来，由于支撑集群经济发展主要是引进外资及其技术，我国自行研发的技术对经济增长的贡献率不高，同时集群企业规模普遍偏小、自主研发能力薄弱，选择以美国为代表的政府主导型产业共性技术供给模式不符合我国现实，而应以政府主导供给共性技术为主。

在我国产业集群从引进模仿到自主创新的转变过程中，政府主导型共性技术供给体系主要包括三类：一是国家技术研究院（研究中心）。从国际经验看，从事共性技术研发的国家研究院主要有两种形式：一种是政府全额拨款的政府内设部门，如美国的国家标准和技术研究院（NIST）和加拿大的国家研究委员会（NRC）；另一种是由政府提供绝大部分经费的非营利性组织，如日本的产业技术综合研究所（AIST）。其主要特点是国家提供全部或大部分资金，进行共性技术的研发和扩散。对我国而言，可以通过国家财政全额或大部分拨款，成立事业性质的国家技术研究院，承担基础性共性技术和重大关键性技术的研发，促进共性技术向产业集群的扩散，如国家发改委支持的国家工程研究中心94家，科技部支持的国家工程技术研究中心120余家，但这些尚不能满足目前产业集群对共性技术的需求。二是区域科技创新服务中心。这类中心也称生产力促进中心，根植于产业集群内部，为众多中小企业提供科技服务，尤其是承担关键共性技术的选择、扩散的科技服务实体。区域科技创新服务中心一般都是由地方科技部门组织建立，主要有挂牌在市（县）科技局的事业单位、依附于特色产业园区的科技部门和服务于产业集群的三类国有科技型企业。其中，第三类具有内在的发展动力，生命力较强，代表科技创新服务的发展方向。例如在浙江省，区域科技创新服务中心大多属于第三类，如绍兴市生产力促进中心，由绍兴市科技局组建，服务于全市中小型科技企业、各级高新技术企业、特色产业基地内的骨干企业等。三是产业集群共性技术开发基金，即以政府财政资金为引导，吸引企业出资，同时，拓宽融资渠道，吸引社会资金，构建公共财政扶持产业共性技术创新的框架。当前，在我国专门资助产业集群共性技术研发的政府专项基金很少，仅在浙江、广东等省份建立了一些以集群技术创新平台形式为依托的政府资助项目，这种地方政府资助方式还处于起步阶段，其管理体制、运行模式尚不成熟，需要政府主导，避免因为共性技术的准公共产品的属性而导致市场失灵。产业集群共性技术开发基金只提供一定的资金资助和项目管理，共性技术的研究、开发及实验等具体工作由项目申请者负责，以避免"既当裁判又当运动员"的角色混乱问题。

3.2　产学研为平台的研发供给

共性技术的研发费用高、偿还时间长，单纯依靠政府有限的财力，不可能完全主导产业集群共性技术的研发工作。大学、科研院所在基础研究方面是最重要的研究主体，也是集群共性技术一个不可忽略的创新源。实践证明，有大学、科研院所参加的共性技术开发平台中，共性技术的研究成果能针对企业所需，将应用技术与科学研究相结合，有利于集群企业更好地吸纳、转化研究成果，具有较高声誉、造诣的研究人员能获得企业资金的支持，同时产业界很少限制大学、科研院所对技术成果的公开发表，有利于共性技术的快速传播和扩散。可见，大学或科研院所与企业合作承担共性技术的研发，可以充分发挥其创新源作用，有利于共性技术研究成果的扩散和企业的商业应用。

产学研为平台的供给同于 Nelson（1984）所指的 R&D 共同体，他认为，此类共同体特别适用于共性和使能（Enabing）类技术研发，即共性技术[14]。这里的"产"是指有技术需求的所有集群企业，"学"指大学等专业教育、培训机构，"研"指各类科研机构，三个主体围绕某一共性技术研发建立资源互补的"柔性研究所"。产学研联合研发的机理是：集群企业对共性技术有需求且能提供研发资金，但缺乏研发能力，而"学"和"研"具有研发技术和能力，但因为远离产业集群，对集群企业的技术需求不够敏感，研发成果不易向企业扩散，研发资金也有限。因此，三方联手合作，针对某一共性技术建立研发联盟，使得研发资源投资主体多元化，这样既保证了研发资金需求，也分散了风险，降低了研发成本。

与政府研发供给模式相比，产学研联合研发一般是针对发展速度较快、规模较大的龙头企业碰到的技术难题，这种技术虽具有共性技术特征但其他企业可能尚未认识到其重要性，而政府研发供给模式更偏重于已明显制约整个集群发展的较公开、明朗的共性技术。当然，如果产学研联合研发项目符合政府研发供给模式中的第三类要求，也可以采取产业集群共性技术开发基金的资助，实现"官、产、学、研"联合研发。例如，2009 年 3 月 4 日，浙江省科技厅向国家科技部报送的"高档数字化纺织装备研发与产业化"项目正式立项为国际支撑项目，同时成立了浙江省重大项目咨询专家组总体协调项目的技术方案和实施过程的技术难题，并规定每个子课题都由行业内的龙头企业参与，发挥当地高等院校（浙江理工大学）、科研单位在基础理论研究的特长、人才培养方面的优势和在纺织装备行业的总体协调能力，实现了"官、产、学、研"的有效合作。

3.3　企业间战略合作的研发供给

企业间战略合作研发是指集群企业之间联合进行共性技术研究开发，即对产业集群中的某项共性技术，集群企业共同投入、共同参与、共担风险和共享成果。企业间合作研发比其他组织模式更灵活、更有效率。由于绝大多数共性技术和知识是隐含或缄默的，在某些企业独有的情况下，参与合作可以使其他企业掌握外部技术的发展动态而不需要大量投资，从而可以提高集群企业的技术能力[15]，共享技术并促使技术转移[16]。正式的、法律形式的组织只会减少管理者、科学家和工程师之间的非正式的信息交流，而这些交流对处于共性技术阶段的创新是至关重要的[17]。但是，集群企业必须具备相当的内部技术研发能力与经济实力，才能更好识别、选择合作伙伴，更加严密地鉴定合作协议（包括详尽的风险分担协议，利益分配协议等），更加有效地监督合作者的行为，更加顺畅地将研发成果融入自身的创新过程，因此，在产业集群中进行合作研发的多为龙头企业。以浙江为例，集群经济龙头企业研发中心的组织形式主要有两种：一种是企业自建研发中心，配备专门的技术力量，柔性引进有关兼职专家；另一种是研发中心建在科研院所或高等院校，以项目委托的方式实施研发。

由于产业集群共性技术具有外部性特征，龙头企业在关注和研发自身关键技术的同时，客观上会对解决共性技术难题作出了贡献[18]。换言之，由于集聚经济的关键共性技术往往是许多集群企业共同碰到的技术难题，攻克这些难题对于提升企业经营水平和产品质量具有重大作用，因此龙头企业对研发共性技术是有积极性的，只要政府有关部门引导得当，龙头企业的研发中心可以成为产业集群共性技术的重要创新载体。以浙江嘉善木业集群为例，集群中的"裕华木业有限公司"是一家龙头企业，先后研究攻克了"蕊板、中板的板面缺陷弥补技术"、"薄片蒸煮色差技术"等，在当地产业集群不推自广。

目前，我国产业集群共性技术的供给模式主要以政府研发供给和产学研联合研发供给为主，集群企业之间合作研发与国外相比可能要少得多，这与国外企业间创新网络发挥越来越重要的作用相比，是一个相当大的反差。鉴此，笔者认为，产业集群共性技术研发供给的三种模式既有区别又有联系，三者之间的互动构成了一种供给体系（见图 2）。

4　实证研究：绍兴纺织产业集群共性技术的研发供给

经过多年的发展，绍兴市已经成为全国纺织产业链最完整、生产规模最大、市场销量最多和设备最先进的生产区域。其中，绍兴县纺织产业集群、诸暨袜业产业集群和嵊州领带产业集群都入选全国百强产业集群，并创造了化纤原料生产量、织布生产量、印染布生产量、领带生产量、袜子生产量、袜子成交量、纺织品成交量 7 个全国第一。绍兴市纺织产业占其工业总产值的 43.4%，而且中国轻纺城市场和钱清原料市场是亚洲同行

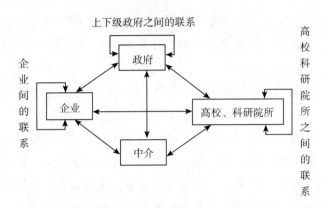

图 2　产业集群共性技术研发供给体系

业最大的市场，2009 年二者的成交额分别达 391.5 亿元和 316.5 亿元，同比增长 10.9% 和 12.3%。深入分析绍兴产业集群的发展历程，我们发现集群共性技术的不断突破是绍兴纺织产业链完整、配套产业齐全的基础。

4.1　主要载体：政府研发供给

绍兴市、县两级政府对纺织产业集群共性技术的供给主要采取建立区域创新服务中心和设立共性技术开发基金两种模式。到目前为止，绍兴市已经建立国家级生产力促进中心 1 个，省级高新技术研究开发中心 35 个，省级区域科技创新服务中心 6 个，市级工程技术开发中心 78 个，市级企业科技园 22 个，市级区域科技创新服务中心 19 个，作为集群共性技术研发供给的主要平台，成为集群企业后续化专有技术研发、商品化和市场化的基础。同时，绍兴市政府以及有关部门从增加科技经费、税费减免、知识产权保护等七方面支持共性技术的研发，以分担、化解共性技术研发的技术风险、市场风险和投资风险，例如，绍兴市政府从 2003 年开始，先后制定《科技型企业培育发展规划纲要》《科技型企业认定办法实施细则》《关于推进科技创新加快培育科技型企业的若干政策意见》等 10 多个扶持产业集群共性技术研发的政策性文件；同时，专门制订《绍兴纺织产业重大科技专项试点实施方案》，计划投入 6000 万元，为 30 项纺织共性技术的攻关提供资金支持，资助的基金从 2002 年的 1.43 亿元增加到 2009 年的 5.9 亿元，7 年时间增长了 4.12 倍，科技投入占地方财政收入的比例稳定在 4.3% 左右，在浙江各地市中占据首位，并连续 7 年荣获国家科技进步先进市。与此同时，绍兴县在 2010 年还安排 1000 万元科技攻关专项资金，围绕大纺织产业、五大优势产业、三大新兴产业转型升级共性技术、新兴高新技术（高技术）研发及产业化等展开科技攻关。

此外，绍兴市还通过"政府搭台、企业唱戏"，使很多纺织企业与高校及科研机构建立了产学研协作关系，充分利用大学及科研机构在共性技术研发中的基础性、超前性的作用。同时，政府通过支持集群创新项目选择，通过技术外溢，把更多的政策从大企业向大批中小企业倾斜，鼓励中小企业以共性技术为载体，根据自身的需求和优势进行后续技术研发，提升了企业创新的积极性。目前，越来越多的纺织企业把科技创新作为提高核心竞争力的主要途径，在争取以共性技术为基础进行专有技术研发的同时，更加注重知识产权保护和专利申请。以绍兴县为例，2009 年 1 月至 4 月，全县专利申请 1857 件，同比增长 116%，其中发明专利 44 件，主要涉及现代纺织、服装加工技术及装备、可再生能源利用技术、重大机电装备、高档皮塑加工技术、农产品深加工等，有力地推动了产业的转型升级。

4.2　重要平台：产学研战略联盟

由于共性技术的风险性和集成性，单纯依靠政府或企业很难完成产业集群共性技术的研发。鉴此，在 2006 年，绍兴市人民政府、绍兴县人民政府、中国纺织服装教育学会、香港理工大学、东华大学、台湾纺织产业综合研究所、中国纺织科学研究院、富润控股集团有限公司等 3 个政府机构、10 家国内外纺织科技类的知名高校院所、22 家高新技术企业，共同成立了以大学及科研机构为主体，政府和企业参与的纺织产学研战略联盟。首先，该联盟作为共性技术的研发平台，组建多学科研究人员对纺织产业集群共性技术联合研发，并帮助组建技术转移中心推动共性技术在集群的外溢和扩散，例如，组织"绍兴市科技创新月"、"绍兴纺织产学研战略联盟科技成果对接及推介会"等活动对联盟内高校院所和国内其他 10 多家高校院所的近 200 项最新科研成果及国家"863 计划"项目成果进行了重点推介；同时，联盟还开通了绍兴生产力促进中心、绍兴纺织产学研战略联盟网站（www.sxppc.cn），及时报道、发布国内外纺织类相关的科技政策、科研项目、技术信息等各种数据资源，并建立共性技术信息交流平台，征集技术支持、科研合作需求信息，建立了一个比较完善的"纺织类科技合作项目库"和"专家资料信息库"，为产业集群提供最新、最全的科技成果转化信息和行业专家资料，保证集群内各种共性技术信息的及时扩散和反馈。其次，联盟长期关注世界纺织技术发展方向，通过信息资源共享，积极帮助联盟内成员申报国家科技部、国家发改委"纺织专项"、省科技厅、省发改委、省经贸委等科技项目计划，保持产业集群在共性技术研发上具有超前性，降低了共性技术研发的风险。据统计，仅联盟成立之初的 2006 年，联盟内 22 家成员企业新上国家、省级各类科技项目 70 多项，争取经费 1700 多万元，产学研合作经费投入 4000 多万元，专利申请 400 多项。

4.3　关键途径：龙头企业合作研发

对于绍兴纺织产业集群发展意义重大、行业超前的关键共性技术，大型纺织企业或企业集团根据自身发展需要组建共性技术攻关小组，借助自己的研发机构以及通过高校院所的委托研发，对纺机装备、新材料、织造、印染、助剂产业链主要环节的关键共性技术联合攻关，如研究开发高性能新型纤维、混纺复合加工技术、环保染整新技术、新型涂料印染技术等对龙头企业自身发展、集群价值链提升、产业升级有重要作用的共性技术。不仅如此，针对急需解决的关键共性技术，中小企业积极联合，重点攻关，协同作战，参与龙头企业共性技术研发的部分环节，并与中国纺织科学研究院、东华大学、浙江大学、浙江理工大学、西安工程大学、天津理工大学等长期进行科技合作，利用共性技术的外部性，对于科技成果向现实生产力的转化，实现共性技术在集群的扩散扮演重要角色，提升了绍兴纺织产业集群的整体竞争力水平。

5　结论

共性技术的研发是推动产业集群升级的关键，对于集群提升自主创新能力意义重大。在我国现阶段，共性技术的研发尚面临一系列挑战和难题，如科研院所转制导致共性技术供给短缺，社会科技资源整合不足，研究型大学在基础研究方面的能力尚未得到充分发挥等。目前，产业集群共性技术的供给主要以政府研发供给为主，但是随着信息交流的畅通和集群企业的成长，产学研联合研发和企业间合作研发将会发挥越来越重要的作用。需要指出的是，产业集群共性技术的供给并不是由政府、大学、集群企业或中介组织的个体行为，而是一个由中介参与，政府、大学和集群企业三者组成的相互联系、互相合作、优势互补的供给体系。政府在制定共性技术研发政策应注意：一要对集群产业链进行价值分析，以确定集群发展的重要环节（或具有潜在优势的环节），保证共性技术的研发能够使产业集群增加值最大化，并努力在这些环节上形成产业集群的特色竞争力；二要努力降低共性技术研发的成本和风险，并使共性技术研发有利可图。

参考文献：

［1］蔡宁、杨闩柱：《企业集群竞争优势的演进：从"聚集经济"到"创新网络"》，《科研管理》2004 年第 4 期，第 105—109 页。

［2］Timonthy F. Bresnahan, M. Trajtenberg. General Purpose Technologies "Engines of Growth"？［J］. Journal of Econometrics, 1995, 65：83 – 108.

［3］王硕、夏安邦、刘勇：《我国的关键技术研究析评》，《管理工程学报》2002 年第 2 期，第 69—71 页。

［4］汪少华、佳蕾：《浙江省企业集群成长与创新模式研究》，《科研管理》2003 年第 1 期，第 129—133 页。

［5］操龙灿、杨善林：《产业共性技术创新体系建设的研究》，《中国软科学》2005 年第 11 期，第 77—82 页。

［6］［美］乔治·泰奇：《研究与开发政策的经济学》，苏竣，柏杰译，清华大学出版社 2002 年版，第 89—100 页。

［7］李纪珍：《产业共性技术供给体系》，中国金融出版社 2004 年版，第 36—70 页。

［8］马名杰：《政府支持共性技术研究的一般规律与组织》，《中国制造业信息化》2005 年第 7 期，第 14—16 页。

［9］王君：《促进共性技术有效供给提高我国自主创新能力》，《宏观经济研究》2006 年第 11 期，第 45—49 页。

［10］许瑞阳、徐峰：《产业共性技术的界定及选择方法研究——基于科技计划管理的视角》，《中国软科学》2010 年第 4 期，第 73—79 页。

［11］Donaid L. Evans. The advaneed technology program：reformwith a purpose ［J］.

Secretary of Commerce，2002.

［12］曾黎英：《产业集群共性技术研发供给模式研究》，《科技管理研究》2009年第 7 期，第 407—412 页。

［13］陈静、唐五湘：《共性技术的特征和失灵现象分析》，《科学学与科学技术管理》2007 年第 12 期，第 5—8 页。

［14］Nelson，R. Technology Policies：A Five – Nation Comparison ［M］. American Enterprise Institute，Washington，DC，1984.

［15］于斌斌、鲍熹懿：《基于研发模式选择的集群企业竞争力研究》，《中国科技论坛》2010 年第 11 期，第 60—64 页。

［16］Mowery. International collaborative ventures in U. S. manufacturing ［J］. Ballinger Publishing Company，1988.

［17］Andrew，R. W.，Philip，H. B. Technological Infrastructure and the Implementation of Technological Strategies ［J］. Management Science，1989，35（8）：1014 – 1026.

［18］虞锡君：《产业集群内关键共性技术的选择——以浙江为例》，《科研管理》2006 年第 1 期，第 80—84 页。

双边市场中交易配比的机制与效率

——基于全球最大专业市场的研究

陆立军　俞航东　陆　瑶　杜芳莉

双边市场是一种包含交易双方和中间协调商三类代理人的制度安排。交易双方由于信息不完全、交易成本等原因，借助中间商控制的平台来实现交易，通过让渡部分利益以达到规避风险、实现规模经济等目的。从广义上讲，现实经济中有很多可满足这些要求的市场类型，如电子商务平台、房地产中介、报刊媒体等，他们都通过自身的平台建设，为"买卖双方"（电子商务市场中的商家和买家、房地产中介市场中的房东和购房或租房人、报刊市场中的作者和读者等）提供一个由中间商掌握的交易市场。双边市场与 Rubinstein 和 Wolinsky[1]、Spulber[2] 等提出的中间商经济有相似之处，均强调中间商是信息不完全市场条件下的合理存在，对促进市场交易具有积极作用，但有别于后者侧重从搜寻理论出发对包含中间商行为的的市场均衡进行分析的是，前者更注重对双边市场内部结构（如定价机制、均衡参与数量等）的研究。从更为严格的意义上讲，双边市场理论包含网络外部性和多边定价两个范畴，旨在揭示一种买卖双方的交易数量不仅取决于中间交易费用，还取决于中间交易市场结构的类型。[3]基于这一定义，我们认为在中国沿海地区分布较为广泛、对地区经济增长发挥重要作用的专业市场亦属于双边市场。专业市场兴起于改革开放初期，起初多以马路市场的形式存在，类似的市场形态也在中世纪时期的欧洲出现过。它是国有流通体制占据主导的历史时期农村地区群众购买日常用品的重要渠道。20 世纪 80 年代后期，浙江的温州和义乌、湖北的武汉等地政府部门对这些马路市场进行集中规划，建立了专门的管理机构。经过近三十年的快速发展，截至 2010 年底我国共有各类专业市场 4940 个、摊位数 3547.58 万个、营业面积 24832.31 万平方米，年成交额已达 72703.53 亿元，涉及生产资料、消费资料等的各个子行业，规模呈国际性、全国性、地区性的有序结构，对区域经济发展发挥了重要作用[4]。专业市场满足 Rochet 和 Tirole[3] 对双边市场的经典定义，每个市场拥有数量不等的、有购买意愿的潜在采购商和消费者，以及潜在产品生产商和销售商，并由专门机构对市场进行管理，收取一定数额的进场费。买卖双方根据进场费的实际水平决定是否进入市场，市场本身通过合理确定收费水平，吸引尽可能多的客商和企业进驻以实现利润最大化。但专业市场，尤其是大型专业市场有其自身的特殊性，这类市场往往有着品种完备的产品大类、数量众多的入驻企业、完善高效的配套体系，拥有庞大的客户群体和较强的市场声誉，故此基于规模报酬递增机制形成的外部效应更强。[5]

一　相关文献评述

有关双边市场的研究自 21 世纪初兴起以来，主要围绕中间商定价行为及其与买卖双方之间的三方博弈来进行，此外也有文献对有关双边市场的公共政策进行了分析。研究中间商定价行为的文献可梳理为如下两大脉络：一是关于垄断市场中中间平台定价行为的研究。Armstrong[6] 建立了有关双边市场的基准模型，分析了相应的价格结构，认为均衡定价由群体交叉外部效应大小、进场费用具体形式、代理人中间平台选择这三重因素决定。Weyl[7] 区分了双边市场中异质代理人条件下的边际和超边际效应，并通过引入公共政策变量解决了均衡多重性问题。二是关于竞争性市场中中间平台定价问题的研究。Caillaud 和 Jullien[8] 建立了提供中间协调服务的两平台价格竞争模型，认为即使中间商与买卖双方之间订立不同结构的契约，在均衡时所有潜在代理人仍将被吸引至同一平台。与此文假设代理人具有同质性不同，Gabszewicz 和 Wauthy[9] 建立了一个包含异质代理人的中间平台双寡头竞争模型并发现：当代理人选择单一平台时，存在一个次优均衡且买卖双方的外部效应强度具有不对称性，两个中间平台均可获得利润。与上述研究假设双中间平台不同，Guthrie 和 Wright[10] 建立多中间平台价格竞争模型，以信用卡行业为例着重分析了平台之间的竞争对中间费用结构的影响，发现平台间竞争有可能造成中间费用的上涨，而从政策层面弱化平台间竞争又有可能降低其动态效率。Armstrong 和 Wright[11] 拓展了 Armstrong[6] 的研究框架，将产品异质性、中间平台对卖家是同质而对买家为异质三重因素纳入理论模型，发现在均衡时买家将进入所有中间平台，后者通过制定补贴政策和排他性契约以实现吸引买家进入的目的。Galeitti 和 Moraga－Gonzalez[12] 的独到之处是采用博弈方法研究双边市场中的策略行为，他们假设卖家所出售的产品具有异质性，发现在子博弈完美均衡中中间平台将市场中的网络外部性完全内部化，且当买卖双方无法进行场外交易时，中间平台获得市场中的所有经济租。与国外研究相比，国内学者则多数侧重于将双边市场作为理论工具和分析视角，用于分析特殊行业或市场中的中间平台和企业定价行为，如曲创等[13] 对垄断竞争环境下大型零售商策略行为、曲振涛等[14] 对网络效应影响下电子商务平台定价和竞争机制、巫强和刘志彪[15] 就双边交易平台对构建国家产业价值链提升的作用所进行的分析等，而对双边市场本身所做的理论和经验分析相对较少。

基于对国内外已有文献的梳理和评述，本文认为尚有以下三点缺陷：一是多数采用简约式研究方法（reduced－form approach），对双边市场中垄断商、买家和卖家之间的三方行为缺少策略分析，对中间平台微观运行机制揭示不足。二是经验研究较为缺乏。由于双边市场中的主要变量涉及较为特殊的微观数据，收集此类数据难度较大，现有文献多侧重于理论模型分析，少数则借助数值模拟方法进行研究，基于有效数据进行的分析极少。三是已有研究主要关注买卖两方在交易过程中所产生的外部正效应，而对其中的外部负效应未作分析。鉴于此，本文拟从以下三方面对已有研究加以推进：一是运用对策论分析方法，就双边市场中垄断商、买方、卖方三者之间的策略互动行为进行分析，以阐明双边市场的微观运行机制。二是基于对全球最大、最典型的专业市场——义乌"中国小商品城"的 1万余份的问卷调查数据，利用数量分析方法对相关理论命题进行经验分析，以测度关键变量之间的数量关系。三是在关注传统双边市场研究中交易双方所具有的正外部性的同时，重点揭示代理人数量的变化对本方群体所产生的负外部性。

二　计量分析

双边市场包含三类代理人，即中间平台商、买家和卖家，其中中间平台环节既有可能被单一企业垄断，也有可能出现寡头垄断、垄断竞争等市场结构。不同环境下的代理人策略行为、定价结构和外部性特征也不尽相同；买家既有可能是产品的直接消费者，也有可能是批发商；卖家既有可能是产品的生产商，也有可能是某一级代理商。多数研究[16,17]以付款卡、企业黄页等个体市场为例对双边市场进行理论和经验分析，这些市场都具有较为显著的双边平台性质。专业市场作为改革开放之初在中国兴起、为广大中小企业提供产品销售平台的中间载体，也同样具有显著的双边市场特征。尽管各专业市场在所经营的产品类别、规模大小、区域分布等方面存在差别，但其基本结构大致相同，一般由一个实体交易场所、借助市场销售产品的厂商、在市场上购买产品的批发商组成。交易场所多数由独立经济主体运营，且在大型专业市场中也呈现实体市场与网上虚拟市场融合发展的趋势，即依托实体市场衍生出专业电子商务交易平台，以此突破实体市场的空间局限性，延伸市场的空间辐射范围，吸引更多的买卖主体进入专业市场。中小企业由于难以承担产品销售渠道建设的高昂成本，并鉴于专业市场所具有的空间辐射效应，因而更愿意依托专业市场的中间平台出售产品；同时，批发商也会借助专业市场平台能有效降低产品搜寻成本而直接进入市场采购产品。与已有文献侧重研究双边市场定价机制不同，本文着重关注三个问题：专业市场中交易配比成功率与市场中双边代理人（企业、批发商）数量的关系；均衡交易价格与市场中双边代理人数量的关系；双边代理人中的交叉外部性和群内外部性。

基于2011年8月笔者所在的项目组对"中国小商品城"市场相关主体进行的共计1.1万余份问卷调查结果，本部分将对专业市场规模、摊位费水平、买卖双方空间分布和市场进入决策等变量的相互关系及影响因素进行分析，以检验有关双边市场中中间平台定价行为、正负外部效应等理论阐述。之所以选择"中国小商品城"作为研究样本，主要原因在于：一是专业市场本身具有双边市场特征，可以作为研究双边市场交易配比这一重要问题的有益对象；二是"中国小商品城"为目前全球最大专业市场，其市场发展成熟度、市场影响力较大，双边市场中的诸问题体现得较为充分；三是该市场所在地——义乌，为本课题组十多年以来的研究基地，在问卷调查、数据收集方面具有较大优势，有利于借助翔实数据深化有关双边市场交易配比问题的定量分析。

（一）数据、变量与描述性统计

本次调查共发放问卷 13000 份，回收有效问卷 11765 份，涉及与"中国小商品城"市场相关的多类利益主体，包括国内外客商、市场经营户、市场管理者，此三类群体可分别对应双边市场中的买家、卖家和中间平台垄断商；同时，还对与当地产业有关的行业协会进行了问卷调查。结果表明，在市场经营户样本中，个体户占 94%，公司法人占 6%；经营类型属于生产厂家直销的占 59.8%，属中间商的占 40.2%。国内客商将义乌小商品市场作为采购基地平均已有 3.89 年，每次的采购金额平均为 10.15万元；在国外客商中，英语系客商 141 人，占 70.1%；阿拉伯语系客商60 人，占 29.9%，外商将义乌小商品市场作为采购基地平均已有 5.35年，每次的采购金额平均为 29.5 万美元。市场管理者包括负责日常经营管理的商城集团及所属各分公司和当地政府职能部门。187 名行业协会被调查者分别是围巾、家纺、床上用品、工艺品、酒店用品、帽业、汽摩配、体育健身用品、皮带、毛绒玩具、五金、制伞、日用品、皮革、拉链、花边、袜业、线带等行业协会的会长或骨干会员，基本覆盖了在市场中经营的主要行业。

本次问卷调查有四个特点：一是利益主体多元化。问卷调查对象涉及了与专业市场相关的所有利益主体，包含了本文理论论述部分中的全部代理人，因此，避免了借助其他数据对相关变量进行间接分析。二是行业分布广。问卷涉及"中国小商品城"市场中经营的 18 个行业，便于分析行业特征对买卖双方进入双边市场激励的影响。三是样本总数大，这有助于规避小样本数据情形下容易出现的计量问题，从而得出更具稳健性的结果。四是可信程度高。问卷内容是针对市场经营户、企业等实际情况所设计的，问题基本不涉及企业生产技术、商业机密、个人收入等敏感性项目；同时，问卷发放、填写、回收均在相关部门人员监督下完成。

根据理论分析的两个发现，本部分将对双边代理人数量与交易配比效率、交叉外部性、群内外部性、进场费 4 个变量的关系及其影响因素作研究；同时，将对其他重要的衍生性问题加以分析。本文结合问卷调查中的问题设置情况，拟定因变量 4 个、自变量 16 个、控制变量 3 个。相关变量定义及指标见表 1、表 2。

表 1 客商问卷变量定义表

变量类别	变量名称	变量定义
因变量	MarVal	市场影响力评价。问卷中设置了"您来义乌采购商品受'中国小商品城'这块牌子的影响有多大？"的问题。据此衡量专业市场对采购商决策的影响程度。
	PurFre	客商采购频率。问卷设置了"您来这采购很频繁"的问题，从实际采购行为的角度衡量专业市场对采购商所具有的外部性程度。
自变量	ProQuaB	产品质量。问卷提供了采购商对专业市场内所售产品的质量有无提升的测度数据，以衡量商品质量变化对其进入市场采购的影响。
	BusEnvB	经营环境。问卷提供了采购商对市场经营环境有无改善的测度数据，以衡量经营环境变化对其进入市场采购的影响。
	EComB	电子商务。问卷提供了采购商是否通过电子商务购买商品的测度数据，以衡量电子商务的应用对其进入实体市场采购的影响。
	LogSerB	配套物流服务。问卷提供了采购商对市场相关物流服务是否改善的测度数据，以衡量物流成本变化对其进入市场采购的影响。
	GueNumB	客商数量。问卷提供了采购商对进入市场的客商数量变化的测度数据，以此分析对其采购行为的影响。
	PriInp	前期投入。问卷提供了有关采购商为进入市场是否进行了前期投入的数据，以此分析前期投入对其进入市场采购的影响，从而与市场实际所具有的外部性作一区分。
	ProTecB	技术水平。据此衡量所采购的产品具有不同技术水平的客商，其进入市场的不同决策行为。

续表

变量类别	变量名称	变量定义
控制变量	RegDis	地域虚拟变量。由于和专业市场空间距离的不同，可能影响采购商对市场的依赖程度，空间距离越大则对进入市场采购商品的依赖程度越低，反之反是。

表2 市场经营户问卷变量定义表

变量类别	变量名称	变量定义
因变量	AnnVol	年均销售指标。问卷提供了有关每一个经营户的年均销售额数据，作为衡量专业市场外部性程度的重要变量。
	VolCom	销售倍增数量。问卷提供了有关经营户当前年均销售额与进入市场之初销售额的倍数关系数据，以此从动态角度衡量商户的经营情况。
自变量	ProQuaS	产品质量。问卷提供了经营户所售产品质量的有无提升的二项测度数据。
	BusEnvS	经营环境。问卷提供了经营户对市场经营环境的有无改善的二项测度数据。
	EComS	电子商务。问卷提供了经营户有无开展电子商务的二项测度数据。
	LogSerS	物流服务。问卷提供了经营户对市场相关物流服务是否改善的二项测度数据。
	TraForS	交易方式。问卷提供了经营户对其交易方式是否实现多样化的二项测度数据。
	GueNumS	外商数量。问卷提供了经营户关于在交易对象中外商数量是否增加的二项测度数据。
	ProtecS	产品技术水平。问卷提供了经营户关于其所售产品技术水平在行业、国内、国际所处位置的多项测度数据。
	BraRel	品牌关联。问卷提供了经营户就其产品销售是否与专业市场规模和品牌关联强度的多项测度数据。
	GueRec	客户认可度。问卷提供了经营户关于其所售产品的客商认可程度的多项测度数据。

变量类别	变量名称	变量定义
控制变量	SalDis	空间虚拟变量。由于销售目标区域的不同可能影响经营户对专业市场的依赖程度,空间销售范围越广泛则对专业市场销售平台的依赖程度越高,反之反是。
	SecDis	行业虚拟变量。从调查样本看,问卷分布与相关行业在市场中的份额基本一致,据此可构建与 52 个子行业的虚拟变量作为控制变量。

关于变量定义,需要说明的是:(1)基于对客商和经营户(即双边市场的买卖两方)所做的两套问卷,本文选择与研究主题有关的四个问题,据此设计了衡量专业市场外部性程度的四个因变量,其中采购商问卷中的两个因变量(市场影响力评价、采购频率)为主观变量,经营户问卷中的两个(年均销售额、销售倍增数量)为客观变量。市场规模对客商进入市场采购的影响程度越高,采购行为发生越频繁,则表示专业市场作为双边市场的外部正效应越强;在其他条件不变的情况下,市场经营户的销售倍增程度越高,则专业市场之于经营户的外部性程度也越明显。(2)针对客商和经营户所设计的两套问卷也包含若干个相同问题,本文选择其中关于专业市场变化的问题作为自变量。我们通过客商和经营户的实际访谈得知,市场内产品质量的提升、经营环境的改善、物流服务的完善对促进买卖双方借助市场平台进行交易具有显著作用。据此将相关问题作为因变量纳入分析框架。同时,客商数量也作为重要的自变量被纳入。由理论分析可知,采购商数量的增加对买卖双方具有不同的效应,对此将结合计量结果进行研究。(3)三个控制变量被纳入回归分析,以控制地域和行业效应。由于与专业市场的空间距离不同,代理人进入市场并借此购买或销售产品的激励有所不同,市场的外部性程度也具有差异性,故此在客商问卷和经营户问卷中均设置了地域(空间)虚拟变量。同时,有关经营户的行业变量也纳入回归方程,以控制行业效应。

表 3 列示了采购商和经营户问卷主要变量的描述性统计值。可知,多数变量统计值的均值标准误差较小,样本均值与总体均值的平均差异程度较小,样本数据较好地反映了总体数据的基本特征。

（二）检验结果与分析

1. 相关系数与解读

由于上述主要变量多为二项或多项等级计数数据，因此可采用 Kendall 等级相关分析方法得出主要变量的初步数量关系。表4、表5 分别列示了生产商和批发商主要变量的 Kendall 等级相关系数。由表4可知，采购商数据中的两个重要因变量（市场影响、采购频率）与其他六个自变量均呈现正相关关系：市场对采购行为的影响与配套物流服务、采购商前期投入显著正相关（P < 0.01）；采购商进入市场采购商品的频率与商品质量、物流服务、前期投入三个变量也呈现较为明显的正相关关系（P < 0.01）；市场影响和采购频率两个因变量之间具有较高的正相关性。由表5可知，经营户的年均销售额和销售倍增数两个因变量与其他八个重要自变量亦呈现正相关关系：年均销售额与市场品牌关系度、产品技术水平、客户认可度、产品质量、电子商务、客商数量这七个变量呈显著正相关（p < 0.01）；经营户的销售倍增数与所有八个自变量也具有显著的正相关关系（p < 0.01）；两个因变量之间也正相关。然而，初步结果也显示经营环境变量与采购商采购频率、经营户年均销售额两个因变量呈现负相关关系，需要对此作进一步研究。据此，本文将利用有关专业市场外部性的多个指标来进行深入分析。

表3 主要变量描述性统计值

采购商				经营户			
变量名称（变量含义）	最小值（最大值）	均值（标准误差）	标准差	变量名称（变量含义）	最小值（最大值）	均值（标准误差）	标准差
市场影响（MarInf）	1 (5)	3.76 (.024)	.783	年均销售额（AnnVol）	0 (1500000)	627.95 (249.314)	21768.991
采购频率（PurFre）	1 (5)	3.45 (.027)	.861	销售倍增数（VolCom）	.0 (4000.0)	5.869 (.6239)	51.5788
商品质量（ProQuaB）	0 (1)	.32 (.014)	.468	品牌关联度（BraRel）	1 (5)	2.59 (.015)	1.452

续表

采购商				经营户			
变量名称（变量含义）	最小值（最大值）	均值（标准误差）	标准差	变量名称（变量含义）	最小值（最大值）	均值（标准误差）	标准差
经营环境（BusEnvB）	0 (1)	.60 (.015)	.491	所售产品技术水平（ProTecS）	1 (5)	2.26 (.008)	.793
电子商务（EComB）	0 (1)	.24 (.013)	.424	品牌的客户认可度（GueRec）	1 (5)	3.10 (.014)	1.384
物流服务（LogSerB）	0 (1)	.23 (.013)	.421	产品质量（ProQuaS）	0 (1)	.50 (.005)	.500
客商数量（GueNumB）	0 (1)	.41 (.015)	.492	经营环境（BusEnvS）	0 (1)	.57 (.005)	.495
产品技术（ProTecB）	1 (5)	2.48 (.027)	.863	电子商务（EComS）	0 (1)	.14 (.003)	.347
前期投入（PriInp）	1 (5)	3.26 (.028)	.912	物流服务（LogSerS）	0 (1)	.14 (.003)	.344
区域分布（RegDis）	1 (7)	3.39 (.055)	1.778	客商数量（GueNumS）	0 (1)	.24 (.004)	.426

表 4　　　　采购商主要变量的 Kendall 等级相关系数表

	市场影响	采购频率	商品质量	经营环境	电子商务	物流服务	产品认可	产品技术
采购频率	.266**							
商品质量	.015	.083**						
经营环境	.000	−.006	.065*					
电子商务	.021	.063*	.048	−.018				
物流服务	.092**	.089**	.080**	.073*	.139**			
产品认可	.035	.033	.123**	−.027	.174**	.130**		

续表

	市场影响	采购频率	商品质量	经营环境	电子商务	物流服务	产品认可	产品技术
产品技术	.036	.041	.021	−.085**	.086**	.102**	.068*	
前期投入	.163**	.208**	.048	−.010	−.006	.025	−.074*	−.028

注: **、*分别表示相关系数在1%、5%水平上显著。

表5　　　　　　　　　　　经营户主要变量的 Kendall 等级相关系数表

	年均 销售额	销售 倍增 数	品牌 关联 度	所售产 品技术 水平	品牌 的客 户认 可度	产品 质量	经营 环境	电子 商务	物流 服务
销售倍增数	.188**								
品牌关联度	.047**	.090**							
所售产品技术水平	.073**	.033**	.116**						
品牌的客户认可度	.098**	.077**	.227**	.293**					
产品质量	.079**	.077**	.047**	.074**	.135**				
经营环境	−.066**	.086**	.079**	−.031**	.002	.011			
电子商务	.049**	.072**	.089**	.103**	.098**	.058**	.060**		
物流服务	.022*	.076**	.094**	.058**	.075**	.116**	.204**	.206**	
客商数量	.104**	.081**	.117**	.068**	.116**	.106**	.073**	.128**	.168**

注: **、*分别表示相关系数在1%、5%水平上显著。

2. 回归结果与讨论

针对客商样本数据的特征，即两个因变量均为有序分类变量的情况，可选择有序 Logistic 回归分析方法进行数量研究。当客商关于专业市场影响程度和采购频率两项具有不同且有序的评价时，此方法较为适用，并可得出不同水平因变量与自变量之间的数量关系，从而获得有关哪一情形最有可能发生的信息。

表6给出了采购商和经营户的有序多项 Logistic 回归分析结果：χ^2 值的显著性水平较高，回归模型具有显著性；拟合优度较好（p < 0.01）；似然比检验表明，各解释变量的回归系数均有显著性意义（p < 0.01）。

由回归结果可知，采购商对市场影响的评价和购买频率两个变量与多数自变量均呈正相关关系，物流服务和前期投入两个变量的显著性水平较高；经营户年均销售额和销售额倍增数两个变量与除产品技术之外的其他自变量均正相关；市场影响评价变量与产品质量、采购频率与电子商务、年均销售额与经营环境、销售倍增数与产品技术四对变量呈负相关关系。据此，下文将结合理论阐述并对比已有研究成果，就重要变量关系进行深入分析。

（1）市场影响评价与主要自变量的关系。在采购商样本数据中，本文采用了两个测度专业市场外部性程度的指标，即市场影响评价和采购频率，前者表示市场品牌和规模对采购商进入市场采购商品所产生影响及其程度，后者系对采购商进入市场采购商品频繁程度的估测。由表6可见，当以市场影响评价为因变量时，在其他条件不变的情况下，认为进入市场的决策受市场本身影响的采购商概率最大。回归结果还显示，物流服务的提升和前期投入对采购商进入市场的决策具有显著影响，说明多数将物流服务及其配套体系是否完善已成为影响采购商是否进入市场的重要因素，而且前期投入对其进入市场可能形成一种锁定效应。基于对专业市场发展历史的跟踪研究可以发现，无法为交易双方提供低成本和高效率的交易平台是多数市场逐渐萎缩甚至消亡的主要原因之一，而其中物流体系是极为重要的一项[18]。前期投入对采购决策的影响具有两重含义：一是短期内采购商即使发现可替代的交易平台，但是由于前期投入的存在，可能继续进入现有市场采购；二是市场搜寻和交易转换依然存在一定的难度。

（2）采购频率与主要自变量的关系。相比市场影响评价，采购频率更直接地测度了专业市场的品牌、规模、服务等综合因素对采购商行为所具有的重要作用。回归结果显示当以采购频率为因变量时，在其他条件不变的情况下，采购频率趋高与市场特征有关。回归结果还表明，采购频率显著地与产品质量、物流服务和前期投入正相关，而与电子商务负相关。这里需要对电子商务的影响作重点分析。传统的专业市场以为企业提供产品集中展示和销售的实体平台为主，而新型专业市场更注重搭建基于实体市场的电子商务销售网络，以此拓展市场的销售时空范围。然而，电子商务和专业市场在本质上是具有相互竞争性的产品销售业态，二者是否能够以及如何实现融合发展是重要的理论和现实命题。Hendershott 和 Zhang[19]

曾从搜寻理论的角度对网上直接销售和借助中间商销售两种形式进行比较分析，并找出了上游企业同时采用两种方式的均衡解；而本文的研究则表明，即使存在网上和实体两种销售方式并存的情形，电子商务等网上平台的运行仍有可能较为显著地弱化客商进入实体市场采购商品的激励。同样重要的是，客商数量与采购频繁程度之间的负相关关系印证了本文理论分析部分有关双边市场上买方群体中可能存在群内负外部性效应的阐述，即对于单个采购商而言，其采购数量的增加在一定程度上削弱了自身的议价能力、压缩了可议价空间，并通过降低采购频率达到弱化市场竞争程度的目的。问卷调查结果也显示，客商单位时间的采购数量呈上升趋势。在多平台竞争框架中，采购商可通过同时进入多个双边市场，以求达到优化产品组合、降低采购成本的目的。

表6　　　采购商和经营户数据样本的有序多项 Logistic 回归结果

采购商样本数据回归结果				经营户样本数据回归结果				
因变量	方程1	方程2	方程3	方程4	因变量	方程5	方程6	方程7	方程8
[MARVAL =1]	-2.902*** (0.438)	-2.689*** (0.462)			[ANNVOL =1]	2.568*** (0.140)	2.941*** (0.161)		
[MARVAL =2]	-1.080*** (0.332)	-.796** (0.349)			[ANNVOL =2]	3.273*** (0.143)	3.648*** (0.164)		
[MARVAL =3]	0.958*** (0.318)	1.271*** (0.337)			[ANNVOL =3]	4.368*** (0.155)	4.745*** (0.175)		
[MARVAL =4]	3.691*** (0.342)	4.034*** (0.364)			[VOLCOM =1]			1.788*** (0.140)	1.862*** (0.116)
[PURFRE =1]			-1.921*** (0.372)	-1.948*** (0.39)	[VOLCOM =2]			2.600*** (0.143)	2.676*** (0.118)
[PURFRE =2]			0.085 (0.311)	0.098 (0.329)	[VOLCOM =3]			3.987*** (0.155)	4.066*** (0.128)
[PURFRE =3]			2.104*** (0.316)	2.128*** (0.333)	BraRel	0.052** (0.024)	0.055** (0.025)	0.092*** (0.018)	0.090*** (0.018)
[PURFRE =4]			4.605*** (0.346)	4.652*** (0.363)	ProTecS	0.097** (-0.042)	0.095** (0.042)	-0.061* (-0.033)	-0.069** (0.033)

续表

采购商样本数据回归结果					经营户样本数据回归结果				
因变量	方程1	方程2	方程3	方程4	因变量	方程5	方程6	方程7	方程8
ProQuaB	−0.015	−0.009	0.270 **	0.274 **	GueRec	0.158 ***	0.163 ***	0.087 ***	0.084 ***
	(0.133)	(0.135)	(0.130)	(0.132)		(0.029)	(0.029)	(0.02)	(0.020)
BusEnvB	0.062	0.146	−0.015	0.009	ProQuaS	0.054	0.043	0.230 ***	0.209 ***
	(0.126)	(0.129)	(0.123)	(0.125)		(0.071)	(0.072)	(0.051)	(0.052)
EComB	−0.013	−0.041	−0.227 *	−0.269 *	BusEnvS	−0.037	−0.027	0.302 ***	0.296 ***
	(0.148)	(0.151)	(0.144)	(0.147)		(0.074)	(0.074)	(0.054)	(0.054)
GueNumB	0.161	0.140	−0.113 *	−0.125 **	EComS	.388 ***	0.365 ***	0.223 ***	0.189 ***
	(0.129)	(0.131)	(0.125)	(0.127)		(0.090)	(0.091)	(0.069)	(0.070)
ProTecB	0.900	0.590	0.103	0.089	LogSerS	0.104	0.099	0.225 ***	0.202 ***
	(0.072)	(0.074)	(0.071)	(0.073)		(0.100)	(0.101)	(0.071)	(0.071)
LogSerB	0.384 **	0.335 **	0.294 **	0.240 ***	GueNumS	.185 ***	0.122	0.182 ***	0.166 ***
	(0.151)	(0.154)	(0.146)	(0.149)		(0.078)	(0.079)	(0.058)	(0.059)
PriInp	0.417 ***	0.391 ***	0.499 ***	0.507 ***	行业虚拟变量	No	Yes	No	Yes
	(0.069)	(0.07)	(0.068)	(0.069)					
地区虚拟变量	No	Yes	No	Yes	地区虚拟变量	No	Yes	No	Yes
R^2	0.353	0.392	0.385	0.421		0.279	0.340	0.315	0.383
观测值	1050	1050	1050	1050		9825	9825	9825	9825

注：***、**、*分别表示参数估计值在1%、5%、10%水平上显著，括号中数值为标准误差。

（3）年均销售额与主要自变量的关系。与上述两组变量关系相类似，回归方程3中的常数项亦呈递增趋势，即当其他条件不变时，多数经营户认为其年均销售规模与表征市场变化的诸变量有关。由回归结果可见，专业市场品牌关联和采购商品牌认可度显著地与经营户年均销售额变量正相关。这一发现证实了本文的理论分析：由于双边市场中某一方进入市场的激励取决于另一方的数量是否增加，因此超市、卖场等大多以制定不同水平的进场费的方式来影响买卖双方的数量，以优化和提高市场交易配比效率；然而，经验结果表明：专业市场本身的品牌塑造和经营户自身的品牌建设可能成为吸引代理人进入中间平台的更为重要的因素；电子商务与年均销售额之间的正相关关系则表明，网上销售方式的应用在减少进入实体市场客商数量的同时，并没有缩减反而增加了经营户的销售业绩，这为上游企业并行多种销售渠道提供了外生激励。客商数量与销售额之间的正相关关系则印证了关于双边市场的传统观点，即卖家进入市场的激励和达成交易的概率取决于市场中买方数量的多少。

（4）销售倍增数与主要自变量的关系。由于年均销售额会依经营户规模大小、时间长短不同而有较大差异，故本文采用了销售倍增数（2011 年销售额预计数与进入市场之初时销售额的比值）作为因变量进行回归分析。问卷调查结果还显示，所有经营户均认为在调查期内其销售额不变或者增加，并无减少的情形。根据倍增数的分布情况，同时为了避免误差极值对回归产生干扰，我们对倍增数进行了合理分档，据此进行多项有序 Logistic 回归分析。结果表明，所有变量均具有显著性意义，且与以年均销售额为因变量的回归结果相类似的是：品牌关联、客商认可、电子商务、客商数量等因素对经营户销售额倍增同样具有正效应；而物流服务的回归系数显著性水平更高。

3. 稳健性检验

我们还在上述回归结果的基础上，分别添加地域和行业虚拟变量以进行稳健性检验。（1）在采购商分析样本中加入地区虚拟变量以控制在客商层面上未观测因素的影响。我们认为，客商空间分布的不同会使其在进入双边市场的成本上呈现差异性，是影响其是否进入实体市场采购商品的重要因素。基于对客商的问卷调查，我们构建了表征其空间分布情况的地区虚拟变量。回归结果（表6中方程2、方程4）显示，加入地区虚拟变量后主要自变量系数仅比未加入时略低，且 R^2 值有所变大，分别解释了35.3%的市场影响效应和38.5%的采购行为发生频率。这些稳定结果印证了列表中主要自变量的稳健性，即产品质量、经营环境、电子商务、客商数量、产品技术、物流服务和前期投入对采购商购买行为受专业市场的影响不会因其他因素的加入而发生明显变化。（2）在经营户分析样本中加入地区和行业两个虚拟变量以控制在经营户个体层面上无法观测因素的影响。我们认为，经营户对专业市场的依赖性可能会因其在销售目标区域和所属行业上的不同而有所差异。特别地，在国际贸易中不同出口市场会在政治、经济、文化上存在差异，且出口行为本身也将引致一定成本，单一企业可能无法承担相应的风险，因而会借助于双边平台来实现中间协调型交易[20-21]。对此，我们构建了表征经营户目标销售区域的虚拟变量，和行业虚拟变量一起纳入回归分析。结果（方程6、方程8）表明，虚拟变量加入后主要自变量回归系数未发生明显变化，仅比加入前略低，且多数变量在1%水平上显著，显示出相当的稳健性；同时，R^2也有所提高，回归方程解释力增强。

三 结论与政策启示

与信用卡、企业黄页等行业相类似，专业市场也可被视为一种特殊的双边市场类型。大型专业市场集聚了数量众多的产品销售商和采购商，为他们提供了一个便捷高效的中间交易平台，进入市场的销售企业越多则被吸引而来的客商越多，反之反是。然而，专业市场有别于双边市场研究文献中诸典型行业的是，它具有更强的空间集聚效应且实体市场和虚拟市场并行发展，与区域经济发展的关系也更为密切。本文首先建立了双边市场视角下的专业市场垄断商、采购商和经营户三方博弈模型，并提出了有关市场中交易配比、交叉外部性、群内外部性与双边代理人数量关系的理论命题。基于对义乌"中国小商品城"市场经营户、采购商及相关主体所做的1万余份调查问卷，本文对上述命题进行了分析，结果表明采购商数量的增加会促使其提高采购规模和降低采购频率，以增强议价能力；采购商数量的增加与经营户的年均销售额、销售倍增数显著正相关；电子商务平台的运行减少了进入实体市场采购商品的客商的比重，但提高了市场整体和单个经营户的销售量。以上发现说明，专业市场中买卖双方之间具有较为显著的交叉外部性和群内负外部性。检验结果还显示，专业市场本身品牌的塑造和经营户自属品牌的建设对增强买卖双方进入这一中间交易平台的激励也具有较强作用，这一点可由表征市场特征的产品质量、经营环境、电子商务、物流服务等变量与多个因变量的正相关关系来印证。

本文的研究结论具有两点政策启示：一是应增强专业市场等具有双边市场特征的中间交易平台的接入便捷度。前期投入对于采购商做出市场进入决策的正效应表明，市场接入门槛高致使客商无法在多个平台之间实现自由转换，成为促进市场良性竞争和有序发展的阻碍。可行的措施包括强化物流配套体系的建设，降低采购商物流成本并提高物流效率；通过搭建网上交易平台，合理分流进入实体市场的买家，在保持市场合理竞争程度的同时，提高专业市场整体销售规模；消除其他市场进入的隐性成本。二是应强化中间交易平台的自身品牌建设和内部管理。传统研究文献将中间平台的决策集合简单地定义为制定不同水平的进场费，以保持市场中买卖双方的合理数量，从而达到将双边外部性最大程度内部化的目的。然而，专业市场亦可通过加强自身的品牌塑造，达到吸引更多采购商和企业进入的目的，可行的措施包括加强市场上产品质量的管理、优化交易环境、做好对外宣传等。三是结合区域产业特征，合理规划专业市场等交易平台的初期定位。从交易配比角度看，中间交易平台只要在买家数量（或者卖家数量）上具有优势，便可吸引到足够的卖家（或者买家）。因此，针对不同的区域特征，如空间需求规模、地区产业规模、物流便利程度等，专业市场等中间平台需要在发展初期进行合理规划，选择侧重吸引买家或者卖家。

当前，作为双边交易平台的专业市场，其行业结构因两重因素而正在发生变化：一是其他同类市场不断兴起提高了行业内竞争程度。鉴于专业市场在推动区域经济增长方面的重要作用，各地兴办大型专业市场之势方兴未艾，同质化竞争趋势日益显现。对此可通过构建更为合理的多平台垄断竞争模型来加以研究。二是其他商品流通业态不断涌现，形成行业间竞争压力。电子商务等新兴流通业态的蓬勃发展，以其低廉的成本、丰富的信息等优势，对传统专业市场原有运营模式构成了较大挑战。以上两点需要从空间竞争、业态竞合等角度提供具有预见性的理论解释，也将为拓展双边市场垄断竞争理论提供现实参照。

参考文献：

[1] Rubinstein, Ariel and Asher Wolinsky, 1987, "Middlemen", Quarterly Journal of Economics, 102 (3): 581—594.

[2] Spulber, Daniel F., 1999, Market Microstructure: Intermediaries and the Theory of The Firm, New York, NY: Cambridge University Press.

［3］Rochet，Jean－Charles and Jean Tirole，2006，"Two－Sided Markets：A Progress Report"，Rand Journal of Economics，37（3）：645—667.

［4］国家统计局贸易外经统计司：《中国商品交易市场统计年鉴2011》，中国统计出版社。

［5］陆立军、杨海军：《市场拓展、报酬递增与区域分工——以"义乌商圈"为例的分析》，《经济研究》2007年第4期，第67—78页。

［6］Armstrong，Mark，2006，"Competition In Two－Sided Markets"，Rand Journal of Economics，37（3）：668—691.

［7］Weyl，E. Glen，2010，"A Price Theory of Multi－Sided Platforms"，American Economic Review，100（4）：1642—1672.

［8］Caillaud，Bernard and Bruno Jullien，2003，"Chicken & Egg：Competition among Intermediation Service Providers"，Rand Journal of Economics，34（2）：309—328.

［9］Gabszewicz，Jean J. and Xavier Y. Wauthy，2004，Two－Sided Markets and Price Competition with Multi－Homing，Http：／／www. core. ucl. ac. be／services／psfiles／dp04／dp2004_ 30. pdf.

［10］Guthrie，Graeme and Julian Wright，2007，"Competing Payment Schemes"，Journal of Industrial Economics，55（1）：37—67.

［11］Armstrong，Mark and Julian Wright，2007，"Two－Sided Markets，Competitive Bottlenecks and Exclusive Contracts"，Economic Theory，32（2）：353—380.

［12］Galeotti，Andrea and Jose L. Moraga－Gonzalez，2009，"Platform Intermediation in a Market for Differentiated Products"，European Economic Review，53（4）：417—428.

［13］曲创、杨超、减旭恒：《双边市场下大型零售商的竞争策略研究》，《中国工业经济》2009年第7期，第67—75页。

［14］曲振涛、周正、周方召：《网络外部性下的电子商务平台竞争与规制——基于双边市场理论的研究》，《中国工业经济》2010年第4期，第120—129页。

［15］巫强、刘志彪：《双边交易平台下构建国家价值链的条件、瓶颈与突破——基于山寨手机与传统手机产业链与价值链的比较分析》，《中国工业经济》2010年第3期，第76—85页。

［16］Rysman，Marc，2004，"Competition Between Networks：A Study of The Market for Yellow Pages"，Review of EconomicStudies，71（2）：483—512.

［17］Valverde，Santiago C. ，Sujit Chakravorti and Francisco R. Fernandez，2010，Regulating Two－Sided Markets：An Empirical Investigation，Http：／／www. ecb. int／pub／pdf／scpwps／ecbwp1137. pdf.

［18］陆立军、俞航东、陆瑶：《专业市场和产业集群的关联强度及其影响因素——基于浙江省绍兴市万份问卷的分析》，《中国工业经济》2011 年第 1 期，第 151—160 页。

［19］Hendershott, Terrence and Jie Zhang, 2006, "A Model of Direct and Intermediated Sales", Journal of Economics & Management Strategy, 15 (2): 279—316.

［20］Bernard, Andrew B., Marco Grazzi and Chiara Tomasi, 2011, Intermediaries in International Trade: Direct versus Indirect Modes of Export, http://www.nber.org/papers/w17711.pdf.

［21］Ahn, JaeBin, Amit K. Khandelwal and Shang - Jin Wei, 2011, "The Role of Intermediaries in Facilitating Trade", Journalof International Economics, 84 (1): 73—85.

以人民为中心推动"两只手"相结合
——政府与市场关系的浙江实践与启示

习近平总书记在党的十九大报告中强调"坚持以人民为中心",重申"使市场在资源配置中起决定性作用,更好发挥政府作用"。这表明,以人民为中心推动市场与政府"两只手"相结合,是习近平新时代中国特色社会主义思想和基本方略的重要组成部分。这一重大理论成果的形成和发展是具有充分的实践依据和群众基础的,是被历史和时间证明了的真理。浙江作为习近平新时代中国特色社会主义思想的重要萌发、形成地,改革开放以来尤其是习近平同志主政期间以及党的十八大以来的实践充分表明,以人民为中心推动"两只手"相结合是浙江经济社会发展取得巨大成就的要诀,也是实现"中国梦"的必由之路。

一 以人民为中心推动"两只手"相结合是重大的理论创新

我国学者对市场与政府"两只手"关系的认识、讨论在很大程度上是与经济体制改革和经济社会发展进程密切相关的。从新中国建立到1978年启动改革开放之前,我国长期实行计划经济体制,政府这只"看得见的手"在经济社会发展中处于绝对主导地位,而市场这只"看不见的手"一直被忽视和压制。改革开放后,有关文件和论著采用了"计划经济为主、市场调节为辅"、"公有制基础上的有计划的商品经济"、"社会主义市场经济"等论述。1992年邓小平同志南方谈话指出:"计划多一点还是市场多一点,不是社会主义与资本主义的本质区别","计划和市场都是经济手段"①。

1992 年 10 月召开的党的十四大明确提出建立社会主义市场经济体制，要求"使市场在社会主义国家宏观调控下对资源配置起基础性作用"。此后二十多年来，这一提法总体上没有大的改变，只是日益强调要在更大程度更广范围发挥市场的作用。

习近平总书记关于"两只手"关系的一系列重要论述，为我们从理论和实践的结合上理清市场与政府的关系，指明了新的方向。早在习近平总书记主政浙江时就十分注重以人民利益为中心，从理论和实践的结合上处理好"两只手"的关系，他指出："在市场经济条件下，党委、政府抓工作，必须坚持有所为、有所不为，既要发挥'有形的手'的作用，更要发挥'无形的手'的作用"②，而他做出这一重要论述的出发点和立足点是"依靠群众，相信群众，尊重群众的首创精神"③，正如他所强调的："实现好、维护好、发展好人民群众的根本利益，做到权为民所用、情为民所系、利为民所谋，是我们思考问题和开展工作的根本出发点和落脚点"④。习近平总书记主政浙江时的一系列前瞻性的战略思考和实践探索，成为提出上述科学论断的深厚思想基础、实践基础和群众基础，尤其是"义乌发展经验"为上述崭新的理论概括提供了鲜活样本和实践依据。

2006 年 4 月，时任中共浙江省委书记的习近平同志亲自决策、精心指导并以省委文件形式总结推广"义乌发展经验"，将其归纳为"坚持兴商建市、促进产业联动、注重城乡统筹、推进和谐发展、丰厚文化底蕴、力求党政有为"这六个方面；同年 6 月 8 日，他又亲赴义乌在横塘村召开深入学习推广"义乌发展经验"座谈会并发表重要讲话指出："各地学习义乌发展经验，主要不在于学习义乌的一些具体做法和独特之处，而是要学习义乌如何尊重群众首创精神、推动群众创造性实践的经验"，"必须把发挥政府这只'有形的手'的作用与发挥市场这只'无形的手'的作

---

① 邓小平：《邓小平文选》第三卷，人民出版社 2001 年版，第 373 页。

② 习近平：《干在实处走在前列——推进浙江新发展的思考与实践》，中共中央党校出版社 2006 年版，第 443 页。

③ 同上书，第 444 页。

④ 同上书，第 451 页。

用有机结合起来"①。纵观上述六条经验可以发现，它是以人民为中心推动"两只手"相结合这一重大理论创新成果的生动实践和县域样本，尤其是"坚持兴商建市"充分彰显了"使市场在资源配置中起决定性作用"的理念，"力求党政有为"充分体现了"更好发挥政府作用"的要求，而"促进产业联动、注重城乡统筹、推进和谐发展、丰厚文化底蕴"的精髓则是"把促进人的全面发展贯穿于经济社会发展的全过程"，"在关注人的物质需求的同时，关注人的价值诉求、精神追求、文化需求，提升人的素质，弘扬人文精神，尽最大可能实现好、维护好、发展好群众利益"②。

　　党的十八大以来，习近平总书记更加强调以人民为中心推动"两只手"相结合。党的十八届三中全会通过的《中共中央关于全面深化改革若干重大问题的决定》第一次明确提出要"使市场在资源配置中起决定性作用和更好发挥政府作用"，从而将市场的地位和作用提到了新的高度，同时对更好发挥政府作用提出了明确要求，强调实现科学的宏观调控，有效的政府治理。习近平总书记指出："'看不见的手'和'看得见的手'都要用好，努力形成市场作用和政府作用有机统一、相互补充、相互协调、相互促进的格局"③；与此同时，他强调"要着力践行以人民为中心的发展思想"④，并提出了"落实好以人民为中心的发展思想"、"坚持以人民为中心的发展思想"、哲学社会科学要"坚持以人民为中心的研究导向"等科学论断。这就昭示我们：在新时代中国特色社会主义的语境下认识和定位市场与政府这"两只手"的关系，必须赋予其鲜明的政治立场，这就是以人民为中心。这是贯穿习近平新时代中国特色社会主义思想的一条主线，是中国共产党人的初心和使命，也是决胜全面建成小康社会、夺取新时代中国特色社会主义伟大胜利的核心理念和价值取向。

---

　　① 习近平：《干在实处走在前列——推进浙江新发展的思考与实践》，中共中央党校出版社2006年版，第434—435页。

　　② 同上书，第435页。

　　③ 《习近平在中共中央政治局第十五次集体学习时强调：正确发挥市场作用和政府作用推动经济社会持续健康发展》，《人民日报》2014年5月28日，第1版。

　　④ 习近平：《在省部级主要领导干部学习贯彻党的十八届五中全会精神专题研讨班上的讲话》，《人民日报》2016年5月10日，第2版。主义伟大胜利的核心理念和价值取向。

唯有坚持以人民为中心的价值导向和根本立场，才能赋予市场和政府这"两只手"的作用以新时代中国特色社会主义的鲜明内涵，使两者更好地有机统一。在以往的研究和论述中，国内外一些学者往往将市场和政府视为相互对立的两种力量，要么主张市场作用居统治地位，要么主张政府作用居支配地位，从而形成了自由主义、新自由主义、国家干预主义等不同流派，并导致相互之间的长期纷争；一些学者即使主张两者相结合，也仍将市场和政府视为具有相反作用方向的两种工具或手段，在市场作用多一点还是政府作用多一点问题上争论不休。上述倾向表现在国际经贸交往中则出现了部分西方发达国家是否给予其他国家市场经济地位的问题，有的国家还时常借此以市场化自由化之名行贸易保护主义之实，因而影响了全球经贸的持续健康发展。而我国坚持以人民为中心推动"两只手"相结合，就以共同的价值导向将市场和政府凝聚在一起，赋予两者共同的价值属性，削弱了其差异化功能属性的消极影响，把两者从根本上统一于新时代中国特色社会主义的伟大斗争、伟大工程、伟大事业、伟大梦想之中，凝聚起同心共筑"中国梦"的磅礴力量。这正是新时代中国特色社会主义与深嵌着集团利益、阶层利益属性，具有显著对立性的资本主义国家处理市场与政府关系的根本区别之处。

事实证明，唯有坚持以人民为中心的价值导向和根本立场，才能更加合理地界定市场和政府的作用机制与范围，从而更好地发挥两者各自的作用。在市场与政府关系地位、作用边界的判断上，不应也没有统一的标准。因为每个国家或地区的发展历史和实际均不相同，因而必须根据自身发展所处的特定环境和阶段做出适应性安排，而不能盲目照搬照抄别国的做法。事实上，第二次世界大战后至今，全球数十个采用西方国家所倡导的高度自由市场经济制度的经济体长期处于低收入或中等收入陷阱之中，1997—1998年发生的亚洲金融危机、2008年由美国引发并蔓延至全球的金融危机以及近年来部分欧洲国家不断爆发主权债务危机等，其根本原因之一就是在处理市场与政府"两只手"关系时出现价值导向偏差，市场作用被大企业、大财团所控制，政府作用被政治集团、政客所左右。可见，在我国必须坚持以人民为中心推动"两只手"相结合，才能保障市场与政府作用的根基牢固、方向坚定、边界清晰、机制灵活，充分体现广大人民群众的普遍意志和根本利益，避免少数权贵、部分团体和利益集团以私谋利，影响、干扰市场或政府作用的有效发挥。

二　市场之"手"是浙江发展成就的重要基石

改革开放以来，浙江广大群众敢为天下先的创新精神和坚韧不拔的创业冲动得到了充分尊重和发挥，蕴藏在民间商人、民间人才、民间资本之中的活力和潜力得到了充分激发和释放，走出了一条民本经济之路。习近平总书记主政浙江时曾对此做过高度概括："浙江经济是'老祖宗'经济，自古以来就有工商皆本、义利双行的文化传统；浙江经济是'老天爷'经济，资源贫乏逼迫你必须学会'无中生有'，走出去'闯世界'；浙江经济是'老百姓'经济，广大民众有强烈的自我创业欲望和浓厚的商品经济意识"①。浙江的众多微观经济组织，即广大个体户、家庭作坊、家族企业等在走南闯北、直接面向市场竞争的过程中，形成了由数千座专业市场、数百万遍布全球各地的商人和数十万家企业销售网点构织而成的浙货营销网络、经营人才网络等比较优势，使浙江产业发展所带来的商业利润主要掌握在浙江企业、个体商人乃至老百姓手中，从而造就了明显区别于其他一些地方的民间资本丰裕、人民生活水平较高的格局②。

发挥市场之"手"在资源配置中的决定性作用，促使浙江成为全国闻名的民营经济强省。改革开放以来，浙江始终坚定不移地发展社会主义商品—市场经济③，引导民间人才、民有资本、民营企业等创业创新，形成了群众广泛参与、普遍受益，极具特色和优势的民营经济。正如习近平总书记主政浙江时所指出的，"个私经济已成为推动浙江经济发展的重要

---

① 习近平：《干在实处走在前列——推进浙江新发展的思考与实践》，中共中央党校出版社2006年版，第68页。

② 参阅陆立军、王祖强：《浙江模式：政治经济学视角的观察与思考》，人民出版社2007年版，第一章；陆立军：《富民强省的"浙江模式"》，《开发研究》2012年第4期。

③ 笔者采用"商品—市场经济"这一用语，旨在强调，不论从逻辑顺序还是历史顺序，也不论从内涵还是效应看，商品经济与市场经济的本质、方向都是一致的。参阅陆立军、王祖强：《新社会主义政治经济学论纲》，中国经济出版2000年版，第一、六章。

力量，财政收入的重要来源，新增就业的主要渠道"①。通过改革开放以来的不懈努力，目前民营经济创造了全省 60% 左右的财政税收，70% 左右的地区生产总值，80% 左右的外贸出口，90% 左右的就业机会。在2016 年中国民营企业 500 强排名中，浙江占 134 席，连续 18 年稳居全国之首。在最新的 2017 年福布斯全球富豪排行榜中，浙江以 22 人上榜而居全国之首。截至 2016 年底，全省在册市场主体总数达 528.6 万户，其中90% 为民营企业和个体工商户，按常住人口计算，相当于平均每 10.6 人中就有一位"老板"，人均市场主体数多年居全国首位。目前，"浙商"已成为全国最活跃的企业家群体，有 750 多万名"浙商"在全国、全球各地投资创业，他们既立足浙江发展浙江，又跳出浙江发展浙江，为浙江经济发展带来了巨大的商机、广阔的市场和丰富的资金，初步估计他们对浙江全省 GDP 增长的贡献度在 30% 以上。近年来，浙江民营企业凭借敏锐的市场嗅觉、灵活的市场机制，成为发展新产业、新技术、新产品、新业态、新模式、新服务的主力军，基于大数据、云计算、物联网等的生产组织新方式、商业运营新模式层出不穷，新能源汽车、网络支付、网络约车、文化创意等产业发展均走在全国前列。

发挥市场之"手"在资源配置中的决定性作用，推动了浙江由"市场大省"向现代"市场强省"转变。专业市场是商品—市场经济的重要平台和集中表现，它开启了中国市场化改革的先河。浙江作为全国专业市场的诞生地，拥有数量多、规模大、综合竞争力强、辐射范围广的市场体系，早在 20 世纪八九十年代即已成为全国知名的"市场大省"。此后 20多年来，一直引领着全国专业市场的创新发展、转型提升。2016 年，全省已登记的 3926 家商品交易实体市场实现交易总额约 2.05 万亿元，200多家网上市场实现交易总额约 3 万亿元；商品市场成交总额、超亿元市场数等指标已连续 24 年居全国首位。关于专业市场的转型发展，习近平总书记早在 2005 年即明确指出，要"推动专业市场经营业态创新，积极发展电子商务和网上虚拟市场，借鉴现代流通经营方式改造商品市场和专业

---

① 习近平：《干在实处走在前列——推进浙江新发展的思考与实践》，中共中央党校出版社2006 年版，第 66 页。

街区"①。十多年来，浙江正是遵循这一指导思想推进专业市场的转型发展、创新发展，在以阿里巴巴、网盛生意宝、中国化工网、中国钢铁商城等为代表的电商平台企业的推动下，线上线下市场有机互动、相融发展，涌现出义乌中国小商品城与"义乌购"、柯桥中国轻纺城与"网上轻纺城"、余姚中国塑料城与"浙江塑料城网上交易市场"等一批线上线下互动融合的新型专业市场，成为引领全国专业市场转型发展、创新发展的典范。

发挥市场之"手"在资源配置中的决定性作用，促进了浙江以科技创新为核心的全面创新，加快了浙江创新型省份建设的步伐。科学技术是第一生产力，也是浙江建设创新型省份的核心与关键。在浙江，尽管由于历史原因大院名所偏少，但良好的市场化环境和灵活的市场化机制，使企业、个体工商业者等成为创新活动的主体。目前，浙江省企业的科技投入、企业的科技人员、企业的研发机构、企业实施的科技项目、企业申请和获得的专利均占全社会的80%—90%。浙江的企业、商人乃至普通群众敢想、敢试、敢创，有着勇立潮头、敢为天下先的宏伟气魄和脚踏实地、埋头苦干的作风，从而使得浙江以市场化应用为导向的创新活动走在全国前列。尤其是浙江的科技创新成果转化渠道和平台较为成熟，中国浙江网上技术市场自2002年运行以来已累计签约技术合同近4万项、成交金额近400亿元，成为全国集聚科技资源最多、技术交易额最大、绩效最明显的网上技术市场；2012年11月以来，浙江还先后举办了9届科技成果竞价（拍卖）会，累计有1010项科技成果成功竞拍，总成交额17.66亿元，总溢价率约36%，已成为全国规模最大、成果种类最多、成效最为显著、影响面最广的技术交易活动。根据习近平总书记主政浙江时的指示精神，浙江于2003年在全国率先启动引进大院名校联合共建创新载体战略。10多年来，全省累计引进清华长三角研究院、中国科学院宁波材料技术与工程研究所等共建创新载体1000多家，集聚创新人才3万多名。市场导向的创新活动极大地促进了浙江创新型省份的建设，目前，浙江的区域创新能力居全国第5位，综合科技进步水平居全国第6位，企业创新能力居全国第2位，并成为全国首批技术创新工程建设试点省、首批创新

①　习近平：《将服务业培育壮大为"主动力产业"》，《浙江日报》2005年3月10日，第1版。

型试点省和国家科技成果转移转化示范区。

三　政府之"手"是浙江发展成就的坚强保障

改革开放以来，历届浙江省委、省政府尤其是习近平总书记主政期间和党的十八大以来，始终坚持发展为了人民，发展依靠人民，发展成果由人民共享。在这一明确的价值取向和目标的指引下，充分发挥政府之"手"的重要作用，努力健全和完善市场体制机制，推进"腾笼换鸟"、"凤凰涅槃"，构建起现代服务业、先进制造业、战略性新兴产业有机互动的现代产业体系；通过实施"千村示范、万村整治"、"山海协作"工程等，促进城乡区域协调发展；通过创建生态省，打造"绿色浙江"，力促发展与人口资源环境相适应；通过建设"法治浙江"、"平安浙江"等，维护社会公平正义、保障社会和谐稳定、实现长治久安；通过推进"科技强省"、"教育强省"、"卫生强省"、"人才强省"、"文化大省"等建设，实现科教文卫等社会事业的繁荣发展。

更好地发挥党委、政府之"手"的作用，确保了浙江经济社会发展的正确方向。改革开放以来，历届浙江省委、省政府始终与党中央保持高度一致，因时因势制定和实施正确的发展战略。尤其是习近平总书记主政浙江时，制定了引领浙江发展的总纲领——"八八战略"，在省域层面对中国特色社会主义进行了卓有成效的理论创新和实践创新，不仅对浙江的改革发展提供了根本遵循，而且为习近平新时代中国特色社会主义思想的形成提供了重要的理论支持和实践基础。"八八战略"的出发点和落脚点均是以人民为中心，无论是"大力推动以公有制为主体的多种所有制经济共同发展""走新型工业化道路""统筹城乡经济社会发展"，还是"创建生态省""推动欠发达地区跨越式发展""加强法治建设、信用建设和机关效能建设""积极推进科教兴省、人才强省，加快建设文化大省"等论断，均充分体现了尊重和激发群众首创精神、促进城乡居民共享发展成果、保障人民群众拥有良好生态居住环境、提高欠发达地区群众生产生活水平、保障人民群众合法权益、提升对人民群众的公共服务能力等以人民为中心的理念。此后的历届浙江省委、省政府一以贯之地深入实施"八八战略"，并根据形势发展变化不断创新实践载体。党的十八大以后，新任浙江省委书记车俊同志在省第十四次党代会上所做的报告中指出:"八八战略"与习近平总书记系列重要讲话精神和治国理政新理念新思想新战略,在精神要旨上是契合的、内在逻辑上是相通的、具体要求上是一贯的。党委、政府发展战略科学性、正确性的最好检验标准就是人民群众的获得感。以人民为中心的一个集中表现就是2016年浙江省城镇和农村常住居民人均可支配收入达47237元和22866元,分别连续16年、32年居全国各省(自治区)首位。这充分表明,不仅十多年来浙江改革发展所取得的一切成就首先应归功于习近平中国特色社会主义思想的正确指引,而且今后也必须继续坚定不移地沿着习近平总书记指引的路子走下去。

更好地发挥党委、政府之"手"的作用,使浙江在治理体系和治理能力现代化上走在了全国前列。习近平总书记主政浙江时,就高度重视服务型政府、法治政府、信用政府建设,努力为市场之"手"作用的发挥、个私经济的发展创造最优的环境。"八八战略"的第一条就是进一步发挥浙江的体制机制优势,大力推动以公有制为主体的多种所有制经济共同发展,不断完善社会主义市场经济体制。十多年来,历届浙江省委、省政府大力转变政府职能,在行政审批制度、商事登记制度、地方金融体制、要素市场化配置等诸多方面开展了一系列重大改革,着力推进治理体系和治理能力现代化。例如,通过推进和实施"五证合一"、"个转企"、"小微企业三年成长计划"、"店小二"服务活动等,营造良好发展氛围和环境,深度激活、释放了市场之"手"的力量;通过开展"四换三名"工程、努力补齐"六块短板"等,加快了产业的转型升级、生态环境的美化和城乡的协调发展;践行以人民为中心的发展思想,尊重基层和群众的首创精神,从广大人民群众的期盼和需求出发,于2016年12月在全省启动实施"最多跑一次"改革,全面推行"前台综合受理、后台分类审批、综合窗口出件"的政务服务新模式,使群众只需进行政服务中心"一个门"、到综合窗口"一个窗"就能把"一件事"办成,目前省市县三级"最多跑一次"事项办件量已占全部办件量的90%以上[1]。上述改革举措

---

① 车俊:《坚持以人民为中心的发展思想将"最多跑一次"改革进行到底》,《求是》2017年第20期。

充分体现和践行了习近平总书记主政浙江时关于推进机关效能建设、政府自身改革的精神和要求，也是对以人民为中心发展思想的最好诠释。"有形之手"和"无形之手"共同作用，降低了各类市场主体的负担特别是制度性交易成本，让企业和个人可以集中精力去发展经济、创造财富①，成为浙江实现"富民强省"和高水平全面建成小康社会、高水平推进社会主义现代化建设的重要保障。

　　更好地发挥党委、政府之"手"的作用，使浙江各地形成了独具自身特色的发展模式。在浙江，各市、县、区善于把党中央的战略方针和省委、省政府的决策部署与当地、当时的实际相结合，积极探索富有自身特色的发展道路。仅笔者做过较多调研的就有民营经济占主体地位的温州模式，以小商品市场闻名世界、市场主导与党政有为相结合的义乌模式，以创新引领、和谐创业为主要内涵的杭州模式，国有、集体、民营、外资经济四轮驱动混合发展的宁波模式，接受上海、苏南等多方面影响、区域经济社会均衡协调发展的典型代表"浙北现象"，通过实施"小县大城"战略实现跨越式发展的云和模式，等等。其中，全球最大的小商品批发市场所在地义乌在更好地发挥党委、政府之"手"作用方面成效非常鲜明。从1982年原县委、县政府（义乌于1988年"撤县改市"）发布"四个允许"②的决定、创办第一代小商品市场，到党的十八大以后市委提出线上线下融合、进口出口互动、境内境外打通，依靠创新驱动和供给侧结构性改革促进新型专业市场建设，着力打造五星级旗舰市场，历届党委、政府、人大、政协始终坚持"兴商建市"总体发展战略不变、一张蓝图绘到底，持续推进市场软硬件的改造提升。目前，义乌已在全国率先建成线上线下融合化、业态结构多元化、服务功能复合化的现代新型专业市场。为了破解小商品出口特点与现行贸易监管体制机制不相适应这一难题，市委、市政府以钉钉子的精神，全力报批、大力推进、深入实施国家级国际贸易综合改革试点。这项于2011年开始实施、为期十年的国家级改革试

---

①　车俊：《坚持以人民为中心的发展思想将"最多跑一次"改革进行到底》，《求是》2017年第20期。

②　即允许转包责任田、允许带几个学徒、允许议价销售、允许长途贩运，1986年以后重新归纳提炼为：允许农民经商，允许从事长途贩运，允许开放城乡市场，允许多渠道竞争。参阅陆立军等：《义乌商圈》，浙江人民出版社2006年版，第109页。

点已相继在多个领域取得重大突破，尤其是试点的核心成果"市场采购贸易方式"已在全国其他 7 个市场复制推广，并连续 5 年对全省外贸出口增长的贡献度超过 20%。

四　以人民为中心推动"两只手"相结合
是实现"中国梦"的必由之路

实现中华民族伟大复兴的"中国梦"是华夏儿女的共同心愿，而这必然要求坚持以人民为中心推动"两只手"相结合。正如习近平总书记所强调指出的："在任何时候任何情况下，与人民同呼吸共命运的立场不能变，全心全意为人民服务的宗旨不能忘，群众是真正英雄的历史唯物主义观点不能丢"[①]。因为只有如此，党才能最大程度地调动和汇集全体华夏儿女的力量，激发和释放市场的活力与潜力，同时兼顾效率与公平、保障社会公平正义，从而共同推进"中国梦"的实现；才能充分展现新时代中国特色社会主义的核心理念和价值取向，体现中国特色社会主义制度的优越性，保证改革发展沿着中国特色社会主义道路的正确方向前进。

以人民为中心推动"两只手"相结合，充分体现了习近平总书记强调的"三个规律"的内在逻辑。习近平总书记指出，发展必须是遵循经济规律的科学发展、遵循自然规律的可持续发展、遵循社会规律的包容性发展。遵循经济规律的科学发展，就是要在充分尊重和发挥市场的决定性作用的同时，更好地发挥政府的作用，适时、适度地对经济发展进行引导和调整，推动新型工业化、信息化、城镇化、农业现代化同步发展；遵循自然规律的可持续发展，就是要在激发市场活力和潜力、加快经济发展步伐的同时，对影响人与自然和谐共处的行为进行规制，以政府之"手"推动全社会走生产发展、生活富裕、生态良好的文明发展道路；遵循社会规律的包容性发展，就是要在充分发挥市场机制作用、加快经济发展的同时，从满足人民日益增长的美好生活需要出发，大力推进科技、教育、文化、卫生、体育等社会事业的繁荣发展，形成有效的社会治理、良好的社

---

① 《党的群众路线教育实践活动工作会议召开习近平发表重要讲话》，《人民日报》2013 年 6 月 19 日，第 1 版。

会秩序，使人民获得感、幸福感、安全感更加充实，更有保障，更可持续。浙江的成功实践也充分表明，以人民为中心推动"两只手"相结合才能做到经济与社会、人与自然、人与社会的和谐发展，才能破解人民日益增长的美好生活需要和不平衡不充分的发展之间的矛盾。

以人民为中心推动"两只手"相结合，是走中国特色社会主义道路的必然要求。"两只手"有机结合是唯物辩证法的充分体现，反映了生产力决定生产关系、生产关系反作用于生产力这一人类社会发展的基本规律。在中国，发挥市场之"手"在资源配置中的决定性作用，是对商品—市场经济的价值规律、竞争规律、创新规律等的充分尊重和肯定；更好地发挥政府之"手"的作用，是完善和发展中国特色社会主义制度、决胜全面建成小康社会、实现社会主义现代化宏伟目标的根本保障。"八八战略"的制定和实施也充分证明，自给自足的自然经济和"苏联模式"的集中计划经济在中国都是行不通的。唯有"两只手"有机结合，才能不走老路、不走歪路、不走邪路，构建起接轨国际的现代经济体系，全面提升综合国力和国际竞争力；才能既为市场之"手"作用的发挥指明方向、扫清道路，又可避免把等价交换引入政治生活，保证沿着中国特色社会主义道路的正确方向前进。中国特色的社会主义民主政治、先进文化、和谐社会和生态文明也才能得到加强。

以人民为中心推动"两只手"相结合，是保证社会公平正义的客观要求。习近平总书记曾指出："初次分配应当注重效率，发挥市场这只'看不见的手'的作用；二次分配应当注重公平，发挥政府这只'看得见的手'的作用"[1]。可见，为了实现"中国梦"，我们既要注重效率，最大程度地发挥市场机制的调节功能，激发广大人民群众，尤其是市场主体的创业创新动力和活力；同时，又要努力维护整个社会的公平、正义、福利与和谐，提高全社会的道德水平和文明程度，让改革发展成果更多更公平惠及全体人民，向着实现全体人民共同富裕的目标迈进。近年来，金融、地产、股市、债市等领域屡见不鲜的违法违规现象，尤其是非法集资、恶意逃废债、电信诈骗、网络诈骗等等，严重危害了群众的切身利益，也影响了国民经济的健康发展、社会的和谐稳定以及党和政府的公信

---

① 习近平：《善于同群众说话》，《浙江日报》2005年6月29日，第1版。

力。因此，必须推动"两只手"相结合，在发挥市场之"手"的决定作用、释放经济发展活力、增创丰裕物质财富的同时，更好地发挥政府之"手"的作用，更多地利用现代信息技术和手段，对上述违法违规行为进行监测、预警和防控，并给予更为严厉的打击，以确保社会的公平正义，共圆"中国梦"。